교회와 지역사회복지

지역사회복지를 위한 지역 교회의 역할 | 보성읍교회를 중심으로

교회와 지역사회복지

초판 발행 2009년 11월 30일

지은이 · 최용준
펴낸이 · 조병호
펴낸곳 · 도서출판 땅에쓰신글씨
주 소 · 서울시 서초구 서초동 1475-3
전 화 · 02)525-7794
팩 스 · 02)587-7794
홈페이지 · www.tongdokwon.com
등 록 · 제21-503호(1993.10.28)

ISBN 978-89-85738-70-5 03230

책값은 뒤표지에 있습니다.
파본은 바꾸어 드립니다.

교회와 지역사회복지

최용준 지음

땅에쓰신글씨

contents

추천의 글 · 6
책을 내면서 · 9

I. 교회와 사회복지

II. 사회복지의 이론적 고찰

1. 사회복지의 의미 · 19

가. 사회복지의 정의	19	라. 사회복지의 접근 형태 24
나. 사회복지의 원리	22	마. 사회복지의 제공 주체 26
다. 사회복지의 기능	23	

2. 성서에 나타난 사회복지사상 · 27

가. 구약성서와 사회복지   28   나. 신약성서와 사회복지   31

3. 기독교와 사회복지의 관계 · 35

가. 교회의 본질과 사회복지사상 36	라. 기독교사회복지의 필요성 40
나. 기독교사회복지의 개념 37	마. 기독교사회복지의 역사 46
다. 기독교사회복지의 가치 38	

4. 지역사회복지 · 53

가. 지역사회복지의 개념   54   다. 지역사회복지의 내용   69
나. 지역사회복지의 구성   66

5. 한국 교회의 지역사회복지 · 98

가. 지역사회와 교회의 관계 98	다. 지역사회복지를 위한 교회의 역할 106
나. 지역사회에 대한 교회의 사회적 기능 103	라. 한국 교회의 지역사회복지 활동에 대한 현황과 평가 110

III. 지역사회복지를 위한 실제-보성읍교회의 사회복지 프로그램

1. 프로그램 실시의 배경 · 117

가. 보성군의 사회-지역적 환경　117
나. 보성군의 사회복지 현황　124
다. 보성군 기독교의 사회복지활동　128

2. 보성읍교회 사회복지활동의 주요 프로그램 · 129

가. 보성종합사회복지관 운영　129
나. 평생대학(원)　141
다. 보성유치원　146
라. 사랑나눔　152
마. 실로암안과 진료　153
바. 사랑봉사대　155
사. 병원문고 운영　156
아. 공부하는 세상-인터넷학교　157
자. 교회동산 운영　159
차. 장학사업　161
카. 보성경찰서 전경 위문　163

3. 문제점과 대안 · 163

IV. 지역사회복지 프로그램의 결과-보성읍교회

1. 지역사회복지의 활성화 · 171
2. 교회에 대한 지역사회의 인식변화 · 172
3. 교회성장 · 172
4. 교회의 내적 변화 · 173

V. 한국 교회를 향한 제언

참 고 문 헌 · 187

부록 I　2007년 보성종합사회복지관 업무실제 · 195

부록 II　2007년 보성읍교회 부설 보성평생대학(원) 업무실제 · 321

추천의 글

보성읍교회는 사회복지 분야에서 한국 교회의 모델이 되는 교회입니다. 그렇기에 저는 한국 교회의 복지교회를 말할 때마다 보성읍교회를 말해 왔습니다. 이런 점에서 보성읍교회는 한국 교회의 큰 사명을 감당해 왔습니다. 이유인즉, 오늘의 교회는 교회에 주어진 사역과 함께 지역사회를 섬기고 봉사하는 일에 최선을 다해야 하기 때문입니다. 그런데 보성읍교회가 이렇게 한국 교회의 복지 모델이 된 것은 헌신적으로 이 사명을 감당해 오신 분이 계셨기 때문입니다. 이 사명의 감당자가 바로 최용준 목사님입니다. 최용준 목사님은 하나님이 주신 타고난 겸손함과 온유한 성품 그리고 헌신하는 마음으로 이 사명을 감당해 왔습니다. 이처럼 큰 사명을 감당해 오신 최용준 목사님께서 대학원 과정에서의 학문적 이론과 그리고 지금까지의 경험을 토대로 하여 박사학위 논문을 쓰게 되었습니다. 이런 점에서 최용준 목사님의 박사학위 논문은 학문과 실천을 겸비한 뛰어난 논문입니다.

우리가 학위 논문을 볼 때, 대체로 학문적 이론에 치우쳐 지나치게 논리적, 추상적이거나 그렇지 않으면 경험에 치우쳐 학문성이 미진한 경우를 볼 수 있습니다. 그런데 최용준 목사님의 박사학위 논문은 학문성과 실천성이 뛰어나 박사학위 논문의 모델이 되는 논문입니다.

이런 점에서 추천서를 쓴 저 역시 크게 기뻐하지 않을 수 없습니다. 이처럼 뛰어난 논문을 책으로 만든 최용준 목사님에게 크게 축하를 드리면서 더불어 지역사회를 위한 복지 모델을 찾고자 하는 모든 분들이 이 책을 꼭 필독하기 바라는 바입니다.

2009년
호남신학대학교
명예총장 **황 승 룡**

추천의 글

한국의 농촌지역에 위치한 교회의 앞날에 대하여 부정적인 생각을 가진 사람들이 교회 내·외에 많습니다. 왜 부정적인 생각이 우세합니까? 그 이유를 열거한다면, 농촌인구의 도시이동, 중년층과 아동층의 감소, 산업생산 시설의 열악성과 낙후, 소비인구의 감소, 노년층 인구의 증가 등 다양합니다.

이상에서 열거한 각종 이유가 현실적으로 나타난 농촌지역에서, 그것도 전라남도에서 가장 낙후된 지역이라 할 수 있는 보성군에서, 목회의 새로운 이정표를 제시한 책이 바로 최용준 목사의 『교회와 지역사회복지』입니다.

이 책은 최용준 목사가 미국 하워드 대학교 신학대학에서 목회학 박사학위를 취득하기 위하여 제출한 논문을 책으로 편집한 것입니다. 최용준 목사는 이 책에서 농촌지역에 위치한 교회가 주어진 여건에 순응 혹은 설득당하여 자기만족에 빠질 수 없음을 말해 줍니다.

다시 말하여, 농촌지역은 목회자로서 할 일이 무한히 많이 있음을 지적합니다. 사회복지 시설의 건설과 운영, 무의탁 노인 가정 방문과 점심식사 제공, 무료 의료봉사 등 다양한 혜택을 베푸는 데 그치지 않고, 농촌지역의 노년층 스스로의 자긍심을 높이기 위한 노인대학과 노인대학원의 운영과 이 학교를 통하여 교회가 위상을 높임으로써 복음 선교의 길을 개척할 수 있음을 보여 주었습니다.

그렇습니다. 최용준 목사는 이 책에서 농촌지역에 위치한 목회자는 무사안일과 태평에 빠지지 않고 농촌지역에서도 하나님의 사역을 성실하게 감당할 수 있는 각종 방안을 제시하고 있습니다. 이 뿐만 아니라 최용준 목사는 이 책에서 농촌 지역교회의 목회자는 농촌지역 주민들을 정신적으로 영적으로 근대화시킴으로써 한국 사회에 새로운 농촌부흥방안을 제시하고 있습니다.

이 책에서 최용준 목사는 농촌지역의 주민들이 국가적 혜택의 수혜자로 만족할 것이 아니라 교회를 통하여 영적으로 정신적으로 재정립됨으로써 지역의 특성을 살리고, 지역의 문화와 정신을 이어 가고, 자긍심과 자존감을 가지고 살아갈 수 있다고 강력하게 주장합니다.

따라서 본인은 이 책이 한국 사회와 교회가 현실적으로 안고 있는 농어촌 부흥방안의 실제를 실례적으로 보여 준 좋은 길잡이라고 생각합니다. 삼일만세운동 이후 한국 사회가 농어촌의 부흥을 부르짖음으로써 해방까지 이끌어 냈다고 한다면, 이제는 교회의 사회복지적 관심과 시설운영이 한국의 농어촌 지역과 교회의 활성화를 이끌어 갈 수 있기를 바랍니다.

이 책은 삶의 의미가 퇴색되어져 가는 농어촌에 생기를 불어넣어 줄 것이며, 목회자로 의욕을 잃고 현실에 안주하려는 동료 목회자들에게 신선한 충격을 주리라 믿습니다. 또한 이 책은 신학을 가르치는 제반 유형의 학교에서 후배 농어촌 목회자 지망생들에게도 좋은 지침서가 되리라 봅니다.

2009년
광주광역시 양림동 호남신학대학교에서
총장 **차 종 순**

책을 내면서…

필자에게 가장 위대한 단어가 있다면 은혜라는 말일 것입니다. 이 은혜가 있어 오늘의 내가 존재하고 이 세상이 유지되고 있기 때문입니다. 언제부터인가 이 은혜라는 말만 떠올리면 괜히 눈물이 앞을 가립니다. 주님의 은혜가 너무 고맙고 감사할 따름입니다.

사도 바울이 "나의 나 된 것은 하나님의 은혜라"라고 고백한 것처럼 나도 예외일 수는 없습니다. 하나님의 은혜이든 사람의 은혜이든 사람은 누구나 다 은혜 속에서 살아갑니다. 그래서 이 은혜를 헛되이 받지 말아야 합니다.

하늘 아래 감사한 일이 어찌 한두 가지뿐이겠습니까? 지난 십여 년 동안 기도와 사랑으로 묵묵히 협력해 주신 보성읍교회 성도들 모두에게 먼저 감사를 드립니다. 또한 지금까지 여러 모로 부족한 이 제자를 독려하시고 지도해 주신 황승룡 명예 총장님과 차종순 총장님, 논문을 처음부터 끝까지 읽고 지도를 아끼지 않으시며 책으로 만들어지기까지 수고해 주신 최흥진 교수님 모든 분들에게 깊은 감사를 드립니다. 그리고 든든한 나의 후원자로 함께한 사랑하는 아내에게도 고마운 마음을 전하며 대신 박사모를 씌워 주고 싶습니다.

끝으로 필자의 작은 책이 지역사회복지를 위해 열심히 일하는 목회자와 교회들에게 조그마한 도움이라도 된다면 이것은 결코 나만의 수고가 아니라, 보성읍교회와 보성종합사회복지관 현장에서 땀 흘리며 말없이 봉사하신 관장님, 이사장 및 이사님들 그리고 천사 도우미들인 자원봉사자들의 것입니다.

교회가 해야 할 일이 많습니다. 하나님을 예배하며 사랑하는 일과 이웃을 내 몸처럼 사랑하는 일은 예수님이 "율법이요 선지자의 강령"이라고 말씀합니다. 그리고 지극히 작은 자에게 한 것이 곧 내게 한 것이라고 말씀합니다. 이 말씀 앞에 우리는 어떻게 하면 좋을까? 다시 한 번 생각해 보아야 할 것입니다.

2009년 녹차골 보성에서

최 용 준

교회와 사회복지

I

1. 교회와 사회복지

대한예수교장로회(통합) 신앙고백서 제7장, 교회편에서는 "교회는 하나님으로부터 받은 임무를 수행하기 위하여 교회 안에서와 교회 밖에서 활동한다. 즉, 세상의 빛과 소금의 역할을 해야 한다."[1]라고 기술하고 있다. 이는 성서에 나타난 교회관에 대해 신학적인 검토를 하여 정리된 것으로서, 교회는 세상을 떠나서는 존재할 수 없으며, 이 세상 속에서 빛과 소금의 역할을 충실히 감당할 것을 분명하게 명시함으로 교회가 속해 있는 세상에 대한 교회의 태도와 역할을 밝혀 주는 것이다. 그리고 이것은 하나님을 사랑하고 또한 이웃을 사랑하라는 예수님의 가르침의 내용과도 일치한다.

교회는 본질적으로 세상과 구별된 하나님의 백성, 그리스도의 몸, 그리스도의 신부, 성령이 거하는 거룩한 전임에는 틀림없다. 그러나 교회의 이러한 본질에만 치우쳐 교회가 세상과는 동떨어진 삶의 형태를 취한다고 한다면, 세상에 존재하는 교회로서 또한 이 세상을 변화시켜야 하는 교회로서 제 역할을 온전히 감당하지 못하고 말 것이다. 교회는 세속(secular)으로서의 세상과도 구별되면서 동시에 교회가 이 세상 속에 어떠한 형태로 존재해야 하며, 이 세상을 변화시키기 위해 어떠한 역할을 감당하고, 또한 선교해야 하는지에 대한 기본적인 문제의 답을 구해야 한다. 우리의 주님이신 예수 그리스도께서도 거룩한 하늘의 보좌를 버리고 인간의 몸을 입고 세상에 오셔서, 거룩함과는 너무나 동떨어진 죄인들과 어울리며 복음을 전하고 세상의 전인적인 구원을 실현하지 않았는가? 따라서 교회 역시 세상과 구별되는 거룩함을 유지하는 한편, 하나님께서 원하시는 인간 세상의 전인적인 구원이 무엇인가를 생각하며, 이 구원을 이루기 위해 최선의 노력을 경주해야 한다.

기독교가 복음을 들고 세상에 선교하는 방법 중의 하나는 사회봉사이다. 물론 사회봉사가 기독교 선교에 가장 효과적이라고 할 수 있을 것인지에 대

---

1) 총회헌법개정위원회, 『대한예수교장로회헌법』 (서울: 대한예수교장로회총회 출판국, 1991).

해서는 이견이 있을 수 있으나, 선교 2세기에 접어든 한국 교회의 입장에서 본다면 이는 부인할 수 없는 사실이다. 사회봉사만큼 교회가 세상을 구체적으로 사랑하며, 세상 속에 쉽게 파고들 수 있고 또한 세상으로부터 환영받을 수 있는 선교 형태란 없는 것이다. 또한 봉사(Diakonia)는 교회의 본질적인 사명이기도 하다. 즉, 세상을 섬기며, 세상의 필요를 채워 주기 위해 돕는 것 역시 교회가 수행해야 할 중요한 기능이라는 것이다.

    그렇다면 어떻게 해야 하나? 교회가 세상에 대해 사회적 책임을 제대로 감당하기 위해서 어떻게 섬기고 어떻게 봉사해야 하는가? 교회가 세상을 향해 할 수 있는 사회적 선교 즉, 봉사와 섬김은 시기와 장소, 형편에 따라 그 그 구조와 방법이 다양화될 수 있다. 제1세계와 제3세계에 따라 서로 차이가 있으며, 도시와 농촌에 차이가 있어야 한다. 또한 도시 중에서도 생활여건이 넉넉한 지역에서의 봉사와 생활여건이 열악한 지역에서의 봉사가 달라야 하며 농촌 역시 부농지역과 빈농지역, 젊은 세대 거주지역과 노인세대 거주지역 등의 지역적 상황에 따라 사회봉사의 형태가 달라져야 한다. 또한 개발이 완전히 이루어진 시기와 개발 도상의 시기의 봉사가 다를 것이며, 평화로운 때와 전쟁과 분쟁의 시기의 봉사가 다를 것이다. 그렇기에 교회의 사회봉사 역시 시기와 장소, 형편에 따라 그 수행 방법이 달라져야 한다. 특히 개 교회는 지역사회 속에 존재한다는 점에서, 거주지역의 사회적, 경제적, 문화적 상황을 고려하여, 그 지역에 가장 효과적인 사회봉사 프로그램을 만들어 운영해야 한다. 지역사회 속에 존재하면서도, 그곳의 상황이나 주민들의 형편과는 거리가 있는 선교 프로그램을 가지고 활동한다면 그 교회는 그 지역에서의 존재가치가 약화되기 때문이다. 하나님께서 여러 지역에 개 교회를 세우게 하신 것은 그 지역의 특성에 맞게, 그 지역의 필요에 따라 선교하며 섬기라고 하는 목적에서이다. 교회가 자신이 속한 지역사회에 구체적인 관심을 가지고 지역사회의 절실한 문제를 파악하고, 그것을 해결함으로써 그 지역을 향한 하나님의 선교의 목적과 뜻을 이루도록 하기 위해 그곳에 교회를 세우셨다는 것이다.

    우리가 관심을 갖고자 하는 농촌지역의 현실은 어떠한가? 급속한 이농현상으로 인해 대부분 노령층만이 농촌을 지키고 있다.

연도별 농가인구의 연령분포[2]   (단위: 천 명)

연도	총농가	14세 이하	15-19세	20-49세	50-59세	60세 이상
1995	4,851	680	423	1,626	867	1,255
2000	4,031	459	262	1,301	676	1,333
2005	3,434	335	158	989	601	1,351
2006	3,433	315	144	896	601	1,348
2007	3,274	308	143	855	592	1,375

젊은 경제 인구의 감소는 경제적 투자 감소로 이어지며, 이는 또한 젊은 경제 인구를 대거 타 지역으로 이농하는 계기가 된다. 이러한 악순환의 고리는 결국 농촌을 백발도시로, 유령화시키고 있다. 이러한 농촌을 살리기 위해서는 무엇보다도 복지 혜택이 집중되어야 하며, 강화되어야 한다. 그 이유는 농촌지역의 경제 인구 감소가 경제적 자립도를 도시지역과 비교할 수 없을 정도로 낮게 하기 때문이다. 또한 농촌은 소득 수준 역시 도시지역과 많은 차이가 나기 때문이기도 하다. 그러나 현실은 전혀 다르다. 우리나라의 농촌 복지 혜택 수준은 도시에 비해 상당히 뒤떨어진다. 사회복지나 사회적 돌봄의 체계와 프로그램 역시 도시지역에 비해 현저하게 부족하며 열악하다. 도시만큼의 수준은 아니더라도 기초적인 생활을 할 수 있는 수준만 되더라도 어느 정도 생계를 유지해 나갈 수 있는데도 불구하고, 그러한 기초적인 수준의 복지 혜택을 받지 못하고 생활고에 신음하는 사람들이 오늘 우리나라의 농촌에 너무나도 많다는 것이다. 그리고 이러한 상황은 우리가 관심을 갖고자 하는 전통적인 농업 기반 지역인 보성지역도 예외는 아니다. 아니 같은 행정 체계의 타 농촌지역에 비해 더욱 심하다고 해도 과언이 아니다.

---

[2] 농림부, 『2007년도 농림업 주요통계』. 1995년 총인구의 10.8%인 485만 명을 차지했던 농가인구는 2007년 327만 명으로 감소하여 7%에 미치지 못하고 있다. 특히 농가인구의 연령별 구성을 보면 60세 이상의 고령자는 증가한 반면, 19세 이하의 인구는 같은 기간에 절반 이하로 감소하였다.

필자는 이러한 열악한 지역의 복지를 위해 노력하고, 또한 큰 성과를 거두고 있는 한 농촌지역 교회를 중심으로 교회와 지역사회복지의 관계를 살펴보고자 한다. 이 교회는 지역 주민들의 복지와 안녕을 위해 수년 전부터 노력해 오고 있는 보성읍교회이다. 90여 년 전에 세워진 이 교회는 농촌의 열악한 환경 속에서, 지역민들의 경제적·문화적 욕구를 채워 주며, 사회복지 혜택으로부터 소외되어 고통당하는 힘없고 가난한 사람들을 돌봄으로써, 교회의 중요한 기능 중의 하나인 섬김의 사명과 나아가 세상을 구원할 도구로서의 역할을 수행하기 위해 최선의 노력을 다하고 있다. 지난 수년간의 노력의 결실로 이제 보성읍교회는 보성이라는 특수한 환경 속에서 사회적 돌봄의 노하우(know-how)를 체득하게 되었고, 그로 인해 대내외적으로 크게 인정을 받게 되었다.[3]

또한 복지에 있어서도 이 교회를 중심으로 건립해 운영하고 있는 종합사회복지관은 매우 긍정적이고 실제적인 성과를 거두고 있다. 필자는 학위 논문을 쓰면서 그동안 보성읍교회에서 실시한 사회복지 프로그램과 그 결과를 평가하고 향후 더욱더 향상된 복지 혜택을 제공하고자 하는 바람에서 지금까지의 사역들에 대한 목표와 방향을 점검할 기회를 갖게 되었으며, 이 결과물들을 독자들과 함께 나누고자 한다.

---

3) 이 문제에 관해서는, 교회 구성원들과 지역민의 인식이 달라지고 있고, 또한 본 교회가 속한 대한예수교장로회총회 사회부의 농촌지역 사회선교의 연구모델로 선정되어 발표(2000년 11월 22일)하기도 하였다.

사회복지의 이론적 고찰

II

1. 사회복지의 의미

가. 사회복지의 정의

사회복지의 개념은 어원적으로 볼 때, '사회적'이라는 'Social'과 '복지'라는 'Welfare'가 합해진 것으로서, 사회적으로 행복을 추구하며 평안히 잘 사는 상태를 의미한다.[4] 그러므로 사회복지란 인간 생활의 이상적 상태를 가리키는 동시에 그것을 지향하는 실천적 활동을 포함하는 개념이라고 할 수 있다.[5]

김용모는 "사회복지는 사회현상을 연구하는 순수과학이 아니고, 사회문제를 해결하는 응용과학이다."[6]라고 정의했으며, 프리드란더(W. A. Friedlander)와 앱트(R. Z. Apte)는 사회복지란 국민의 복지를 도모하여 사회질서를 추진하는 데 꼭 필요하다고 여겨지는 사회적 욕구를 만족시키기 위한 제도[7]로서, 이를 강화하기 위한 제반대책으로서의 입법, 프로그램, 혜택과 서비스를 포함한 제도라고 정의한다. 또한 김동배는 개인과 사회 전체의 복리를 증진시키기 위하여 사회문제를 예방·치료하며 인간생활의 질을 향상시키기 위하여 자원을 개발함으로써 인간다운 삶을 유지하고 사회 내의 제 요소가 통합되어 발전되는 것을 보장하기 위한 법과 제도, 서비스를 말한다[8]고 하며, 로마니쉰(John M. Romanyshyn)은 각 개인들과 사회 전반의 복리를 증진시키려 하는 모든 형태의 사회적 노력이 사회복지이며, 사회문제의 치료, 예방, 인적자원의 개발 그리고 생활 향상에 영향을 주는 모든 시책을 포함하고, 개인과 가정에 대한 사회적 서비스의 제공뿐 아니라, 사회제도의 강화 및 개선을 포함하

---

4) 김기원, 『기독교사회복지론』, (서울: 대학출판부, 1998), 23.
5) 장인협, 『사회복지학개론』, (서울: 서울대학교 출판부, 1992), 1-2.
6) 김영모, 『한국사회복지론』, (서울: 경문사, 1978), 9.
7) Walter A. Friedlander & Robert Z. Apte, *Introduction to Social Welfare*, 5 ed.(New Jersey: Prentice Hall, 1980), 4.
8) 김동배, "복지사회 실현을 위한 교회의 역할에 관한 연구", 『신학논단』 제20집 (서울: 연세대학교 출판부, 1992), 279.

는 체계라고 한다.[9] 또 박영호는 사회복지는 개인적 혹은 사회적으로 낙오된 자들에게 자기 스스로가 치료할 수 있도록 도와주며 그들의 주위환경에 의해 자신들의 고통이나 불안을 감소시키는 데 그 목적이 있는 체계라고 한다.[10] 1971년 제5회 U.N. 국제사회복지 교육조사보고서에 의하면, 사회복지란 개인, 집단, 지역사회 및 제반 제도와 전체 사회의 수준에 있어서 사회인으로서의 기능과 사회관계의 개선을 목적으로 하는 개인의 복지증진을 위한 사회적인 제 서비스와 자립적 원조과정이라고 한다.[11] 이러한 여러 견해들을 종합해서 정리하면 사회복지는 다음과 같이 정의할 수 있다. 곧 인간의 존엄성과 사회 전체의 복리를 증진시키기 위하여 개인적, 집단적, 지역사회적, 국가적 수준에서 사회구성원이 안고 있는 사회문제와 생활상의 곤란을 예방, 보호, 치료, 회복시킴으로 사회구성원의 건강하고 문화적인 생활을 보장하려는 사적, 공적 개입에 의한 활동, 프로그램, 서비스, 제도 등의 총체적인 체계와 실천 활동이다.[12]

이러한 사회복지 실천의 동기는 세 가지로 나눌 수 있는데, 첫째는 종교적 동기로 종교적 사상과 교리가 바탕이 되어 형제와 이웃을 사랑하고, 서로 도우며 어려움에 처한 타인까지도 구제하는 자선행위를 가리키며, 이것이 사회복지 발달사에 끼친 영향은 매우 크다. 둘째는 인도주의적 동기로 인간은 계급적으로 상하의 차이가 있지 않고, 평등한 관계를 형성한다고 인식하는 것으로 인간관계에 있어서도 모두 사랑하며 친절을 베풀고 서로 도움을 주어야 한다는 인류에게 공통적으로 나타나는 상부상조의 이념이다. 마지막으로 공리주의적 동기로서 최대 다수의 최대 행복을 인간 행위의 규범으로 삼는 입장으로 환경적으로나 직업적으로 도움을 필요로 하는 상태에 있는 사람들에게 그들의 전문적인 서비스를 제공하는 것이다.[13]

---

9) John M. Romanyshyn, *Social Welfare* (New York: Rondom House, 1971), 3.
10) 박영호, 『기독교와 사회사업』, (서울: 기독교문서선교회, 1979), 270.
11) UN 1971, *Training for Social Welfare*, Fifth International Survey. 이창희, "교회와 사회복지", 『서울장신논단』, (서울: 서울장신대학교, 2000), 303에서 재인용.
12) 김기원, 『기독교 사회복지론』, 24.

'사회복지'(Social Welfare)라는 용어는 베버리지(W. H. Beveridge)가 제2차 세계대전 중 "Social Insurance and Allied Services"라는 종합사회보장보고서를 발표하면서 일반적으로 통용되던 용어로서,[14] 그것의 정의에 대해서는 각 나라마다 조금씩 다르게 표현된다. 영국에서는 '사회복지'보다는 '사회 서비스'(Social Service)라는 용어가 더 많이 사용되고 있고, 미국에서도 역시 '사회 서비스' 혹은 '사회복지서비스'(Social Welfare Service)라는 용어가 많이 사용되고 있다. 또한 기독교에서는 사회복지라는 개념보다 '사회봉사'라는 표현을 더 많이 사용하는데, 교회에서 추구하는 사회적 섬김의 개념에 비추어 볼 때는 사회복지보다는 사회봉사의 개념이 더 적절하다고 할 수 있다. 이에 대해 이명선은 교회의 사회복지라는 용어보다는 교회의 사회봉사라는 표현을 쓰는 것이 바람직하며 교회의 사회봉사는 지역사회 내의 사회문제를 교회의 선교적 출발점으로 받아들이고 교회가 주체가 되어 사회복지의 프로그램을 기독교적 관점에서 실천하는 것을 기독교사회복지라고 말할 수 있다고 한다.[15] 기독교에서는 보다 광범위한 의미의 사회복지보다는 사회봉사라는 협의의 의미를 더 선호하는 듯해 보인다. 그러나 기독교에서 사회복지 대신 사회봉사라는 용어로 통일하여 사용하고 있지는 못하다. 여전히 기독교 내에서도 사회복지와 사회봉사를 혼용하여 사용하고 있으며, 그 개념에 있어서도 명확하게 구분되어 있지 않다.

필자는 '사회복지'라는 표현을 주로 사용할 것이나, 필요와 내용상의 성격에 따라 사회봉사, 혹은 사회 섬김이라는 용어를 혼용하여 사용할 것이다.

---

13) 엄원숙, "한국 기독교 사회복지의 미래 모형에 관한 연구", (미간행 석사학위 논문, 단국대학교 행정대학원, 1997), 8.
14) 학원출판사, "사회복지", 『학원세계대백과사전』 (서울: 학원출판사, 1983), 265.
15) 이명선, "사회복지와 교회", 『미래사회와 한국교회의 사회선교의 관계』 (서울: 대한예수교장로회총회 사회부, 1998), 28.

나. 사회복지의 원리

사회복지는 다양한 원리에 근거하여 실천된다. 이를 몇 가지로 요약하면 다음과 같다. 인간 존중의 원리, 자발성 존중의 원리, 기회균등의 원리, 사회연대의 원리, 사회적 형평의 원리, 자유확대의 원리 등이 그것이다.[16]

첫째, 인간 존중의 원리란 모든 사람은 가치와 존엄성을 지닌 인간으로서의 품위를 유지하며 생활할 수 있어야 한다는 것이다. 이는 사회복지 전반에 걸쳐 영향을 미치고 있는 인간다운 생활 보장의 원칙이 그 기초를 이루고 있다.

둘째, 자발성 존중의 원리란 사람들은 각자가 자신의 욕구 가운데 무엇을 요구하며, 그것을 어떻게 충족할 것인가를 자기 스스로 결정할 권리를 가질 수 있다는 것이다.

셋째, 기회균등의 원리는 사회복지 전반에 걸쳐 모든 인간에 대해 인종, 지역, 학력, 성, 연령 등에 따라 차별을 두지 않고, 균등하게 기회를 보장하는 것으로 무조건적이 아니라, 개개인의 능력에 따라 일정한 조건하에 제한될 수 있다는 것이다.

넷째, 사회연대의 원리는 사회구성체의 하나로서 개인은 자기 자신, 가족 및 사회에 대해서 상호 간에 상부상조함으로써 사회 전체가 하나가 되어 공동체적인 삶을 유지해 가는 것을 말하는 것으로, 최근 우리 주위에서 전개되고 있는, 더불어 살아가는 사회를 건설하자는 운동이 바로 이와 같은 원리에 입각한 것이다.

다섯째, 사회적 형평의 원리는 수평적 형평과 수직적 형평으로 구분할 수 있다. 수평적 형평이란, 같은 처지에 있는 사람들에 대하여 똑같은 대우를 해주는 것으로서 같은 처지의 빈민들은 같은 수준의 공적 부조를 받아야 한다는 것이고, 수직적 형평이란 서로 다른 처지에 있는 사람들은 서로 다르게 대우한다는 것이다. 예를 들면, 가난한 사람들과 부자들은 경제적 수준에 있어

---

16) 김기원, 『기독교사회복지론』, 31-32.

서 큰 차이가 있으므로, 정부와 사회가 이들에 대해 제도적으로 다른 정책을 실행해야 한다는 것이다. 즉, 가난한 빈민들에 대해서는 정부가 무상급여를 제공해 주는 반면, 부자들에 대해서는 무상급여 대신 오히려 세금을 누진적으로 징수하여 가진 자의 부가 조세제도와 사회복지제도를 통해서 갖지 못한 자에게 이전되어 재분배되도록 하는 것이다.

여섯째, 자유확대의 원리는 타인으로부터 강제나 간섭이 없이 그리고 자기가 원하는 것을 할 수 있는 삶을 영위하는 원리를 말한다. 사회복지 전반에 있어 모든 자유는 확대되어야 하나, 사회복지가 실현되어지는 과정 속에서 이러한 자유는 다소 침해를 받게 될 수도 있다.

다. 사회복지의 기능

사회제도로서의 사회복지는 사회발전을 위해 다양한 기능들을 수행하고 있다. 이러한 기능들을 대별해 보면 다음과 같다.

첫째, 개인적, 사회적 고통을 완화시키는 기능을 가지고 있다. 경제적, 신체적, 사회적으로 열악한 처지 혹은 타인에 비해 불리한 처지에 있는 사람들이 겪고 있는 고통을 완화시키는 기능을 수행하고 있다.

둘째, 향후 발생 가능한 사회적 사고에 대해 미리 준비함으로써, 그에 따른 문제를 예방하는 기능이 있다. 현대 산업사회에서 사회구성원 모두가 겪게 될 또는 대다수에게 발생할 가능성이 있는 사회적 사고들 예를 들면, 노령, 질병, 사망, 산업재해, 실업, 퇴직 등과 같은 사고의 발생에 대비하여 사고 발생 이전에 미리 준비하게 함으로써, 사고 발생에 따른 문제를 미리 예방하는 기능을 한다.

셋째, 사회문제의 원인을 치유하는 기능이다. 사회복지는 사회문제가 발생하게 되는 원인을 확인하고 그 원인을 치유하는 기능을 수행한다. 그 원인이 개인에게 있다면 개별적인 치유책을, 그 원인이 사회구조에 있다면 사회구조적 치유책을 활용하여 사회문제의 원인을 제거하는 기능을 수행하는 것이다.

라. 사회복지의 접근 형태

사회복지를 이해하고 실천하는 형태는 혜택을 제공하는 주체와 객체의 상황에 따라 여러 가지로 나타날 수 있다. 이는 또한 치유해야 할 문제의 발생 원인이 다양하기 때문에 역시 그렇다. 예를 들어, 만약 문제가 사회제도의 결함에서 비롯되었다고 한다면, 이는 갈등론적 관점에서 사회복지에 접근해야 하며, 반대로 인간의 기능적 장애로 인한 사회 부적응에 의해서 문제가 발생했다고 한다면, 개인을 돕는 기능론적 관점에서 접근해야 하는 것과 같다. 사회복지의 접근 형태를 두 가지로 대별하여 분류하면 다음과 같다.

1) 정책적 접근 형태

사회복지에 대한 정책적 접근은 사회문제와 사회복지를 역사적, 사회적 존재 형태로 보는 것으로 사회제도의 결함으로 생긴 사회 불평등에 대한 갈등 등의 문제를 사회대책으로 해결하여 보려는 견해이다. 이러한 관점에서의 사회문제는 개인의 책임이 아니고, 사회·국가의 책임이며, 따라서 국가 정책에 의하여 사회복지가 이루어져야 한다는 것으로의 사회복지의 법적 대책을 말한다.[17] 현재 우리나라에서 실시하고 있는 사회복지정책으로는 사회보험, 공적부조, 사회복지서비스 등이 있다.

사회보험이란 사회보장 구성 체계의 하나로서 보험기술을 활용하여 사회정책을 실현하려는 경제·사회적 제도라고 할 수 있으며, 비용은 피보험자의 보험료를 중심으로 하여 사업주의 부담, 국가의 일부 부담 등에 의존한다. 의

---

17) 김영모, 「사회복지학」 (서울: 한국복지정책연구소, 1993), 5-6.

료보험제도, 연금보호제도, 산업재해보상보험제도, 고용보험제도가 이에 속한다. 공적부조는 국가나 지방 자치단체의 책임 아래 생활 유지 능력이 없거나 생활이 어려운 국민들에게 최저생활을 보장하여 주는 제도로 생활보호사업, 의료보호사업, 재해구호사업 등이 있다.

사회복지서비스는 사회적으로 불우하고 열세한 위치에 있는 아동, 노인, 부녀 및 장애인을 대상으로 전문적인 지식과 방법을 활용하여 이들의 제반 문제를 해결하여 정상적인 한 사회인으로 활동하도록 하는 데 그 목적이 있다. 이는 국가적인 차원에서 실시해야 하는 것으로서, 지역사회의 개별 단체가 시행하는 사회복지 프로그램과는 차이가 있다.

2) 전문적 접근

전문적 접근은 사회사업 또는 사회복지를 기술 과학적 입장에서 정립하려는 것으로서, 사회복지활동을 사회 전체의 복지, 또는 어느 사회 계급의 복지와 같은 추상적인 이론에서 그 정책을 구하려는 것이 아니고, 개별적이고 구체적인 사실에서 그 정책을 구하고자 하는 것이다.[18] 이러한 기술적인 입장에서는 인간이 사회 활동을 통하여 얻어지는 경험적 욕구를 위기 또는 문제적 상황으로 규정하고, 문제의 소지가 부적응이나 욕구 불만에 있다고 생각하는 것으로서, 이러한 문제 해결에 있어서 사회 환경 조건을 개선하여 개인의 내면에 존재하고 있는 개성을 개발하는 데 주된 관심을 두어 개인의 일탈행위 즉, 자살, 이혼, 매춘, 알콜중독 행위 등의 원인을 찾아내어 심리요법이나 정신요법 또는 사회요법으로 자신을 치료할 수 있도록 원조해 주는 것을 말한다. 교회가 신앙을 통해 심리적인 치료를 돕는 형태도 이에 해당하는 것으로 지역사회의 복지 주체로서의 교회가 접근할 수 있는 방법 중에 하나이다.

---

18) 김영모, 「한국사회복지론」, 19-20.

3) 물리적 접근

이는 지역사회의 복지 주체로서의 교회와 같은 사회봉사단체에서 주로 사용하는 접근 형태로서, 빈곤과 질병 등의 개인적인 문제들을 해결하기 위해 필요한 물질과 육체적인 봉사 등을 제공함으로써 그들의 기본적인 문제들을 해결해 주는 것이다.

마. 사회복지의 제공 주체

사회복지 역사가 오래된 서구 사회를 살펴보면 초기에는 사회복지의 제공 주체가 기독교 기관들이었으나, 종교개혁을 전후한 기독교 내부의 부패와 무력화로 인해 기독교계는 사회복지 제공의 주된 주체로서의 역할을 상실하게 되었다. 이와 같이 복지 제공의 주된 주체로서의 역할 상실은 기독교 기관이 중심이 된 기존의 복지체계에 일종의 공백상태를 가져왔고, 기독교 기관들의 구제대상이었던 빈민이나 걸인들이 거리에 방치되는 결과를 가져오게 되었다. 이와 같이 복지 공백 상태는 더 이상 방치할 수 없는 사회문제를 야기시켰고, 이를 더 이상 방관할 수 없는 국가가 공적부조제도를 통해서 그 공백상태를 메우게 되었다. 이른바, 사회복지정책의 시발이다. 이후로 국가는 오늘에 이르기까지 사회복지서비스 제공의 주된 주체로서의 역할을 안정적이고 체계적으로 수행하고 있다. 그러나 이것은 어디까지나 서구 선진사회의 경우이지 개발도상국이나 후진국에서는 아직까지 상상하기 힘든 일이다. 그리고 이것은 복지국가 건설을 부르짖는 오늘 우리나라의 현실이기도 하다. 서구 선진사회를 모델로, 이제 막 사회정책제도가 모양을 잡아 실시되고 있고, 공적부조제도가 어느 정도 자리를 잡아가고 있는 실정이긴 하지만, 그것만으로는 전체 국민들에게 균등한 복지 혜택을 제공하지 못하고 있다. 실제로 농촌지역의 저소득자들은 복지 혜택의 사각지역에서 많은 고통을 겪고 있다. 국가의 복지 정책이 잘 발달되어 있어 경제적으로 여유 있는 사람들이 더 많은 돈을 내고, 상대적으로 열악한 경제 형편에 있는 사람들은 그러한 돈으로 안정적으로 구축된 복지 혜택을 누리는 서구 선진사회와는 달리, 우리나라는 아직까지 가진 자들은 복지 혜택에 있어서도 더욱 많은 것을 누리고, 없는 자들은 여전히 그러한 복지 혜택마저도 누리지 못하는 실정에 있다. 국가의 복지 정책의 효과가 모든 지역, 모든 사람에게 일률적으로 도달하지 못한다는 것이다. 이에 국가만으론 안 된다는 사고들이 팽배하게 되었고, 순수 사회봉사단체나 종교단체 등이 새로운 복지 제공 주체로 등장하여 의욕적으로 활동하고 있다. 교회는 실제적으로 지역사회복지 제공 주체로서 중요한 역할을 담당하는 한 기관이 되었으며 시간이 지남에 따라 지역사회복지에 있어서 교회의 역할은 더욱 커져만 가고 있는 실정이다.[19]

2. 성서에 나타난 사회복지사상

일반적으로 사회복지 혹은 사회봉사는 산업화의 산물이라고 한다. 공장제 기계공업의 발전과 대도시로의 인구집중, 핵가족화 및 이에 따른 각종 사회적 재난의 증가는 종종 사회복지의 출현배경으로 간주되곤 하였다.[20] 그러나 산업화 이전의 사회에서도 오늘날 우리가 사회복지라고 명명하는 것들이 엄연히 존재하고 있었다는 데는 이론의 여지가 없다. 구제와 상부상조의 이념을 바탕으로 하는 사회복지는 인류가 집단생활을 해온 이래 대부분의 사회, 국가, 민족에서 찾아볼 수 있는 제도인 것이다. 이런 점에서 성서시대에도 사회복지사상이 있었다는 추론은 가능하다. 물론, 지금과 같은 체계나 대

---
19) 김기원, 『기독교사회복지론』, 28-29.
20) 이윤철, 「교회와 지역사회봉사」, 『신학과 사회』 제9집(완주: 한일장신대학교 출판부, 1995), 40-41.

상, 범위, 내용을 가지고 있지는 않았을지라도, 그 이념에 있어서만큼은 오늘날의 사회복지사상과 일맥상통하는 사상들이 있었다. 그렇다면 과연 성서에 나타난 사회복지사상은 무엇인가? 이를 살펴보는 것은 교회의 지역사회복지 실천을 위한 이론적 근거가 되기에 중요한 의미가 있다.

가. 구약성서와 사회복지

구약성서의 사회복지사상은 기본적으로 인간의 존엄성을 지키고 삶의 질을 향상하는 데 그 목적을 두고 있다.[21] 이러한 인간 존엄성의 배경은 창조로 거슬러 올라간다. 하나님께서는 하나님의 형상대로 인간을 창조하시고 인간에게 "복을 주시며 하나님이 그들에게 이르시되 생육하고 번성하여 땅에 충만하라"(창 1:28)라고 분부하셨다. 이것은 하나님의 형상대로 지음 받은 인간에게 복을 누리며 번성한 삶을 살도록 함으로써 하나님이 주신 존엄성을 지키도록 하라는 명령이다. 인간은 창조 시에서부터 행복하고 복되게 살 권리가 주어진 것이다.

이렇듯 하나님으로부터 부여받은 인간의 복된 생활은 인간 자신의 타락과 문화의 타락으로 중단되었다. 그러나 이 중단된 인간의 복된 생활을 계속 펼쳐 나가기 위하여 하나님은 아브라함을 택하여 이스라엘 민족을 형성하셨으며 인간이 인간답게 살 수 있도록 하기 위해 역사하셨다.[22] 그 대표적인 경우가 출애굽 사건으로 애굽의 권력 아래서 힘겨운 노동을 하며 온갖 괴로움과 학대와 압제를 당하고 있는 히브리인들의 비참한 현실(출 1:8-14)을 보시고 그들을 억압과 착취의 현장에서 구하기 위해 불러내어 젖과 꿀이 흐르는 가나안 땅으로 인도하신다. 그리고 그곳에서 역시 약속된 복을 누리며 살도록

---

21) 박종수, "구약성서의 사회복지사상", 한국사회복지 연구소 편, 『기독교와 사회복지』 (서울: 홍익제, 2001), 36.
22) 정지웅, 『기독교와 사회복지』 (서울: 도서출판 예안, 1995), 47.

하신다. 비록 인간의 타락으로 인해 그들이 노예생활을 하게 되었지만 하나님의 입장에서 그들의 노예생활은 하나님이 친히 부여하신 인간의 존엄성을 파괴하는 일이었다. 그래서 하나님은 그들을 해방시켰고 다시금 인간은 존엄한 존재로 억압과 신음 속에서 살지 않고 자유와 행복을 누리며 살아야 한다고 선언하신 것이다.

그 후 사회복지에 대한 하나님의 관심은 이스라엘인들의 가나안 정착 이후에도 지속적으로 이어졌다. 출애굽기 20장 22절에서 23장 33절에 명시된 제도화된 계약법이 그것의 한 예이다. 이 계약법의 골자는 가난한 자, 소외된 자, 나그네 된 자, 고아와 과부 등을 보호하는 그들의 복지 활동에 대한 내용이다.[23] 즉, 빈익빈 부익부의 현상을 강력하게 고발하고 법적, 사회적으로 불리한 여건에 있는 고아, 과부, 이민자, 노예 등의 사회 저변층 사람들의 권익을 보호해 줄 것을 주장하는 내용인 것이다.[24] 종에게 될 수 있는 대로 자유를 주되 그 자신과 그 가족의 생계를 보장해 줄 것이며 결혼 문제에 대해서도 인간적인 대접을 받도록 허락하라는 것이다. 또한 떠돌이 나그네들과 고아와 과부를 억울하게 짓누르거나 해치지 말고 가난한 사람들을 고리채나 전당제도로 괴롭히지 말라 한다. 그리고 이는 그러한 사회적 약자들의 권리를 지켜 주시는 분이 하나님이시기 때문이라 한다.[25] 이스라엘인들은 하나님으로부터 존엄한 인간으로 인정받았고 또한 하나님께서 주신 이 땅에서 자유와 행복을 누리며 살 권리가 있었다. 그러나 이것은 어느 특정한 사람들에게만 한정된 것이 아니라 이스라엘 백성들 전체에게 해당되었다. 특히 사회적인 약자로서 주류 사회로부터 소외되고 억압받는 사람들도 일반사람들과 마찬가지로 하나님께서 부여한 존엄성을 유지하며 행복을 누릴 권리가 있었다. 그리고 이것은 이스라엘인들뿐만 아니라 그들과 더불어 살아가는 이웃으로서의 이방인들에

---

23) 최무열, 『한국교회와 사회복지』 (서울: 나눔의 집, 1999), 18–19.
24) 이윤철, "교회와 지역사회봉사", 42.
25) 손인웅, "교회 사회복지 참여의 신학적 근거", 기독교윤리실천운동 사회복지위원회 편, 『교회의 사회복지 참여하고 실천하기』 (서울: 대한기독교서회, 2001), 31.

게도 해당되었다. 계약법전에 이방인들에 대한 관심이 나타나는 것은 바로 이 때문이다.

레위기 25장의 희년 사상에서도 구약성서의 사회복지사상을 찾아볼 수 있다. 이는 희년제도를 통해 사회적, 경제적 불평등을 완전히 시정하려는 것으로 가난한 자들, 슬픔을 당한 자들에게 해방을 선포하며 구체적인 축복을 내리는 규정들이다. 그리고 이러한 복지사상은 신명기에서 더욱 뚜렷하게 나타난다. 신명기에서는 안식년 규정(신 15:1-11)과 십일조 규정(신 14:28-29)을 통해 가난하고 억압받는 사람들의 생존수단을 법제화함으로써, 그들을 구제하는 데 관심을 기울였고 약자들의 생존권을 보장하며 상부상조하는 삶의 길을 제시하였다.[26] 더불어 신명기에 나타난 도피성 사상도 비록 죄인이라 할지라도 그 생명이 존엄하다는 것을 보여 주는 사회복지의 주요한 사상을 담고 있다.[27] 나아가 구약의 예언자들의 선포에서도 이러한 사회복지사상을 찾아볼 수 있다. 이사야는 말한다. "내가 기뻐하는 금식은 흉악의 결박을 풀어 주며 멍에의 줄을 끌러 주며 압제 당하는 자를 자유하게 하며 모든 멍에를 꺾는 것이 아니겠느냐 또 주린 자에게 네 양식을 나누어 주며 유리하는 빈민을 집에 들이며 헐벗은 자를 보면 입히며 또 네 골육을 피하여 스스로 숨지 아니하는 것이 아니겠느냐"(사 58:6-7). 하나님께 대한 진정한 예배는 금식과 금욕이 아니라 가난한 자의 인권을 세워 주는 것이어야 한다고 선포한 것이다. 또한 이사야 1장 17절에서는 떠돌이 나그네나 고아와 과부가 법정에 서게 되었을 때에는 힘이 없어지는 일이 없도록 해 주라고 말함으로써, 사회적 약자의 권익을 보호하라고 한다.[28] 아모스 또한 종교는 의식에 그치는 것이 아니고 사회적 정의의 실현에 있다고 선포한다(암 2:8; 4:1 등).

이렇듯 구약성서에서는 모든 인간의 존엄성을 보호하고자 하는 사상들이 줄곧 나타나고 또한 사회적으로 소외되고 약한 자들 그리고 가난하거나 도움

---

26) 서인석, 『성서의 가난한 사람들』(서울: 분도출판사, 1998), 95-96.
27) 박종수, "구약성서의 사회복지사상", 42.
28) 손인웅, "교회 사회복지 참여의 신학적 근거", 31.

이 필요한 자들을 위해 조직적이며 제도적인 장치들을 마련해 놓고 있음을 알 수 있다. 비록 오늘날과 같이 체계적이지는 못할지라도, 구약시대 역시 사회복지에 큰 관심이 있었던 것이다.

나. 신약성서와 사회복지

이스라엘의 사회복지사상은 계승되고 발전되어 예수님의 가르침 가운데에 구체적으로 나타난다. 예수님은 구약 전체의 사상을 '너희 하나님을 사랑하고 네 이웃을 네 몸과 같이 사랑하라'(마 22:37-40)는 것으로 요약하며 하나님 나라 백성으로 지켜야 할 새로운 계명을 주신다. 이 계명은 하나님 사랑과 이웃 사랑을 분리하는 것이 아니라 하나님을 향한 사랑이 곧 이웃에 대한 사랑이라는 것을 의미한다.[29] 예수님은 하나님을 향한 사랑과 이웃에 대한 사랑을 분리할 수 없는 가장 큰 계명으로 삼으신 것이다. 여기서 이웃 사랑이라는 것은 자기를 떠나 이 사회 공동체의 일원으로서의 책임뿐만 아니라 하나님 나라의 성도로서의 책임을 동시에 사회 속에 적용시키고 있다고 보아야 할 것이다. 우리는 예수님의 이러한 사랑 선포에서 오늘날의 사회복지의 기본 정신을 찾을 수 있다. 그리고 이러한 사회복지의 정신이 초대교회에 계승되어 나타났다.

1) 예수님과 사회복지

복음서를 통해 예수님의 사상과 행적을 살펴볼 때, 예수님은 가난과 질병의 문제에 대해 심각하게 생각하고 그 문제의 해결을 위해 노력하셨다. 예수님은 가난의 문제를 실제적으로 해결해야 하는 것으로 여기신 것이다. 네 복

---

29) 정지웅, 『기독교와 사회복지』, 57.

음서에 모두 기록하고 있는 많은 무리를 먹이신 사건은 가난한 자의 배고픔에 대한 예수님의 관심이 어떠하셨는지를 잘 보여 준다. 예수님은 이 기적 사건을 통해 상징적으로 빈민 구제의 중요성을 가르쳐 주셨다. 또한 소득의 재분배[30]를 통해, 가진 자들이 가난한 자를 돌보아야 한다고 하셨다. 누가복음 12장 16-21절의 소위 어리석은 부자의 비유에서 예수님은 '부자가 어려운 사람과 함께 그의 재물을 나누지 않고 자신의 창고에 비축해 놓은 것은 어리석은 짓'이라고 하셨다. 곧 사람이 자신만을 위하여 재물을 쌓아 두고 하나님과 이웃에 대해 관심이 없는 자는 매우 어리석은 자임을 지적함과 동시에 가난한 자들에 대한 부의 재분배의 필요성을 역설하신 것이다. 또한 마태복음 25장 45절에서 "지극히 작은 자 하나에게 하지 아니한 것이 내게 하지 아니한 것"이라고 말씀하심으로 약한 자와 가난한 자에게 실제적으로 도움을 줄 것을 강조하셨다. 예수님은 가난한 자들에게 많은 관심을 가지고 계셨다.

또한 예수님은 단지 배고픔의 문제의 해결뿐만 아니라 질병 치유에도 많은 관심을 가지고 계셨다. 아픈 자들을 직접 찾아가 그들의 고통을 치료해 주셨다. 마태복음에서는 예수님의 사역을 크게 세 가지로 요약한다. 가르치는 것과 천국 복음을 전하는 것 그리고 질병과 약한 자들을 치료하는 것(마 4:23)이 그것이다. 마가복음에 나타나는 예수님의 사역은 병을 고치거나 귀신을 쫓아내는 것(막 1:21-27, 40-45)과 가르치는 것(막 7:1-23) 크게 두 가지로 나타난다. 누가복음에서는 사람들이 예수님을 찾아오는 이유를 예수님의 말씀도 듣고 병도 고침을 받으려고 했다(눅 5:15; 6:17)고 하여 예수님의 사역 중에서 이 두 가지를 특별히 중요하게 기술한다. 이러한 복음서의 진술에서 알 수 있듯이 약한 자들에 대한 치유는 예수님의 사역의 매우 중요한 요소였다. 복음 전파가 그의 사역의 중심이었다고 할지라도 그것은 단독적으로 이루어지지 않았다. 항상 가난하고 약한 자들의 문제를 해결해 주는 행위와 함께 이루어졌다.

이러한 예수님의 사랑의 대상은 특권 계층이 아니었다. 사회적 신분이나

---

30) 김용섭, "예수의 사회복지사상 연구", 「성결정론」 제2호 (안양: 성결교신학대학원 출판부, 1994), 111-113.

경제적 부를 뛰어넘어, 아파하고 고통당하는 자들이라면 누구라도 그들과 함께 고통을 나누며 그들의 문제들을 해결해 주려고 노력하셨다. 특히 그는 가난한 사람들에게 사역을 집중하셨다. 그의 사역의 대부분이 사회로부터 버림받은 사람, 이방인, 병자들, 여자, 세리, 죄인들 사이에서 이루어졌다.[31] 그는 스스로 "주의 성령이 내게 임하셨으니 이는 가난한 자에게 복음을 전하게 하시려고 내게 기름을 부으시고 나를 보내사 포로 된 자에게 자유를, 눈먼 자에게 다시 보게 함을 전파하며 눌린 자를 자유롭게"(눅 4:18) 하기 위하여 이 땅에 왔으며 이웃, 심지어는 원수에게까지 사랑으로 헌신하며 자선을 베푼 사람들이 하늘나라의 주인이 된다고(마 25:41-46) 가르침으로 그의 주된 관심이 사회적인 약자들에게 있음을 보여 주셨다.

이와 같이 복음서에 나타난 예수님의 모습은 빈민들을 구제하고 소득 재분배를 강조했으며 질병으로 신음하는 이들을 찾아가 그들의 고통을 해결해 주었고 또한 사회적인 약자들인 여인들과 창녀들 그리고 세리들과 죄인들의 권익을 보호해 주는 것 등에 집중되어 있다.

2) 초대교회와 사회복지

가난한 자와 사회적으로 소외 받는 자들에 대한 예수님의 관심은 제자들을 통해 초대교회에서 더욱 조직화되고 발전되었다. 예수님의 코이노니아는 초대교회 오순절 공동체 속의 성도의 교제로 확산되었고 부활의 체험과 성령 체험의 경험은 서로 모든 것을 나누며 구제하는 사역을 하는 데로 이끌었다. 사도행전 6장을 보면 초대교회는 구제를 전담하는 일곱 지도자들을 택한다. 이러한 제도는 예루살렘 교회의 상당수를 차지하고 있는 헬라 소수민들을 돌볼 필요성을 느끼면서 시작되었다. 또한 교회는 차별을 받았던 소수의 과부들과 물질적인 도움을 필요로 하는 사람들을 위해 기금을 마련하고 구제 프

---

31) 최무열, 『한국교회와 사회복지』, 35.

로그램을 가동하였다. 교회공동체의 일원들은 사도들의 가르침을 받아 교제하며 기도하기에 힘썼고 재산과 소유를 팔아 각 사람의 필요에 따라 나눠 주었다(행 2:41-47). 그 결과 하나님의 말씀은 왕성하게 전해졌고 예루살렘에서 그리스도를 따르는 제자의 수는 크게 증가하였다(행 6:7). 초대교회는 지역사회를 예수 그리스도 안에서의 한 형제요 자매로 인식했을 뿐 아니라 사회적으로 도움이 필요한 사람들을 도우면서 강력한 하나님의 말씀을 선포하였다. 사도행전에 나타난 초대교회 신자공동체는 모든 사람이 더불어 행복을 누리는 진정한 사회복지를 이루며 살았다. 부자와 가난한 자가 가진 모든 것을 함께 공유하며 나누면서 상호부조함으로 모두가 함께 부족함 없이 사는 공동체였다.

이러한 사회적 프로그램은 야고보서와 바울서신에서도 잘 나타난다. 야고보는 경건 생활에 대해 정의하기를 '고아와 과부를 돌보는 것이 정결하고 더러움이 없는 경건'(약 1:27)이라고 함으로써 사회적 약자를 돌볼 것을 강조했고, 바울 역시 고린도전서 16장에서 '예루살렘의 가난한 자들을 위하여 주일에 헌금을 거두라' 고 하였다. 또한 예루살렘 공의회를 향하여 '가난한 자들을 돕는 것이 사도와 전도자의 의무'(갈 2:9-10)라는 사실을 피력했고 계속해서 열심히 일하여 "가난한 자에게 구제할 수 있도록"(엡 4:28)하라고 함으로 구제를 강조하였다. 나아가 디모데전서 5장 9-10절에서 "과부로 명부에 올릴 자는 나이 육십이 덜 되지 아니하고 한 남편의 아내였던 자로서 선한 행실의 증거가 있어 … 혹은 환난 당한 자들을 구제하며 혹은 모든 선한 일을 향한 자라야 할 것이요"라고 함으로써, 사회복지활동이 비체계적이고 무차별적인 차원을 넘어서 일정 기준에 따라 선별적으로 도움을 주는 방법을 모색하기도 하였다. 또한 그는 한 걸음 더 나아가 교회가 이러한 사회적 봉사를 수행함에 있어서 지역 교회끼리 협력을 아끼지 말아야 할 것을 역설함으로(고후 8:1-5; 롬 15:26) 진일보한 사회복지사상을 피력하고 있다. 이렇듯 초대교회의 사회복지사상은 공동생활체 속에서 상부상조하는 가운데 자연이나 다른 집단으로부터 불안이나 위험에 대처했을 뿐만 아니라 모두가 부족함 없이 행복하게 사는 삶을 위해 노력하였다.

이상과 같이 신구약성서는 단순한 영적인 관심을 교회의 사명으로 간주하지 않고 인간의 삶과 생활 여건을 개선하기 위하여 복음을 전파하고 교육시키며 나아가 가난한 자의 필요를 채워 주고 병자를 치료하며 사회적 약자들을 구제하고 보호하는 것이 진정한 교회의 사명이라고 한다.

3. 기독교와 사회복지의 관계

기독교의 본질은 사회의 중심에서 탈락하여 주변으로 밀려난 사람들에게 행복을 가져오는 것이며, 하나님의 나라는 현실에서의 인간이 가진 추악한 면을 없앤 후에 남는 인간의 본질적인 모습이나 이상이 아니라, 현실 문제와 정면으로 부딪혀서 이 세상의 어려움을 실제로 해결하고 본질과 존재라고 하는 기존의 틀을 근본적으로 해체하여 재구성함으로써 이 땅에 실현되는 것이다.[32] 이는 사회복지의 사상과 일맥상통한다. 개인이나 집단이 누려야 할 복리 증진을 위해, 주변사회로부터 소외되고 고통받는 사람들을 끌어안고 그들을 돌봄으로 그들이 인간으로서 최소한의 행복을 누리며 세상에서 살아갈 수 있도록 돕는 제반 활동이 사회복지라고 할 때, 이러한 개념이 기독교의 근본적인 사상인 인간 구원의 개념과 서로 상통한다는 것이다. 이에 이 장에서는 사회복지사상과 교회의 관계에 대해서 다루고자 한다. 이는 교회가 왜 사회복지활동을 수행해야 하며 어떻게 사회복지활동의 주체가 될 수 있는가에 대한 논의와 관계된다.

---

32) 이에 대해 김지철 교수는 "신약성서와 사회봉사", 이삼열 편, 『사회봉사의 신학과 실천』(서울: 한울, 1992), 132 이하에서 사회복지(사회봉사)를 '예수의 하나님 나라 운동'으로 정의한다. 그는 하나님 나라 운동은 하나님이 만드신 인간과 만물을 회복하는 운동이라고 한다.

가. 교회의 본질과 사회복지사상

　교회의 본질은 구약성서의 용어 '카할'에서 그 뜻이 가장 잘 드러난다. '카할'은 본래 '하나님이 불러 모으신 집단', '하나님에 의해서 소집된 공동체', '하나님의 백성'을 뜻했다. 이것이 70인역 성서에서 '에클레시아'로 번역되었고 신약성서에서는 이 공동체가 '그리스도의 몸'이라는 불가분리의 관계를 가진 개념으로 이해되었다. 여기에는 소집자이신 하나님과 머리이신 그리스도의 주권이 제일의 의미를 가지며, 여기에 소집된 공동체의 '코이노니아'는 제의적인 의미를 함축한다. 하나님과 그리스도의 주권을 높이는 이 공동체의 행위가 '예배'이며, 이 예배를 통해서 이루어진 '코이노니아'인 성도의 교제는 일차적으로는 하나님과의 사귐이요, 이차적으로는 교회공동체의 구성원 상호 간의 사귐 또는 친교가 되는데, 이 예배와 코이노니아에서 '디아코니아' 즉, 봉사 또는 구제가 파생된다. 그리고 이러한 예배, 코이노니아, 디아코니아는 '케리그마'와 '디다스칼로스' 즉, '복음선포'와 '교육'이라는 두 개의 매개체를 통해 수행된다.[33] 이러한 교회의 본질은 아무리 시대가 바뀌고 문명이 발달한다 해도 변할 수 없는 것이며, 어느 것 하나가 부정되거나 소홀하게 될 때, 교회는 그 본질을 상실하고 그 기능도 마비되고 만다.

　이같이 교회는 그 기능 중에 대(對) 사회적인 측면의 디아코니아를 수행해야 할 책임을 가지고 있다. 교회라는 공동체를 통해 힘을 모으고, 그 모아진 힘을 가지고 사회로 나아가 사회적인 상처를 싸매고, 갈라진 틈을 메우며, 교회가 속한 공동체의 건강을 회복시키려고 해야 한다. 그리스도인들끼리만 서로 돕고 사는 것이 아니라 교회가 속한 더 큰 공동체인 사회 속으로 나아가 개인과 사회 전체의 복지를 증진하는 보다 넓은 노력을 해야 한다.

---

33) 정용섭, 『교회갱신의 신학』 (서울: 대한기독교출판사, 1980), 5.

나. 기독교사회복지의 개념

교회사회복지는 기독교사회복지라고도 할 수 있는데, 이는 '기독교'라는 종교적 신념체계와 '사회복지'라는 사회적 실천체계가 한데 어우러진 단어이다. 즉, 기독교적 신념에서 비롯된 사랑과 공의의 실천과 사회복지적 정책과 방법론적 실천이 서로 만나고 공유되는 부분이 폭넓게 존재하게 된 것이다.[34] 김훈은 기독교사회복지는 기존의 '디아코니아,' '교회사회사업,' '교회사회봉사,' '사회복지선교' 등의 용어보다는 포괄적인 개념이라고 하면서 기존의 개념들이 기독교인이 행하는 사회봉사 내지는 사회복지서비스의 의미나 교회의 선교수단적 의미를 지니는 것에 비해, 기독교사회복지는 기독교정신이 사회복지실천의 목적과 과정에 스며들어 그것을 통해 인간의 복지향상을 도모하고자 하는 기독교의 모든 개인적·조직적 틀과 도움의 활동을 의미한다고 설명한다.[35]

기독교사회복지를 한마디로 정의하기는 어렵지만, '하나님을 믿는 신자들이 하나님의 말씀에 순종하여 하나님의 가르침을 세상에 전파하고 세상 가운데 실천해 나가는 기독교인들의 체계와 노력'이라고 할 수 있다. 사회복지가 사회사업이라 말할 수 있다면, 기독교사회복지는 하나님의 뜻을 이루는 사업이라고 말할 수 있다. 동시에 기독교사회복지는 인간을 영원한 생명으로 인도하고 하나님의 형상을 회복하려는 일종의 구원사업이다.[36] 이러한 기독교사회복지는 하나님의 사업으로서 기독교정신이 사회복지실천의 목적과 과정에 스며들어 나눔의 사랑, 섬김의 사랑을 통해 이루어진다. 즉, 기독교의 근본정신인 이웃 사랑과 봉사와 헌신을 통해서 세상 가운데 열악한 처지에서 살아가는 사람들의 물질적, 신체적, 정신적 고통을 양적·질적으로 완화시키고 생활상의 곤란을 개선시켜 줌으로써, 그들의 삶의 질을 향상시키고 성서적 정의를

---

34) 유장춘, "기독교사회복지운동의 방향과 전략", 한국기독교사회복지협의회 세미나 자료, 2002, 8.
35) 김훈, "21세기 한국 디아코니아의 과제와 전망", 한일장신대학교 사회복지학부 기독교사회복지대학원 디아코니아 연구소 국제심포지엄자료, 2002, 48.
36) 김기원, 『기독교사회복지론』, 13, 34-35.

실천하며 상실된 하나님의 형상을 회복시키려는 기독교인들의 제도적이고 체계적인 노력을 통해 이루어지는 것[37]이 기독교사회복지인 것이다.

이러한 기독교사회복지는 일반적 사회복지와 용어상의 구분에서도 알 수 있듯이 서로 분명한 차이가 있다. 그렇다면 그 차이는 무엇인가? 일단 기독교의 사회복지적 활동은 일반사회의 잔여적이거나 제도적인 사회복지의 일부분을 담당하는 데 그쳐서는 안된다. 즉, 기독교사회복지 활동은 일반적인 사회복지활동보다 본질적이고 존재론적인 근거와 함께 더욱 심오하고 궁극적인 이상을 갖고 실천하는 봉사가 되어야 한다. 그렇다면 좀 더 구체적으로 기독교사회복지가 일반적 사회복지와 다른 중요한 특징을 살펴보자.

첫째, 기독교사회복지는 기독교의 신앙적 동기와 가치관을 가지고 사회복지를 실천한다. 다시 말해, 하나님과의 관계가 사회복지활동의 전제가 된다.

둘째, 기독교사회복지는 봉사적 공동체를 지향하는 운동으로서 사회복지를 실천한다. 기독교사회복지 운동이 기독교의 신앙적 동기와 가치관을 가지고 출발하기 때문에 기독교의 궁극적이고 종말적인 목표가 하나님의 나라를 지향하는 독특한 공동체 운동으로서의 특징을 가지고 있다.

셋째, 기독교사회복지는 기독교체계 내의 사회복지적 자원들을 활용하여 현실적인 사회문제와 취약계층을 위해 구체적인 활동을 실천한다는 데에 특징이 있다.

다. 기독교사회복지의 가치

기독교사회복지는 하나님의 형상대로 지음 받은 인간의 원래의 모습을 회복하는 데 궁극적인 목적이 있다.[38] 인간은 하나님의 형상을 따라 피조된

---

37) 위의 책, 35.
38) 위의 책, 38.

존재로 하나님께서 의도하신 목적에 맞게 하나님 보시기에 아름답게 살아갈 수 있었다. 그러나 첫 사람의 타락 이후 더 이상 이러한 삶을 살 수 없었다. 첫 사람 아담의 하나님께 대한 불순종으로 말미암아 모든 인류가 하나님의 형상으로 누려야 할 복지를 누리지 못하고 고통 가운데 살게 되었으며 결국 최초 인간이 가지고 있던 '하나님의 형상'은 왜곡되고 말았다. 그러나 하나님은 그리스도를 통해 믿는 자에게 하나님의 자녀가 되는 특권을 허락하시고 영원한 복락을 누릴 은혜를 주셨다. 즉, 죄로 인해 타락하여 하나님께서 주신 행복을 누리지 못한 채 신음하던 인간들이 그리스도를 통해 하나님이 원래 허락하신 하나님의 형상을 회복하고 인간의 타락 이전에 맛보았던 고통 없는 행복을 누리며 살 수 있도록 허락하신 것이다. 사도행전은 이러한 인간의 회복된 이상적인 생활을 믿는 모든 무리들이 서로 연대하고 친교하며 자기희생과 섬김을 통해 가난한 자들의 고통을 해결함으로 모두가 더불어 행복을 누리는 것으로 묘사하고 있다. "믿는 사람이 다 함께 있어 모든 물건을 서로 통용하고 또 재산과 소유를 팔아 각 사람의 필요를 따라 나눠 주며 날마다 마음을 같이하여 성전에 모이기를 힘쓰고 집에서 떡을 떼며 기쁨과 순전한 마음으로 음식을 먹고 하나님을 찬미하며 또 온 백성에게 칭송을 받으니 주께서 구원 받는 사람을 날마다 더하게 하시니라"(행 2:44-47). "믿는 무리가 한마음과 한 뜻이 되어 모든 물건을 서로 통용하고 자기 재물을 조금이라도 자기 것이라 하는 이가 하나도 없더라 사도들이 큰 권능으로 주 예수의 부활을 증언하니 무리가 큰 은혜를 받아 그 중에 가난한 사람이 없으니 이는 밭과 집 있는 자는 팔아 그 판 것의 값을 가져다가 사도들의 발 앞에 두매 그들이 각 사람의 필요를 따라 나누어 줌이라"(행 4:32-35). 죄로 인해 인간이 타락 이전에 하나님으로부터 부여받은 하나님의 형상은 왜곡되고 파괴되었지만 하나님의 은혜를 통해서 상실된 하나님의 형상을 다시 회복할 수 있는 길이 열린 것이다. 하나님은 영생을 누릴 수 있는 천국을 예비하고 은혜로운 삶을 통해 천국을 상속받을 수 있고 하나님이 본래 만들어 준 그 형상을 회복할 수 있도록 하신 것이다. 믿는 자들이 소유한 영원한 생명을 누리는 삶은 지극히 작은 자들에게 베푸는 나눔의 삶과 하나님과의 올바른 관계를 정립하는 삶 그리고 하나님의 형상을 회복하는 삶이며, 이것은 바로 기독교사회복지 그 자체를 의미한다.[39]

라. 기독교사회복지의 필요성

기독교사회복지를 실천하고자 하는 필요성은 무엇인가?
첫째, 일반 사회복지의 미흡함 때문에 기독교가 그 책임을 감당한 필요를 갖게 되었다. 사회복지는 원래 사랑의 정신과 삶을 바탕으로 시작된 체계이다. 이러한 사회복지는 시간이 흘러감에 따라 그 원천적 의도를 상실하고, 철학화되면서 많은 문제점들을 내포하게 되었다. 인간의 존엄성, 자기 결정권, 균등한 기회, 사회적 책임을 강조하였으나 이것만으로는 인간의 문제를 전체적으로 그리고 포괄적으로 다룰 수 있을 것으로 여겨지지 않는다. 인간의 삶이란 이러한 사회적 · 정신적 요소 외에도 영적인 부분이 대단히 중요하기 때문이다. 이러한 면에서 현재의 사회사업은 인간의 문제에 능동적으로 대처하지 못하고 있다는 지적을 받는다. 또한 사회복지 발달의 동기와 운영에 있어서도 많은 문제점을 안고 있다. 예를 들어, 사회사업은 공리주의의 영향을 받아 지배계급의 착취 또는 작업의 능률을 올리기 위하여 형성된 부수적인 형태로 발전되어 시혜적 효과만 강조되었다. 또 운영면에서 재정과 인력이 충분하게 지원되고 합리적이고 효과적인 사회사업이 될 수 있다고 하는 방법론에도 문제가 있었다. 아무리 시설이 좋아지고 전문 기술을 갖춘 인력이 투입된다고 하더라도 일반 사회사업은 그 한계성을 극복할 수가 없다.
현대 사회사업의 문제점을 다양하게 거론할 수 있겠지만 그 중에서도 가장 심각한 문제는 철저한 희생과 사랑을 바탕으로 하지 않고 인본주의적, 기

---

39) 위의 책, 41.

술 중심적인 사역을 수행한 데서 오는 사명감의 결여라고 할 수 있다. 이 사명감의 문제는 일반 사회사업이 감당하지 못하는 가장 큰 맹점 중에 하나이다. 예를 들면, 실제적으로 많은 사회복지사들이 대학을 졸업하고 시설이나 기관에 투입되고 있지만, 그 열악한 환경을 극복하지 못하고 중도에 포기하고 마는 경우가 허다하다. 또한 단지 자신이 하고 있는 그 일을 자신들의 생계수단으로만 생각하는 경우가 적지 않다. 이것은 사회복지사 자신들은 물론 사회복지 혜택을 누려야 하는 대상자들에게 불행이며 근원적으로는 사회복지의 원칙인 인간의 존엄성에도 상처를 입힐 수 있다. 기술을 중심으로 한 직업의식만으로 복지 사명을 감당하려는 생각은 지극히 위험스러운 일이며 또한 일부 사회단체의 경우처럼 비즈니스 차원에서 사회사업을 수행한다거나 국가 단체에서의 경우처럼 기능적인 차원에서만 사회복지사업을 실시할 경우 사회복지의 근본적인 취지와는 달리 진정으로 그 혜택을 통해 회복되어야 할 사람들의 복지와는 상관없는 사회복지가 되고 말 것이다.

    이러한 일반 사회복지사업의 맹점은 고통받는 인간에 대한 하나님의 의도를 이해하고 그러한 하나님의 뜻을 실행하려고 노력하는 기독교 정신에서 해결될 수 있다고 본다. 결코 기술적이고 기능적인 측면에서만 인간을 이해하려는 인본주의적인 접근은 문제를 근본적으로 해결하지 못한다. 그러나 그리스도의 정신 즉, 사랑과 희생을 바탕으로 한 사명감과 영적인 부분을 포함하여 인간을 전인적으로 치료할 수 있는 기술을 바탕으로 한 기독교사회복지는 일반 사회복지사업이 감당하지 못하는 것을 해결할 수 있는 대안이 될 수 있다.[40]

    둘째, 영적인 측면만을 강조하는 기독교 신학의 문제점을 극복하기 위해 기독교사회복지의 필요성이 대두되었다. 그리스도의 사역은 말씀의 선포와 나눔과 섬김의 삶으로 생각할 수 있다. 그의 생애는 결코 영적인 부분에만 관심을 두는 삶만이 아니었다. 그렇다고 해서 육신적인 삶만을 고집한 것도 아니었다. 그는 어느 한편으로 치우치지 아니한 균형있는 삶을 사셨던 것이다.

---

40) 최무열, 『한국교회와 사회복지』, 269-270.

그러나 오늘날의 신학은 예수님의 이러한 삶의 길을 바로 따르지 못하고 오직 영적인 삶에만 관심을 두는 경우들이 많다. 그렇다면 과연 신학을 중심으로 한 영적인 접근만으로 다양화된 인간의 문제를 해결할 수 있는가? 결코 그렇지 않다. 오늘날 상처받은 사회는 단순한 영적인 치료만으로 부족하기 때문에 사회복지학의 기술적인 접근이 필요하다. 지금까지 교회는 이러한 영적인 것과 사회적인 삶이 하나라는 자세를 취하지 않고 영혼 구원만을 중심으로 한 전도에만 온 정신을 쏟았다. 인간의 실제적인 삶을 도외시하고 인간의 영혼구원을 위한 활동에만 관심을 기울였다. 그러나 로잔대회[41]를 계기로 더 이상 사회적 관심은 영혼구원의 주변적인 문제로 남겨 두지 않았고, 영혼구원을 위한 필수적인 활동이며 기독교 복음활동의 열매로 간주되었다.[42] 이는 예수 그리스도의 사역에 대한 온전한 이해 때문이었다. 예수 그리스도의 사역은 하나님 나라의 말씀을 전파하고 가르치는 일과 더불어 사람들의 실제적인 사회적 삶의 문제를 해결해 주는 것이었다. 그리고 이는 초대교회의 사역도 마찬가지다. 초대교회에서도 말씀과 나눔의 사역은 하나였다. 수많은 사람들이 주님 앞으로 나아왔을 때, 그것은 단순한 말씀의 사역의 결과일 뿐 아니라 성도들의 나눔과 섬김의 결과였던 것이다.

이렇듯 신학과 사회복지는 새의 양 날개와 같다.[43] 새는 어느 한쪽 날개로만은 날 수 없다. 말씀선포만으로 사회의 제반 문제를 치료하기를 고집한

---

41) 로잔대회는 흔히 1974년 6월 스위스의 로잔에서 개최된 '세계복음화에 관한 국제대회'와 이후 1989년 필리핀의 마닐라에서 열린 소위 '로잔-마닐라 대회'를 일컫는다. 1974년에 있었던 스위스 로잔에서 열렸던 로잔대회에서는 '교회의 사회적 책임'이라는 이슈를 공개적으로 논의하여 이른바, '로잔언약'을 채택했는데, 다음은 그 내용의 가장 핵심적인 일부이다.

우리는 인간사회 어디에서나 정의와 화해를 구현하시고, 모든 인간을 모든 종류의 압박에서 해방시키려는 하나님의 권념에 참여하여야 한다. 우리는 종종 전도와 사회참여가 서로 상반되는 것으로 잘못 생각한 데 대해 참회한다. 전도와 사회참여는 그리스도인의 의무의 두 가지 부분이라는 것을 우리는 인정한다. 구원의 메시지는 모든 종류의 소외와 압박과 차별에 대한 심판의 메시지를 내포한다. 그러므로 우리는 악과 부정이 있는 곳에서는 어디서나 이것을 공박하는 일을 두려워해서는 안된다. 우리가 주장하는 구원은 우리의 개인적, 사회적 책임을 구체적으로 수행하도록 우리를 변화시키는 것이어야 한다. 행함이 없는 믿음은 죽은 것이다(Lausanne Occasional Papers, No. 3, *The Lausanne Covenant* (Minneapolis: World Wide Publish, 1975, 10-11.).

다면, 의사는 있으되 수술 도구 없이 수술을 하겠다는 것과 다를 바 없으며, 사회적 책임만을 강조하고 복음을 소유하지 않는다면 그물 없이 고기를 잡겠다는 것과 다를 바 없는 것이다. 이처럼 그리스도의 영혼구원이라는 과업을 완수하기 위해서는 신학과 사회복지의 정신이 철저하게 협조하며 동반자적 의식으로 그리스도 복음의 토대 위에 서야 할 것이다. 신학과 사회복지는 서로가 서로를 필요로 하는 완전한 파트너요, 잃었던 예수 그리스도의 사역을 함께 세우는 작업으로서[44] 그 이념이 서로 하나가 되어 실천되어야 할 것이다.

신학과 사회복지는 서로 가정의 행복이라는 공동의 목표를 이루기 위해 하나가 되어 노력하는 부부와도 같다.[45] 부부는 서로 힘을 합쳐 성실하게 자신에게 주어진 책임과 역할을 감당할 의무가 있다. 또한 자기에게 주어진 책임과 역할은 상대방의 역할과 책임을 억제하는 것이 아니라 서로 보완해 주는 것으로 인식되고 수행되어야 한다. 그럼으로써 그들이 이루고자 하는 목표들을 하나하나 성취해 가는 것이다. 그런데 만약 둘 중에 어느 한편이 자기의 역할과 책임만이 우월하고 그것만이 먼저 이루어지거나 수행되어야 한다고 할 때, 부부의 관계는 틈이 생기게 되고 결국 공동의 목표에 도달하지 못하게 된다. 이는 교회도 마찬가지이다. 교회에서 오직 전도와 말씀선포만이 중요하다고 강조하고 다른 교회적 기능들을 소홀히 할 때, 교회는 결국 그 본질의 의미를 잃고 깨어질 수밖에 없다. 교회가 대 사회적인 기능이 마비된 채, 어느 한 면의 기능만을 지나치게 강조하게 된다면 교회는 결국 부패하게 되고 교회로

Robert Webber, 『기독교사회운동』, 박승룡 역 (서울: 라브리, 1990), 185-237에서는 1989년에 필리핀 마닐라에서 있었던 '로잔-마닐라 대회'의 선언에 대해서 이야기하고 있는데, 이 책에서는 로잔-마닐라 선언에서 복음은 기독교의 뿌리이고, 복음전도와 사회적 책임은 그 열매라는 점을 천명한다고 한다. '로잔-마닐라 대회'에서는 대회 참가자들이 정의와 평화의 하나님 나라를 선포함으로 개인적, 구조적인 모든 불의와 억압을 고발하면서 예언자적 증거에서 물러서지 않을 것을 고백했고, 또한 참된 선교는 언제나 성육신이어야 하며, 참된 선교를 위해서는 겸허하게 그 사람들의 세계에 들어가서 불의한 세력에 항거하며 정의를 위하여 투쟁하는 자들의 노력에 동참할 필요성을 강조하며, 개인적인 희생이 없이는 선교가 이루어질 수 없다고 했다.
42) 최무열, 『한국교회와 사회복지』, 270.
43) 위의 책, 271.
44) 위의 면.
45) 위의 면.

서의 올바른 기능을 감당할 수 없게 된다.⁴⁶⁾ 또한 그 사회로부터 소외와 배척을 당하게 된다. 사회적 관심을 배격한 교회성장은 결국 물량주의, 이기주의, 상업주의로 흘러가게 되고 이로 인해 교회는 사회 구원과는 상관없이 오히려 사회의 발전에 심각한 장애물이 되고 지탄의 대상이 될 수밖에 없다.⁴⁷⁾ 그러므로 교회는 사회복지활동을 통해 대 사회적인 기능을 올바로 담당해야 한다.

셋째, 성장 제일주의를 지향하는 교회를 개혁하기 위한 방편으로써 기독교사회복지가 필요하다. 대 사회적인 기능을 감당하지 못하고 교회 자체의 성장에만 온갖 힘을 쏟아 온 오늘날의 교회는 괄목할 만한 외적인 성장을 이루었으나, 그로 인해 각종 폐해가 드러나게 되었다. 비대해진 교회와 교권에 대한 기득권을 서로 차지하겠다고 하는 다툼, 또한 교회의 재산들을 둘러싼 교파와 교파 간, 교회와 교회 간, 교인과 교인 간의 재산 논쟁들이 비일비재하게 되었다. 이러한 다툼은 결국 교회를 분열하게 만들었고, 분열된 교회는 또다시 자기들의 세력을 강화시키기 위해 성장에 온 힘을 쏟게 되고, 그로 인해 다시 강해진 교회는 또다시 기득권 다툼이 일어나고 또한 분열되고, 그래서 사회로부터 지탄을 받게 되는 악순환을 되풀이하고 있다. 교회는 이러한 악순환의 고리를 하루속히 벗어나야 한다. 그렇지 않게 되면 교회는 붕괴되고 말 것이기 때문이다.

그렇다면 성장 우선제일주의로 인해 외적인 몸집만 비대해진 교회를 치료하는 방법에는 어떤 것이 있는가? 그것은 바로 성장을 통해 축적한 재산을 사회로 환원하는 것이다. 예수님의 말씀에 따라 아낌없이 나누어 주고 섬김으로 인해 비대해진 살들을 빼는 것이다. 더 이상 소유하기 위해 안달하거나 남에게 주지 않으려고 발버둥쳤던 행태에서 벗어나, 이웃들을 섬기며 사회적 아픔들을 치료하는 데 그 축적된 역량들을 사용해야 하는 것이다. 그리할 때 교회는 추락해진 신뢰를 회복하게 될 것이고 외면당했던 세상으로부터 다시

---

46) 위의 면.
47) 위의 책, 271-272.

금 세상을 구원할 희망체로서 환영을 받게 될 것이다. 이런 점에서 바로 세상에 대해 나누고 섬기는 사회복지활동이 기독교에 필요한 것이다. 교회는 복음전파에만 머물지 말고, 또 하나의 본질적인 사명인 디아코니아 즉, 섬김과 봉사로서의 사회복지에 대한 책임을 지속적으로 감당해 나가야 한다.[48]

그러나 여기에서 한가지 유의해야 할 점이 있다. 그것은 교회가 사회복지 프로그램을 통해 전인적인 사랑과 헌신의 사상을 사회로 전파하여 세상을 하나님 나라로 만드는 것은 좋은 일이지만, 그 프로그램이 배타적인 교리에 영향을 받는 것은 바람직하지 못하다. 만약 그렇게 된다면 오히려 교회가 사회복지 프로그램에 개입하지 않는 것만 못하는 결과가 발생할지도 모르기 때문이다. 그렇기에 교회가 관여하는 사회복지는 인간에 대한 편견 없는 사랑에 바탕을 두어야 하며 기독교의 세력을 확장시키려는 목적만을 위한 행위가 아니어야 한다. 물론 교회의 사회봉사활동과 일반 사회복지 프로그램은 인간의 물리적 욕구에서부터, 나아가 사회적·정신적 욕구에 반응하며 궁극적으로 전인격적인 인격의 완성을 목표로 한다는 점에서는 동일하지만, 교회의 봉사 활동의 근거는 하나님에 대한 신앙에 있고 일반 사회사업은 인본주의에 있다는 점에서 차이가 있는 것은 사실이다.

그러나 교회가 이러한 차이점을 부각시켜 일반 사회복지활동과 거리를 두거나 차별을 둘 필요는 없다. 교회는 기독교 신앙을 일반 사회복지 프로그램의 지식과 가치 및 기술을 접목시킴으로써 보다 안정적인 교회사회복지 프로그램을 운용할 수 있기 때문이다. 또한 교회의 풍부한 자원과 헌신적인 자세가 학문적으로 뒷받침된 일반 사회복지의 전문성이 결합되어 양과 질에 있어서 풍부한 사회복지를 실현할 수 있기 때문이기도 하다.

교회가 사회복지 프로그램을 실시하는 데 있어 염두에 두어야 할 교회사회복지만의 몇 가지 특징[49]이 있다.

---

48) Richard J. Neuhaut, *Christian Faith and Public Policy* (Mineapolis: Augsburg, 1977), 122.
49) 박영호, 『기독교와 사회사업』, 9-21.

첫째, 교회는 구성원들이 긴밀한 개인적 교제를 하고, 지속적으로 상부상조한다는 면에서 가족과 같은 집단이므로 지속적이고 사적인 지원망이 형성되어 진다.

둘째, 일반 사회복지사업은 위기나 문제에 부딪힌 사람의 요청에 따라 관여하며 대개 일정한 범위 내의 서비스만을 제공하지만 교회사회복지는 태어나서부터 죽을 때까지 개인 및 가족과 오랫동안 관계를 맺으며 광범위한 서비스를 제공할 수 있다.

셋째, 교회사회복지는 제도에 의한 명령에 의해 제공되지 않고 신앙인들의 헌신적인 자원을 통해 제공되는 경우가 많다. 따라서 수혜자는 서비스에 대해서 보다 수용적인 태도를 가지게 된다.

이제 이러한 특징을 가진 교회사회복지는 개 교회가 속한 이웃과 지역사회와 긴밀한 관계를 맺고 그 활동을 전개해야 한다.

마. 기독교사회복지의 역사

오순절 다락방 사건 이후 약 2천 년이 지나는 동안에 기독교는 세계 역사에 지대한 영향을 끼쳤다. 기독교가 복음과 함께 전해 준 것은 단순한 영혼의 구원에 대한 소식만이 아니었다. 구원의 복음과 함께 하나님의 사랑을 전해줌으로 인해 인간의 복지적인 욕구도 상당히 해소해 주었다. 그렇다면 기독교가 전해 준 이러한 사랑 즉, 인간의 복지 욕구를 해결해 주는 역사적 과정은 어떤 방식으로 진행되었으며, 어떻게 오늘에 이르게 되었는가? 기독교사회복지를 올바로 이해하기 위해 그 역사를 더듬어 보는 것은 의미있는 일이라 여겨진다.

1) 교회사에 나타난 기독교사회복지

교회의 역사를 뒤돌아볼 때 교회의 사회사업 실천은 그 초기부터 중요한 의미를 지녔다. 초대교회에서는 예배와 봉사가 밀접한 관계를 형성하여 이루어졌다. 이때 봉사의 대상은 "믿는 사람이 다 함께 있어 모든 물건을 서로 통용하고 또 재산과 소유를 팔아 각 사람의 필요를 따라 나눠 주며"(행 2:44-45), "믿는 무리가 한마음과 한 뜻이 되어 모든 물건을 서로 통용하고 자기 재물을 조금이라도 자기 것이라 하는 이가 하나도 없더라"(행 4:32)라는 구절에서 알 수 있듯이 대체로 그리스도인들이었다(행 2:42-47). 특히 기독교인들 중에서도 경제적인 여유가 없는 가난한 신자들이나 병든 자들, 그리고 과부와 소외된 자들이었다. 한마디로 말해, 초대교회 특히 사도시대의 사회적 봉사 실천은 주로 신자들 간에 상부상조의 기능을 하는 것이었다.

그러나 시간이 흐름에 따라 이러한 사회적 봉사 실천의 대상이 서서히 기독교 공동체 내의 가난한 자들이나 어려움에 처한 자들에서 사회 전반으로 그 관심이 확대되기 시작했다. 이것은 로마황제 줄리안(Julian)이 그리스도인들을 가리켜서 '갈릴리 사람들이 그들 자신의 가난한 사람들뿐만 아니라, 이방인들까지 먹였다' 고 감사했다[50]는 기록으로도 알 수 있다. 한편, 초대교회의 자선사상은 금욕주의적인 종교의식으로까지 발전되었는데, 그중에 한 예로, 주후 3세기에 황금의 입이라고 불리우는 크리소스톰(Chrisostom)은 죄의 용서함을 받을 수 있는 다섯 가지 방법으로 참회, 타인에 대한 관용, 구제, 기도, 금식이 있다고 하였다.[51] 그만큼 구제는 초대교회에서 중요한 위치를 차지했던 것이다.

중세시대에 와서는 구제사업에 대한 새로운 개념으로서 공적(功績)으로 보상을 받는다는 사상이 등장하였다. 자선을 행함으로 구원을 받을 수 있다는 자연신학사상이 그것이다. 이러한 사상의 영향으로 교회의 자선사업은 도

---

50) 김덕준, 『기독교 사회복지』 (서울: 한국기독교 사회복지회, 1983), 81.
51) 김기원, 『기독교 사회복지론』, 98.

움이 절실히 필요한 자들에게만 시행되는 것이 아니었고, 오히려 자선가의 필요인 구원획득을 위하여 자선을 필요로 하지 않는 대상에게까지 무차별적으로 이루어짐으로 인해 정작 필요한 사람들은 받지 못하는 경우가 생겨나게 되었다.[52] 물론 마트리큘라(Matricula)[53]라고 하는 빈민명부와 같이 선별적 구호를 실시하는 제도가 있긴 했지만, 그렇더라도 수도원을 중심으로 하는 중세의 대부분의 구호사업은 수도원이나 교회의 입구에 와서 구호를 요청하는 사람에게는 무조건적으로 자선을 베푸는 형태였다. 이러한 무차별 자선을 막기 위해 기원후 567년 '토어 회의'에서 각 교구가 교구 내에 구호가 필요한 자들을 보호하는 책임을 지게 했고, 재원은 신자의 헌금, 영지 수입 그리고 십일조 등의 수입에서 충당하게 하는 결정을 내렸다. 그러나 이러한 '토어 회의'의 결정에도 불구하고 교회는 찾아오는 모든 사람에게 베푸는 전통적인 무차별인 구제를 계속하여 직업적인 걸인과 유랑자를 양산하는 결과를 낳았다. 이렇듯, 중세교회의 사회봉사활동의 주된 동기는 구제한 만큼 내세에 보상을 받는다는 사상에서 비롯된 것이었다.

종교개혁기에는 교회의 봉사와 구제에도 개혁이 진행되었다. 종교개혁의 주도인물인 루터는 교회의 시설 수용, 구제사업과 빈곤 구제사업에 반대하고 국가가 이를 책임져야 한다고 주장하였다.[54] 그의 이러한 주장은 교회의 부담을 덜어 주려는 의도도 있었지만, 정치적으로 책임을 진 자들이 사회적 책임도 져야 한다는 정당한 원칙을 지적하고자 함이었다.[55] 그러나 이것은 결과적으로 교회의 사회봉사 의무나 사회문제 해결의 책임을 소홀히 하게 되는 계

---

52) 김덕준, 『기독교 사회복지』, 91-93.
53) Matricula는 구제를 필요로 하는 사람들의 명단이 기록되어 있는 빈민명부로서, 수도원 교구의 교회는 이 명부를 비치해 놓고 구제 대상자를 선별하는 근거로 삼았다. 이는 선별적인 기독교사회복지 즉, 선별주의가 제도적으로 시작되는 계기가 되었다. 즉, 주로 소득과 재산이 일정 수준 이하인지의 여부를 조사하는 자산조사와 신분적 지위가 고아, 과부, 이방 나그네, 장애인 등과 같이 어려운 처지에 있는지의 여부를 조사하는 지위 조사를 실시하여 도움을 받을 만한 가치가 있는 사람들을 선별해 도움을 주는 복지제도 실시상의 원리 말이다(김기원, 『기독교사회복지론』, 108).
54) 박영호, 『기독교와 사회사업』, 60.
55) 김기원, 『기독교사회복지론』, 120-121.

기가 되었다. 이에 대해 칼빈은 빈민구제를 사도적 의무로 여기고 교회는 국가와 분리된 시설수용 구제사업을 실시해야 하며, 구제사업이 교회의 선교사업의 한 부분으로 시행될 것을 강조하였다.[56]

그러나 종교개혁 이후, 교회가 주로 사회적 봉사를 실시해 왔던 기존의 구조는 변화되었다. 히긴스(Joan Higgins)는 미국, 러시아, 서유럽에서 교회의 영역이었던 사회복지가 종교개혁과 산업화 이후에 교회가 점차 사회통제력을 상실하게 됨에 따라 그 기능이 국가에게 이양되었다고 설명한다.[57] 그의 설명대로 교회 본연의 사명은 복음을 전하는 전도사업이라는 교회 내부에서의 새로운 인식과 산업화와 같은 외부적인 변화로 인해 종교개혁 이후 근대에 들어서 기독교의 사회복지실천은 그 양상이 바뀌게 되었고 고아원과 같은 아동복지, 장애인의 수용과 같은 시설복지, 여성봉사활동, 청소년 선도와 복지활동과 같은 방향에서 선구적인 역할을 하게 되었으며,[58] 이러한 사회복지 활동은 우리나라 초기 기독교 선교의 중요한 방법으로 선교사에 의해 주장되어 우리 사회에 영향을 미치게 되었다.

2) 한국 교회의 기독교사회복지

한국 교회의 역사를 살펴보게 되면 초기의 기독교선교 활동의 주된 내용은 거의 기독교사회복지 활동이었다고 해도 과언이 아니다. 초기 선교사들이 병원과 구호시설을 설립하고 빈민 구호와 질병퇴치 사업을 함으로써 기독교를 한국 사회에 효과적으로 전했기 때문이다. 그리고 기독교가 한국 사회에 전파되기 시작할 즈음에 초기 선교사들이 실시했던 사회복지활동은 당시에 뿐만 아니라 산업화를 거쳐 현대에 이르기까지도 우리 사회의 어두운 곳을 밝히는 데 크게 기여하였다. 이러한 한국 교회사의 기독교사회복지 활동은

---

56) 박영호, 『기독교와 사회사업』, 60.
57) Joan Higgins, States and Welfare (London: Basil Blakwell Publisher Ltd., 1981), 91-92.
58) 김덕준, 『기독교 사회복지』, 11-12.

다음의 세 가지 측면으로 정리해 볼 수 있다.[59]

첫째, 기독교사회복지 활동은 가난한 자와 약자에 대한 관심에서 이루어졌다. 한국 교회는 처음부터 가난한 계층에게 우선적으로 복음을 전파하는 정책을 확고히 수립하였으며, 실제로 초기 한국 교회는 가난한 자의 교회, 가난한 자와 함께하는 교회였다. 일제 식민통치기간 중에는 농촌개발사업, 농민계몽사업을 전개했으며, 특히 1920년대에는 한국기독교청년회의 농촌사업이 주목할 만한 것이었다.[60] 1928년에는 장로교 총회에 농촌부가 설치되었으며, 농사전문지, 농사학교, 농사강습회, 신용협동조합 등을 통하여 사회봉사활동을 전개하였고,[61] 1932년에는 조선기독교 연합공의회가 사회신조를 제정하기에 이르렀다.[62] 이 신조는 '우리는 하나님을 믿으며, 그리스도를 통하여 계시된 하나님의 사랑과 정의와 평화가 사회의 기초적 이상'이라고 고백하고, 아동의 인격 존중, 소년노동의 금지, 여자의 교육 및 지위향상, 노동자의 교육, 노동시간의 축소, 최저임금법, 생산소비에 관한 협동조합설치 등의 구체적인 방안들을 제시하였다.[63] 이후 해방 후에는 산업화의 과정에서 근로자의 수가 늘어남에 따라 장로교 총회는 1957년에 산업전도위원회를 조직하고 근로자에게 복음을 전파하며 그들의 권익을 위해 헌신적인 노력을 기울여 왔다.[64]

둘째, 기독교사회복지는 한국 사회의 민주적 발전과 인권옹호에 대한 관심을 가지고 실시되었다. 한국 기독교인들은 구한말 독립협회 활동에 참여하여 민족의 자주독립과 국권회복을 위해 노력하였으며 이러한 운동은 3·1운동, 민족독립운동, 신사참배 반대운동으로 이어졌다. 이러한 역사참여를 통하여 한국 기독교는 민족의 자주독립과 사회 민주발전이라는 두 가지를 사회봉사의 중요한 과제로 확인하였고, 해방 후에도 이러한 민주발전과 인권옹호

---

59) 이만열, 『한국 기독교와 역사의식』 (서울: 지식산업사, 1981), 12.
60) 이영헌, 『한국기독교사』 (서울: 컨콜디아사, 1978), 172-173.
61) 위의 책, 176-177.
62) 이만열, "종교교육투쟁", 『민족운동총서』 제6집 (서울: 민족문화협회 부설 횃불사, 1981), 373.
63) 위의 면.
64) 한국기독교협의회, 『1970년대 노동현장과 증언』 (서울: 풀빛사, 1984), 3.

를 위한 다양한 활동은 발전적으로 지속되었다.

셋째, 기독교사회복지는 교육, 의료, 문화사업 등을 통하여 민족사회의 질을 증진시키기 위한 활동의 측면에서 진행되었다. 한국 교회의 교육활동은 성경교육을 바탕으로 하여 신(新) 문화, 새 가치관, 새 윤리의 교육과 계몽에 전력함으로써 현대 문화 도입에 크게 공헌하였다. 또한 의료사업, 자선사업, 복지사업은 가난하고 병든 자들, 고아, 전쟁 피난민들에게 사랑의 도움을 주고자 하는 관심에서 시작되었고, 그러한 일들은 한국 사회복지사업의 선구적인 역할을 하였다. 한국 사회 최초의 고아원인 영해원이 1880년에, 최초의 양로원이 1888년에 가톨릭 조선교구의 7대 교구장인 백주교(Jear Marie Gustave Blanc)에 의해 세워졌고,[65] 1890년에는 개신교 여선교사 로제타 셔우드(Rosetta Sherwood)에 의해[66] 그리고 1898년에 여선교사 홀(Hall)에 의해 맹인과 농아를 위한 구제사업이 실시되었으며,[67] 1909년에는 선교사 윌슨(R. M. Willson)과 포사이드(W. H. Forsythe)에 의해 나병환자를 위한 봉사활동과 사업이 전개되었고,[68] 1919년에는 선교사 웰스 박사의 부인(Lula Wells)에 의해서 이혼녀, 과부, 불우여성을 위한 부녀복지 사업이 실시되었으며,[69] 1921년에는 감리교 태화여자관이 여성 사회복지기관으로 설립되었다.[70] 이러한 상황으로 볼 때, 한국 사회복지는 기독교에서부터 시작되었고 기독교로 말미암아 한국 사회에 사회복지라는 개념과 제도가 발생하게 되었다고 해도 과언이 아니라고 할 정도로 한국 사회복지에 있어 기독교는 매우 중요한 역할을 감당하며 한국 사회에 정착하게 되었다.

그러나 한국 사회의 거의 모든 사회복지를 담당했던 이러한 교회의 사회복지활동은 1950년대에 전쟁을 겪으면서 국제 사회의 원조에 크게 의존하게

---

65) 김덕준, 「기독교 사회복지」, 29-31.
66) 최무열, 「한국교회와 사회복지」, 66.
67) 한국기독교교회협의회, 「기독교연감」, (서울: 한국기독교교회협의회 1976), 16.
68) 최무열, 「한국교회와 사회복지」, 70.
69) 김덕준, 「기독교 사회복지」, 31.
70) 최무열, 「한국교회와 사회복지」, 64.

되었고, 1960년대 이후 한국의 경제성장이 급속화되고 세계의 각종 국제구호기구의 정책 변동에 의한 지원이 줄어들자 기독교 봉사기관과 교회의 사회복지사업도 상대적으로 소원해지게 되었다. 그러나 1970년대를 거쳐 한국 교회가 100주년을 맞는 1980년대에 들어서면서 한국 교회는 다시금 사회에서 소외된 계층을 찾아 산업사회의 노동현장과 도시 빈민지역, 농어촌 지역 등에서 사회계발 활동에 적극 참여하게 되었다.[71] 하지만 한국 교회는 1990년대를 지나면서 국가경제의 눈부신 발전을 경험하면서 초기교회의 대 사회적인 책임과 사명을 열정적으로 감당했던 것과는 달리 오히려 교회로서의 역할을 잃어버리고 있는 듯했다. 1998년 IMF 이후 그동안 축적된 역량으로 말미암아, 점점 상실하고 있던 주님의 사랑을 이웃에게 실천할 좋은 기회를 맞았음에도 불구하고 그 역할을 제대로 감당하지 못하고 있다. 과거에 비하면 그 규모면에 있어서 가히 비교를 불허할 정도로 엄청난 몸집을 가지고 있으면서도 대 사회적인 책임을 감당하는 데 있어서는 형편없는 수준에 머물러 있고 오히려 교회가 국가의 사회복지 혜택에 손을 벌리고 있는 실정이 되어버린 것이다. 더욱이 개 교회 자체도 교회의 외형적인 성장에만 관심을 가지며, 온전한 교회관과 목회관을 갖지 못한 채 기능적인 측면의 교육만을 기계적으로 받은 목회자들이 대량으로 배출됨에 따라 어려운 성도들에게 진정한 사회적 의미의 하나님 나라를 경험하게 하고 나아가 개 교회가 속한 지역사회 주민들의 어려움을 치유하고 돕는 역할을 제대로 해내지 못한 채 사회로부터 고립되어만 가고 있는 현실이다. 그야말로 지금이 그 어느 때보다도 교회가 하나님의 사랑을 실천함으로 교회가 일면의 기능만이 아닌 온전한 기능을 발휘하여 참으로 교회다워지도록 노력해야 할 때인 것이다.

---

71) 한국 기독교는 선교 100주년을 맞아 한국 교회 100주년 기념 사업협의회를 구성하고, 한국 교회의 대 사회적 사랑의 실천 운동을 계획하고 추진하였다. 이 사랑의 실천운동은 개안수술 자선병원 설립, 불우 재소자 가족 및 영세 출소자 돕기, 결핵환자 자활촌 조성운동, 해마다 줄어드는 외국원조로 운영난에 빠진 영세 복지시설 돕기, 사랑의 헌혈운동 등과 같은 사회복지와 관계된 활동들로 구성되어 있다. 한국 기독교 100주년 기념 사업협의회, 『한국기독교100주년 기념사업요람』 (서울, 1984), 7.

4. 지역사회복지

교회는 사회 안에 존재하며 사회를 위해 존재한다. 교회가 사회 안에 존재한다는 것은 교회의 현실적인 위치를 말하는 것이다. 즉, 교회는 사회적인 생활을 하는 사람들로 구성되어 있고 교회 자체도 복잡한 사회제도의 하나인 것이다. 한편, 교회가 사회를 위하여 존재한다는 말은 교회의 당위성을 의미하는 것이다. 즉, 교회의 선교대상은 사회 속에 살고 있는 사람들이며 교회가 하나님의 뜻을 실현시킬 구체적인 장(場)은 바로 사회인 것이다. 이렇게 본다면 교회가 사회적 책임을 감당해야 하는 것은 당연하다.[72] 그러나 개 교회가 사회에 대해 모든 책임을 감당할 수는 없다. 전체 교회라면 가능할 수 있으나 한두 교회가 사회 전반적인 문제들에 개입할 수 없고 또 그럴 수 있는 능력도 없다. 그렇기에 개 교회가 감당할 수 있는 영역은 그 교회가 속해 있는 지역사회일 것이다. 따라서 교회의 사회적 책임 즉, 교회사회복지는 우선 지역사회를 중심으로 이루어질 수밖에 없다. 교회는 지역사회 속에서 그 지역사회의 선교적 상황과 복지적 상황을 파악하고 이에 따른 문제들을 해결해 나가야 할 것이다. 그렇기 때문에 교회가 참 교회의 본질을 유지한 채, 지역사회 선교적 활동과 사회복지활동을 온전히 감당하기 위해서는 지역사회에 대한 이해와 지역사회와의 관계를 올바로 파악해야 한다. 이에 대해 지금까지 한국 교회는 교회가 존재하고 교인이 거주하고 있는 지역사회에 대한 관심과 연구가 상당히 부족했으며, 교회와 지역사회를 분리한 구조 속에서 지역사회의 전도사업에만 치중해 왔으며 선교활동이 지역사회 중심으로 이루어지지 않고 교회중심으로 이루어졌다.[73] 그로 인해 많은 교회는 지역사회에서 그 역할을 제대로 감당하지 못했고 오히려 사회적으로 고립되어 진정한 예수 그리스도의 복음을 전파하는 데 부족함이 있었다. 이에 교회는 진정한 교회사회복지를 실시하기 위해서 지역사회에 대한 사회적 이해와 신학적 이해를 가져

---

72) 이원규, "봉사활동과 지역사회조사", 이삼열 편 『사회봉사의 실천과 신학』 (서울: 한울, 1992), 151.
73) 박종삼, "지역교회와 지역사회 복지선교", 유의웅 편 『한국교회와 사회봉사』 (서울: 예영커뮤니케이션, 1997), 143.

야 하며 이러한 이해 속에서 지역사회에 대한 사회복지활동에 대해 논의하는 것이 바람직하다.

가. 지역사회복지의 개념

1) 지역사회의 이해

지역은 사람들에 의해 그 지역에서 여러 가지 기능을 필요로 하는 기능적인 바탕 위에서 선정되며 지리적 · 인종적 · 경제적인 면에서의 동질성을 바탕으로 결정되는 공식적인 경계를 중심으로 한 행정적인 경계의 구역을 의미한다.[74] 그리고 지역사회란 이러한 지역을 토대로 한 공동체를 의미한다.

가) 지역사회의 사회학적 이해

사회학에서 '지역사회'에 해당하는 영어는 'Community'이다. 이 'Community'라는 단어의 어원은 라틴어 communis에서 유래한 것으로, com(함께)과 munus(봉사하는 일)의 합성어이다. 또한 이는 '공동봉사' 혹은 '공동참여'라는 뜻을 내포하고 있는 'common'이나 'communal'과 같은 어원을 가지고 있는 것으로서 '공동소유,' '공동체' 혹은 '공동운명체'라는 뜻을 가지고 있다.[75]

이 '지역사회'에 대해 넬슨(L. Nelson)은 "지역사회란 일방적으로 제한된 지역에 거주하면서 공동의식을 가지고 조직된 관계를 통하여 공통된 이익을 추구하며 여러 가지 활동을 분담 수행하는 인간단체"[76]라고 정의했으며, 맥키버(R. M. MacIver)는 "공동생활권"이라고 했다. 스테이너(Steiner)는

---

74) 최상호, 정지웅, 『지역사회개발론』, (서울: 교학연구사, 1988), 51-52.
75) 진원중, 『교육사회학원론』, (서울: 법문사, 1974), 253.
76) Edward G. Olson, 『학교와 지역사회』, 김은우 역 (서울: 현대사상, 1973), 64.

"일정한 지역에 거주하는 주민들의 집단으로서 그들의 공통 관심사를 추구하기 위해 필연적으로 조직화된 인간집단"이라고 규정하고 있다.[77] 힐러리(George A. Hillery)는 학자들의 이러한 정의들을 요약하면서, 지역사회의 사회학적 정의에 대한 대부분의 학자들의 견해는 지리적 영역과 사회적 상호작용, 공동의 유대라는 세 가지 요소가 포함된다고 했다.[78] 이러한 학자들의 견해를 종합해 볼 때, 지역사회란 공통적 이해관계 위에 형성된 공동생활권 혹은 공동체 사회라고 규정할 수 있다.[79] 따라서 지역사회는 일정한 지역을 중심으로 공통의 생활기법을 소유하고 있는 제1차적인 공동사회라고 할 수 있다.[80] 이러한 지역사회는 인구의 대·소, 서비스의 기능, 사회경제적 지위, 공동성의 정도에 따라 여러 종류로 분류되고, 사회경제적 지위를 기준으로 한 분류는 한 지역사회 사람들의 직업, 생활양식, 가치의식, 인간관계에 있어서의 태도 등의 공통성을 근거로 부촌, 중산층, 빈촌지역 등으로 나누고 있다.

이러한 지역사회는 다음과 같은 요소를 특징으로 한다.[81]

먼저 지연성(地緣性)이다. 즉, 지역사회 주민이 같은 지역적 테두리 안에서 생활함으로 연대의식이 생기고 주민 간의 빈번한 상호관련성에서 오는 지역적 연대감을 말한다.

둘째, 공동체 의식이다. 즉, 일정한 지역적 범위 안에서 동질적인 직업, 경험, 습관, 전통 등에 의하여 형성된 공통적인 의식을 말한다. 이러한 지역사회의 공동체 의식 혹은 공동체성은 그 지역사회 안에서의 연대감, 소속의식, 상호신뢰감의 근거가 되기 때문에 지역사회 유지에 있어서 결정적인 요소가 된다.[82]

셋째, 사회적 상호작용을 그 특징으로 한다. 즉, 일상생활과 생산활동을

---

77) 이영철, 『지역복지실천론』, (서울: 양서원, 2002), 12-13.
78) George A. Hillery Jr., "Definition of community: Areas of agreement", Ratural Socialogy, vol. 20, June, 1995, 118. Dennis E. Poplin, 『지역사회학』, 홍동식, 박대식 공역 (서울: 경문사, 1993), 23. 재인용.
79) 문병집, 『지역사회개발론』, (서울: 법문사, 1978), 12.
80) 김안제, 『환경과 국토』, (서울: 박영사, 1979), 429.
81) 문병집, 『지역사회개발론』, 14-17.
82) 이원규, "봉사활동과 지역사회조사", 152.

오랫동안 같이하면서 그로부터 얻어지는 경험을 공통으로 갖게 되고 그들의 생존이나 사회활동과 관련된 문제에 대한 이해의 공통성을 가지게 된다는 것이다. 여기에 더하여 지역사회의 또 하나의 특징은 지역사회가 끊임없이 변화를 하고 있다는 것이다. 이러한 변화는 공동생활을 영위했던 전통사회가 이익을 추구하는 현대사회로 변하게 되는 과정에서 필연적인 것이다. 그렇기에 위와 같은 개념에 입각한 지역사회는 급속한 경제개발과 사회구조의 변화로 인해 더 이상 존재하지 않게 되었고 그보다는 우리 인간의 기본적인 욕구의 대부분을 일일 생활권의 범위 내에서 충족시킬 수 있는 크기의 범위를 지역사회라고 정의하기에 이르렀다.[83]

이에 대해 윌슨은 퇴니스의 '공동사회'(Gemeinschaft)와 '이익사회'(Gesellschaft)의 개념을 도입하여 혈연중심의 공동체가 붕괴되고 '사회'(society)로 변화되어 오늘의 현대적 이익사회로 바뀌게 되는 과정 속에서 나타난 부정적인 영향과 긍정적인 영향들을 지적하였다. 그는 지역사회의 공동사회에서 이익사회로의 변화는 집단보다는 개인의 인격과 개성을 존중하는 가치관을 형성하게 했고 산업화에 발맞추어 성공과 출세의 기회가 확산되어 가문이나 배경보다는 개인의 능력과 실력, 노력에 의하여 지위를 성취할 수 있게 하는 긍정적인 결과를 가져온 반면에, 이익사회로의 이러한 변화는 특히 도시지역에서 지역성과 공동성의 분리를 가져왔고 지역주민의 상호 연대감을 상실하게 하였다. 또한 이기주의 가치관을 팽배하게 하였으며 도덕규범이 퇴락하게 되고 이로 인한 사회적 통제력이 약화되어 범죄와 일탈행위가 많아졌으며 인간성이 상실되어 상호 협조적이기보다는 상호 경쟁적이거나 적대적이 되어 상호부조와 사회연대가 깨지게 되었다고 한다.[84] 결과적으로 볼 때 오늘날의 지역사회는 이익사회로 변화되는 과정을 통하여 사회적인 많은 문제들을 떠안게 되었다. 빈부격차, 실업, 빈곤, 범죄, 청소년비행, 빈민문

---

83) 박동호, 최일환, 김길평 공저, 『지역개발론』 (서울: 현대해양사, 1979), 16.
84) 이원규, "봉사활동과 지역사회조사", 153-154.

제, 가정불화, 약물복용, 알콜중독, 정신병, 독거노인문제 등의 사회병리 현상들이 심화되어 가고 있다. 그렇기에 현대화로 인해 이러한 각종 사회 병리 현상을 안고 있는 지역사회는 치료를 받아야 할 상태에 있음이 분명하다.

나) 지역사회의 신학적 이해

종교적으로 그리고 사회적으로 많은 병리현상을 필연적으로 떠맡고 있는 오늘의 지역사회에 대하여, 교회는 그 사회의 현주소를 재조명하고 지역사회의 구조, 지역주민의 욕구, 지역 내 소외계층의 문제 등의 조사를 통하여, 보다 구체적인 정보를 얻고 이에 입각한 지역선교 정책과 프로그램들을 개발하여 실시해야 한다. 이러한 노력은 단순히 사회적인 차원에서만 머물러서는 안 되고 영적이며 신학적인 차원에서 이루어져야 한다.

먼저, 지역사회에 해당하는 성서의 개념으로 '이웃'을 들 수 있다. 히브리어에서 이웃을 의미하는 단어로는 '레아'(동료, 동료시민, 단순히 상호 관계가 있는 상대방), '카루브'(가까운 사람), '샤켄'(주민, 거주자), '아미트'(친구, 친척, 동료)가 있고, 헬라어에는 '게이톤'(근처에 사는 같은 나라 사람), '페리오이코스'(근처에 사는 사람), '플레시온'(근방 또는 가까운 사람) 등이 있다.[85] 이런 이웃이란 개념은 원래 지리적인 위치가 중요했다. 이웃이란 지리적으로 가까이 있는 사람 즉, 지역 주민이었던 것이다. 유대사회에서 이웃 간의 정은 매우 중요한 의미를 지녔다. 그것은 유대교에서 이웃에 대한 엄격한 의무를 요구했기 때문이다.[86]

이웃 말고도 위에서 언급한 사회적 의미의 '지역사회'에 해당하는 단어로 '코이노니아'가 있다. 이는 문자적으로는 '동료의식', '참석'을 의미하며, 사회적으로는 '상호교류', '교통', '교제', '분배', '우정', '함께 나눔' 등을 의미한다.[87] 이것은 기독교 신앙의 핵심을 표시하는 말로서 종적으로는 그리

---

85) 김기원, 『기독교 사회복지론』, 454.
86) 위의 책, 454-455.
87) 박창환 편, 『성서헬라어사전』(서울: 대한기독교서회, 1995), 243.

스도와의 교제이며, 횡적으로는 그리스도와 교제를 나누는 성도들 간의 교제를 의미한다. 이를 정리하면 첫째, 기독교의 핵심은 생명구원에 있기 때문에 지역사회에 대한 선교 주제는 지역주민의 전인적인 생명을 보호하고 온전케 한다는 데서 출발해야 한다.[88] 둘째, 그 지역사회의 주민은 구체적으로 그 지역에 뿌리를 내리고 있기 때문에 그 장소는 생명을 포용하고 성장 발달시키는 곳이며, 그 지역에 속한 교회와 그리스도인들의 삶의 터전이다. 또한 지역사회는 하나님이 구체적으로 일하시는 곳이며 하나님 나라를 형성하는 기초적인 하위 단위이기도 하고 교회에 맡겨 준 교회의 터전이다. 더불어 그리스도가 계속해서 일하시고 임하시는 복음선포의 현장이며 교회와 사회가 구체적으로 만나는 지점이다.[89] 셋째, 지역사회는 교회가 섬겨야 할 대상이다.[90] 교회가 지역사회의 자양분을 흡수하여 성장할 지역사회의 섬김의 대상이 아니라 지역사회가 교회의 섬김을 받을 대상인 것이다. 이는 예수께서 자신이 활동했던 지역사회를 섬겼다는 사실에서 알 수 있다.

다) 농촌지역사회의 이해

본서에서 다루고자 하는 보성읍교회는 보성이라는 농촌지역에 속해 있기에 농촌지역사회에 대해 살펴볼 필요가 있다.

(1) 농촌의 개념

농촌이란 '도시지역이 아닌 공간적·지역적 권역'이다. 그리고 사회를 두 사람 이상의 인간집단을 볼 때, 농촌사회란 '농촌지역을 생활 근거지로 하여 살고 있는 인간집단'이라고 정의할 수 있다. 우리나라에서는 일정한 행정구역 내의 인구크기를 기준으로 해서 도시와 농촌지역이 뚜렷하게 구분되고 있는데, 이러한 구분에 의해 '농촌지역에 사는 구조적 집단'을 농촌지역사회

---
88) 박종삼, "지역교회와 지역사회 복지선교", 144.
89) 위의 책, 144-145.
90) 위의 면.

라고 규정지을 수 있다.[91]

농촌사회는 다음과 같은 특징을 지닌다.

첫째, 구성원들은 사회적 유사성을 가지며 공통된 사회적 관념과 공통된 종교 및 직업을 갖는다.

둘째, 동일한 지역에 거주하거나 또는 지역적으로 인접해 있다.

셋째, 공동체 의식을 가지고 있는 사람들로 구성되어 있다.

넷째, 공통된 전통과 습관에 의해 결속되어 있다.

다섯째, 곤경에 처해 있을 때 서로 믿고 의지할 수 있는 의존감정으로 뭉쳐 있다.

여섯째, 일정한 교역중심지를 중심으로 생활을 영위하고 있는 집단이다.[92]

일곱째, 사회적 분화정도와 계층면에서 농촌은 비교적 단순한 사회구조와 폐쇄성이 짙은 사회이다.[93]

(2) 농촌사회의 현실과 문제점

우리나라의 농촌현실은 도시화, 산업화, 이농현상, 농업생산성의 약화에 따른 농촌주민들의 소득감소, 의료 및 문화적 서비스의 낙후 등으로 인해 삶의 조건이 매우 열악한 상태에 있다. 특히 국가 전체의 인구의 노령화 추이보다 농촌의 노령화 추세는 더욱 급속하게 이루어지고 있는 실정이다. 이에 따라 농촌 사회는 경제적 어려움과 건강상의 문제 및 단독노인가구 증가에 따른 요양문제 등이 산적해 있다. 이러한 농촌사회의 구체적인 현실은 다음과 같이 정리해 볼 수 있다.

첫째, 직업 구성적인 측면에서 농촌은 1차 산업이 지배적이고 주민 대부분이 농업과 어업에 종사한다. 전국 농가의 농업 경영구조는 가구 전체 수입이 농업 수입뿐인 전업농가의 비율이 매우 높고, 논벼 및 일반 밭작물을 주로

---

91) 정지웅 · 최병익, 『농촌사회복지론』, (서울: 서울대학교 출판부, 1992), 2-3.
92) 이홍탁, 『사회학원론』, (서울: 법문사, 1984), 490.
93) 최일섭 · 류진석, 『지역사회복지론』, (서울: 서울대학교 출판부, 2000), 19.

재배하는 농가가 증가하고 있는 추세이다.[94]

둘째, 환경적 측면에서 농촌은 주로 자연적인 환경에 의해 지배를 받기에 자연 재해로 인한 피해가 심하다.

셋째, 문화시설이나 교육시설의 부족으로 인해 자녀들의 교육문제가 열악하다.

넷째, 의료 혜택이 주민들의 의료 욕구에 비해 턱없이 부족한 실정이다.

다섯째, 농촌지역의 고령화 정도는 매우 심각하다. 실제로 읍·면 지역의 고령인구 비율은 14.7%로 도시지역 5.4%보다 높으며, 65세 이상 고령자 거주 가구비율이 도시지역 14.4%, 읍·면 지역은 32.3%로 읍·면 지역이 2배 이상 많다.[95]

여섯째, 읍·면 지역의 노인 가구의 과반수인 54.6%가 노인단독가구이다.[96] 이러한 추세는 갈수록 증가되고 있는 실정으로써 이로 인해 홀로 사는 노인들의 신체적, 정서적 돌봄의 문제가 심각하게 대두되고 있다.

일곱째, 인구 밀도가 낮으며, 산업화의 영향으로 인구가 도시로 몰려들어 농촌인구가 감소하는 경향이 있다. 우리나라의 총인구는 계속해서 증가하지만 농촌의 절대인구는 감소하여 총인구에 대한 농촌인구 비율은 지속적으로 떨어지고 있다. 이로 인해 생산성이 저하되고 사회적 활동성이 쇠락하게 되었다.

---

94) 통계청, http://www.nso.go.kr, 농어업종조사.
95) 통계청, http://www.nso.go.kr/report/data/spce00-3.htm, 2000 인구주택총조사 전수집계결과 (가구, 주택 부문).
96) 손승영·정경희, "현대사회의 노인의 삶", 사회문화연구소 편, 『노인과 한국사회』 (서울: 사회문화연구소 출판부, 1999), 13.

연도별 총가구와 총인구 대비 농가구와 농가인구 비교[97]

(단위: 천 호, %)

년도	총가구	농가구 계	농가구 구성비	총인구	농가인구 계	농가인구 구성비	호당 농가인구
1960	4,378	2,350	53.7	24,989	14,559	58.3	6.20
1965	4,844	2,507	51.7	28,705	15,812	55.1	6.31
1970	5,857	2,483	42.4	32,241	14,422	44.7	5.81
1975	6,754	2,379	35.2	35,281	13,244	37.5	5.57
1980	7,969	2,155	27.0	38,124	10,827	28.4	5.02
1985	9,571	1,926	20.1	40,806	8,521	20.9	4.42
1990	11,355	1,767	15.6	42,869	6,661	15.5	3.77
1995	12,958	1,501	11.6	45,093	4,851	10.9	3.23
1996	–	1,480	–	45,545	4,692	10.3	3.17
1997	–	1,440	–	46,991	4,468	9.7	3.10
1998	–	1,413	–	46,430	4,400	9.5	3.11
1999	–	1,382	–	46,617	4,210	9.0	3.05
2000	14,391	1,383	9.6	47,008	4,031	8.6	2.91
2001	14,834	1,354	9.1	47,343	3,933	8.3	2.91
2002	15,064	1,280	8.5	47,640	3,591	8.7	2.80

여덟째, 농가부채가 감소되지 않고 해마다 증가됨으로 인해 농촌 경제를 어렵게 만들고 있다.

농가부채 현황[98]

(단위: 천 원, %)

구분	2003년	2004년	2005년	2006년	2007년
농가부채	26,619	26,892	28,210	29,946	29,946
농업용부채	17,455	16,961	16,042	16,486	444
(구성비)	(65.6)	(63.1)	(60.0)	(55.1)	–
농업용이외부채	9,164	9,931	10,895	13,460	1,342
(구성비)	(34.4)	(36.9)	(40.0)	(44.9)	–

---

97) 농림부 홈페이지, http://www.maf.go.kr/asp/05_data/data01_0201.asp(2004년 2월 17일). 표에서 96, 97, 98, 99년도의 총가구와 구성비에 "–"는 그 해에는 조사하지 않았다는 표시임. 총가구 조사는 5년마다 실시함.
98) http://kosis.nso.go.kr/Magazine/New/SW/02pdf.\

농가부채가 해마다 증가되는 요인들은 대체로 다음과 같다.

첫째, 농산물이 공산물에 비해 상대적으로 낮은 가격이다. 농산물, 특히 쌀은 농업주산물이다. 그러나 8개월 정도 재배해서 얻는 소득이 상대적으로 공산품에 비해 낮게 책정이 되어 투자에 대한 의지마저 상실해 버리는 실정이다.

둘째, 유통구조가 제대로 되어 있지 않기 때문이다. 중간상-중간도매상-도매상-소매상으로 이어지는 유통구조는 농민에게는 소득이 없고 중간 상인들에게만 소득을 가져다 줄 뿐이다. 거기다가 중간상인이 가격을 결정하기에 농민의 소득은 상대적으로 낮다.

셋째, 수입개방의 영향 때문이다. 농산물의 수입개방이 세계화 시대에 필연적인 상황이지만 수입개방이 되면서 농민 경제에 큰 타격을 입혔다.

넷째, 농업정책 혹은 농촌정책의 혼선에서 오는 영향 때문이다. 작물의 재배면적이나 재배량에 대한 기초조사나 수량조사가 제대로 이루어지지 않아 과다한 물량이 생산되어 가격이 폭락하고 이를 보상할 적절하고도 지속적인 정책이 수립되지 않아서 해마다 농민들의 부채는 급격히 상승하게 되었다. 이와 같은 농촌 경제문제는 비단 농사부채의 문제뿐만이 아니다. 농촌에는 농사를 직접 짓지 않는 사람들도 역시 많이 있는데, 이들 또한 경제적 어려움을 겪고 있다. 왜냐하면 농촌은 농업 외에 특별히 경제력을 창출할 요소들이 주어지지 않았기 때문이다. 물론 지역 간에 따라 사정이 다르긴 하겠지만 대부분의 농촌은 농업 생산물 외에 수입을 올릴 만한 경제적 장치들이 거의 없는 실정이다.

2) 지역사회의 복지적 기능

지역사회가 수행하는 제 기능이란 자녀양육, 물자의 생산·분배·소비·여가 등을 포함하는 인간활동을 의미한다. 따라서 모든 지역사회가 공통적으로 수행하는 주요 기능은 다섯 가지로 설명할 수 있다.[99]

첫째는 생산·분배·소비의 기능이다. 지역사회 주민들이 일상생활을 영위하는 데 필요로 하는 재화와 서비스를 생산하고 분배하며 소비하는 과정과 관련된 기능이다.

둘째는 사회화의 기능이다. 사회가 향유하고 있는 일반적인 지식, 사회적 가치, 그리고 행동양식을 그 사회 구성원들에게 전달시키는 과정을 말한다.

셋째는 사회통제의 기능이다. 지역사회가 그 구성원들에게 사회의 규범에 순응하게 하는 것을 말한다.

넷째는 사회통합의 기능이다. 사회체계를 구성하는 사회단위 조직들 간의 관계와 관련된 기능이다. 즉, 사람들 스스로 규범을 준수하여 바람직한 행동을 하도록 하는 것을 말한다.

다섯째는 상호부조의 기능이다. 사회구성원들이 이상에서 살펴본 주요 사회제도에 의해서 자기들의 욕구를 충족할 수 없는 경우에 필요하게 되는 기능을 말한다.

이상과 같이, 일정한 지역사회를 기반으로 하여 자치적으로 지역주민의 생활권 보장과 지방의 균형적 발전에 기여할 수 있는 복지체계를 지역사회의 복지적 기능이라고 할 수 있다. 이것을 다시 크게 사회복지와 관련해서 두 가지로 정리해 보면 첫째, 지역사회 보호를 그 기능으로 하며 둘째, 대인적 서비스의 관여를 중시한다고 할 수 있다.

3) 지역사회복지의 의미

지역사회복지(Community welfare)란 사회복지학계에서 1970년대 이후 널리 사용된 개념으로서,[100] 지역사회 주민들의 욕구와 그들이 가진 문제를 확인하고 이를 해결하기 위해 관련된 지역사회의 동원 가능한 자원의 존재를 확인하며 이를 체계적이고 조직적으로 동원하고 이해관계를 조정해 나감으로써 지역 공동체를 이룩하고, 궁극적으로는 지역사회 통합을 이루려는 지역

---

99) 최일섭, 『지역 사회복지론』, (서울: 서울대학교 출판부, 1996), 10-13.
100) 김영모, 『지역 사회복지론』, (서울: 한국복지정책연구소, 1993), 3.

사회의 실천적 노력을 의미한다.[101] 다시 말해, 지역사회복지란 지역사회를 단위로 하여 전문인력이나 비전문인력이 지역사회 수준에 개입하여 지역사회에 존재하는 각종 제도에 영향을 주고 지역사회에서 발생하는 사회적인 문제 즉, 지역 주민이 당면하고 있는 공통적인 요구나 곤란을 지역사회 스스로가 조직적으로 해결할 수 있도록 돕고 지역사회의 문제들을 사전에 예방하고자 하는 일체의 노력과 활동들을 의미한다. 이렇게 볼 때, 구체적인 삶의 현장인 지역사회 속에 있는 교회가 실시하는 사회복지활동은 엄밀하게 말해서 지역사회복지라고 할 수 있다.

한편, 지역사회복지라는 것은 개인복지나 가정복지보다 넓은 차원의 개념이며 아동복지, 청소년복지, 노인복지라는 대상층 중심의 복지활동보다는 지역성이 뚜렷하다는 데서 그 차이를 발견할 수 있다. 그러나 우리가 알다시피, 개인의 문제는 엄밀히 따져 보면, 가족, 집단, 지역사회가 안고 있는 문제의 결과로 생겨나는 것이고, 또한 그 문제들의 원인이 될 수 있기에 지역사회복지는 개인과 가정의 복지와 밀접하게 연결되어 있다고 할 수 있다. 즉, 지역사회복지는 개인복지나 아동복지보다 포괄적인 개념이지만 그러한 개인, 가정, 집단 등의 보다 하위 수준의 사회체계의 복지와 대립적인 위치에 있는 것이 아니고, 사회복지라는 연속선상의 서로 다른 지점에 위치하여 상호 보완적인 관계를 유지한다고 할 수 있다.[102]

사회복지가 추구하는 궁극적인 것이 '이상적인 사회'이듯이 지역사회복지가 궁극적으로 추구하는 것 역시 '이상적인 지역사회'이다. 그렇다면 이상적인 지역사회란 어떤 상태를 말하는가? 사회복지 분야의 위대한 사상가인 린데만(E. Lindeman)은 이상적인 지역사회를 만들기 위해서는 지역사회 주민들에게 다음의 아홉 가지 조건을 제공해야 한다고 지적한다.[103]

---

101) 김기원, 『기독교 사회복지론』, 454.
102) 이영철, 『지역복지실천론』, 22.
103) 최일섭, 『지역사회복지론』, 15.

① 지역사회는 효율적인 정부라는 매개체를 통해 질서 즉, 생명과 재산의 안전을 도모해야 한다.
② 지역사회는 효율적인 생산체계를 통해 경제적 안녕 즉, 소득을 보장해 주어야 한다.
③ 지역사회는 공공의 보건기관을 통해서 육체적 안녕 즉, 보건과 위생을 보장해야 한다.
④ 지역사회는 조직적이고도 잘 마련된 놀이를 통해서 여가시간을 건설적으로 활용하게 해야 한다.
⑤ 지역사회는 조직화된 지역사회에 의해 지지 받을 수 있는 윤리적 기준 즉, 도덕체계를 제공해야 한다.
⑥ 지역사회는 모든 사람이 쉽사리 접근할 수 있는 공공기관을 통해서 지식의 보급 즉, 교육을 제공해야 한다.
⑦ 지역사회는 자유로이 의사를 표현할 수 있는 수단을 제공해야 한다.
⑧ 지역사회는 모든 주민이 자기네들의 의사가 표현되고 반영된다고 느낄 수 있는 민주적 형태의 조직을 제공해야 한다.
⑨ 지역사회는 신앙적 동기를 제공해야 한다.

이러한 사실로 볼 때, 지역사회복지란 지역사회의 주요제도가 맡은 바 사회적 기능을 온전히 수행할 수 있도록 하는 노력이라고도 할 수 있다. 이러한 의미에서, 지역사회의 복지를 향상시키려는 노력은 어느 특수 전문분야에 국한되는 것이 아니라 사회사업, 공중보건, 성인교육, 공공행정, 정신건강 등의 전문가들과 민간단체나 정치단체의 자원봉사자들에 의해서 광범위하게 수행된다. 따라서 지역사회복지 활동은 반드시 전문적인 활동이라고만 할 수 없고 민간자선활동, 지역복지운동, 지역개발운동 등을 내포하는 포괄적인 성격을 띤다고 할 수 있다.[104] 이러한 점에서 종교단체가 지역사회복지를 위한 중

---

[104] 이영철, 「지역복지실천론」, 23.

요한 집단으로 기능을 할 수 있다. 특히 우리나라와 같이 지역사회에서 국가나 행정관청이 주도하는 복지활동이 단지 정책적인 수준에서 그칠 뿐 구체적이고 세세한 사업에까지 미치지 못하는 경우에는 더욱 그러하다. 특히 국가가 발전하여 선진국으로 갈수록 국가 주도보다는 민간 주도의 지역사회복지가 이루어지는 경향이 높다.

나. 지역사회복지의 구성

지역사회복지는 주체(기관)와 객체(대상) 및 기능(방법)으로 구성되어 있다. 이러한 구성을 가동하기 위한 직원(종사자)과 재원이 있어야 하고, 이런 구성은 그 사회의 관념과 형태에 따라 한계를 지니게 된다. 지역사회복지는 정부가 행하는 지역사회정책과 시민(법인, 종교단체 등)이 행하는 지역사회사업으로 대별할 수 있겠지만 전자는 정부가 직접 행하는 지역사회복지이고, 후자는 자유주의 사회에서 주로 볼 수 있는 지역사회복지라 할 수 있다. 만약 정부가 지역사회복지를 직접 행한다면 사회정책의 개념으로 간주할 수 있다. 이러한 경우는 주로 후진국에서 볼 수 있으며 선진국가에서는 대개 시민조직이 자발적 사업으로 지역사회복지를 추진하고 있다.

우리나라의 경우에는 아직도 자생적 시민 조직과 지도력이 발달하지 못하여 정부의 간접자원에 의한 지역사회사업이 발달하고 있고 최근 시민조직에 의한 지역사회사업이 점차 나타나고 있으며 정부주도의 기존 지역사회사업이 민간주도 아래 진행되어 가고 있는 실정이다.

1) 지역사회복지의 주체

지역사회복지를 추진하는 기관은 가족, 종교단체, 시민 단체 등을 비롯하여 정부에 이르기까지 많은 사회기관이 있다. 대부분 자유주의 국가에서는 지역사회의 중간 집단이나 사회기관이 그 주체가 되고 정부가 간접 개입하는 경우가 많으나 일반적으로 지역사회복지를 추진하기 위한 사회기관은 그 구체적인 내용이나 지역사회복지의 방법(형태)에 따라 달라진다.

2) 지역사회복지의 객체

일반적으로 사회복지의 대상은 지역사회주민의 공통된 욕구를 가리킨다. 다시 말해, 지역사회주민의 결핍된 욕구를 충족시키기 위한 노력을 지역사회복지라 할 수 있다. 그러나 지역사회복지의 대상은 이러한 욕구 이외에도 지역사회의 사회문제가 될 수 있다. 이것은 결핍된 욕구 자체가 사회문제가 되기도 하지만 그렇지 않는 경우도 사회문제가 된다. 예컨대, 범죄, 비행 등은 결핍된 욕구와 관련이 깊지만 불평등, 지역사회 해체는 그와 관련이 거의 없다. 지역사회복지의 대상은 일률적이지 않고, 지역사회복지의 상황과 목적, 형태에 따라 그 대상이 달라진다. 예를 들어, 도시지역과 농촌지역, 부유한 지역과 가난한 지역, 청소년들이 많은 지역과 노인이 집중적으로 거주하는 지역 등에서의 복지대상은 달라진다.

가) 지역사회욕구

지역사회의 욕구는 지역사회에 따라 다르지만, 기존의 사회복지 실천에서 사용되어 온 기본적 욕구의 심리적, 사회적 욕구가 있다. 또한 사회적 욕구는 물질적 욕구와 정서적 욕구로 나눌 수 있다.[105]

물질적 욕구는 다시 일차적 욕구로 소득, 보건, 교육, 주택 등에 대한 욕구가 있고, 이차적 욕구로는 스포츠, 예술 등 문화적 욕구와 사회참여 등 사회적 욕구가 있다. 정서적 욕구는 정서 장애, 성격 장애 등에서 비롯된 애정결핍과 관련된다.[106] 하비는 이러한 지역사회복지 욕구를 설명하면서 욕구

---

105) 김영모, 『사회복지학』, 4-5.
106) 위의 책, 5.

가 존재할 수 있는 영역에 대하여 음식, 주택, 의료보호, 교육, 사회적·환경적 서비스, 소비자 보호, 오락기회, 유쾌한 이웃관계, 관통시설을 지적하기도 한다.[107]

나) 지역사회 문제

지역사회문제 역시 지역사회에 따라 다양한 형태로 나타날 수 있는데, 일반적으로 탈선행위와 사회 불평등 및 사회해체의 두 가지 형태로 구분한다.

탈선행위는 범죄, 자살, 알콜 및 마약 중독과 같은 반(反)사회적 행위를 의미하며 사회 불평등은 빈곤, 실업, 문화적 박탈과 같이 주로 사회구조적 모순으로 생기는 것이다. 사회해체는 가정 결손이라든지 기존의 건전한 사회구성단위가 빈민촌, 홍등가, 환락가 같은 일탈적인 새로운 사회구성체가 생기게 되는 경우를 말한다. 이러한 문제는 그대로 방치할 경우 더욱 큰 사회문제가 발생되기 때문에 지역사회복지사업을 통한 해소가 필요하다.[108]

3) 지역사회복지의 구성요소

지역사회복지는 사회복지서비스를 필요로 하는 개인과 가족의 자립을 지역사회의 장에서 확보하는 것을 목적으로 하며 그것을 가능하도록 지역사회의 통합화 및 생활기반 형성에 필요한 생활, 거주조건의 정비를 위해서 환경개선서비스의 개발, 대인복지서비스 체계의 창설, 개선, 동원, 운용 및 이것들의 실현을 위해 진행하는 조직활동의 총체라고 할 수 있다. 이러한 지역사회복지는 재가복지서비스, 환경개선서비스, 조직활동(지역조직화, 복지조직화)의 세 가지 큰 구성요소를 가지고 있다.

---

107) Harvey D., *Social Justice and the City* (New York: Edward Arnold Association Press, 1959), 102.
108) 김영모, 『지역사회복지론』, 20.

다. 지역사회복지의 내용

　위와 같은 지역사회복지의 구성요소 중 특정한 지역을 기반으로 하고 있는 민간단체가 실제적으로 수행할 수 있는 것은 재가복지서비스나 자체적으로 운영하고 있거나 일부 국가지원이 되는 사회복지관을 통한 시설복지이다. 순수 민간단체들이 환경개선서비스나 지역복지체 조직 같은 지역사회복지 서비스를 한다는 것은 일정정도 그 역할을 감당할지는 모르겠으나 실제적으로 그러한 역할을 주도적으로 이끌기란 어렵다. 이것은 기독교 개 교회들의 일반적인 상황이며 또한 본 연구 대상인 보성읍교회의 상황이기도 하다. 대부분의 지역교회들은 원조활동과 같은 대인서비스에 집중하고 있다.
　이에, 어느 특수한 지역 특히 농촌지역에서 지역사회복지를 담당하고 있는 민간단체들이 주로 수행하고 있는 지역사회복지의 대표적인 두 가지 내용에 대해서 살펴보기로 한다. 노인복지와 재가복지가 그것이다. 물론 이것은 서로 별개의 문제가 아니다. 노인복지와 재가복지는 서로 교차된다. 재가복지가 재가노인복지와 의미상의 교환이 가능한 것처럼 재가복지가 주로 노인복지 부분에서 이해되며 실시되고 있다는 점에서 그렇다. 그러나 여기에서 두 문제를 각각 다루는 것은 노인복지는 재가복지 이외의 다른 더 다양한 복지서비스 형태로 나타날 수 있다는 점에서다. 그리고 이것은 보성읍교회에서 실제적으로 노인복지와 재가노인복지가 교차되는 복지서비스이면서도 별개의 복지서비스의 형태로 실시되고 있다는 점에서도 역시 그렇다. 재가복지를 다루기에 앞서 본 장에서는 재가복지의 가장 일반적인 형태이면서 현재 보성읍교회에서 실시하고 있는 형태인 재가노인복지에 대해서 집중적으로 다룰 것이다.

1) 노인복지

가) 노인복지의 개념

사회복지가 널리 인간의 복지를 추구하는 사회적 노력이라고 한다면, 노인복지는 노인이 인간다운 생활을 영위하면서 자기가 속한 가족과 사회에 적응하고 통합될 수 있도록 필요한 자원과 서비스를 제공하는 데 관련된 공적 및 사적 차원에서의 조직적인 제반활동이라고 할 수 있다.[109] 여기에서 인간다운 생활이란 그 노인이 속한 가족사회의 발전적인 수준에 비추어, 의·식·주의 기본적인 욕구를 충족하고 건강하면서 문화적인 생활을 하는 것을 뜻하며, 가족과 사회에 적응하고 통합되는 것은 노인이 그가 속해 있는 사회적 조직망에서 사회적, 심리적으로 소외감을 느끼지 않게 되는 것을 의미한다. 이런 의미에서 노인복지란 노인생활의 경제적·정신적·신체적 측면 등 다양한 면을 내포하고 있으며, 오늘날 노인복지의 개념은 전 노인의 생활상의 안정, 의료의 보장, 주택, 교육, 여가생활, 그리고 노인을 위한 사회적 정책 전체를 의미한다.[110]

노인복지의 활동과 범위는 노년기를 맞이하여 생활의 변화를 예측하고 거기에 대처할 수 있도록 질병(노인병), 빈곤, 고독, 소외 등 생활면에서의 원인을 배제하고 노인 스스로가 건전한 생활을 영위해 갈 수 있도록 취해지는 현실적인 보호와 미래사회에 대한 미래지향적인 예방을 위한 서비스 활동이 그 중심이 된다. 이상의 개념적 정의에 의거하여 노인복지의 범위를 살펴보면 다음과 같다.

첫째, 활동주체의 범위로서 사적 및 공적조직이 모두 포함된다. 그 활동이 적어도 계획에 의하여 조직적 또는 체계적으로 이루어지면 공적차원이든 사적차원이든 간에 모두 노인복지의 활동에 포함될 수 있다.

둘째, 현대사회에서 다루어지는 노인의 욕구 및 문제의 영역에는 생물학

---

109) 장인협, 최성재, 『노인복지학』, (서울: 서울대학교 출판부, 1990), 123.
110) 정길홍, 『사회복지개론』, (서울: 홍익제, 1998), 336.

적, 생리적, 경제적, 심리적 문제와 건강문제, 사회적 활동이나 여가 문제, 문화적, 정치적, 영적인 문제 등이 있다.

셋째, 활동의 방법에 있어서는 정책 및 계획과 사회사업, 전문적 개입방법이 포함된다. 즉 지역사회 또는 국가 사회적 차원에서 노인을 위한 프로그램이나 서비스를 정책적으로 결정하고 계획을 수립하는 활동과 노인 개인 및 집단의 문제나 욕구를 전문 기술을 동원하여 해결하는 프로그램을 포함한다.[111]

한편, 우리나라 노인복지법에 나타난 노인복지정책의 이념은 다음과 같다.[112] 첫째, 노인은 후손의 교육과 국가 및 사회의 발전에 기여하여 온 자로서 존경과 건전하고 안정된 생활을 보장받으며 둘째, 노인은 그 능력에 따라 적당한 일에 종사하고 사회적 활동에 참여할 기회를 보장받으며 셋째, 노인은 노령에 따르는 심신의 변화를 자각하여 항상 심신의 건강을 유지하고 그 지식과 경험을 활용하여 사회의 발전에 기여하여야 한다.

나) 노인복지에 대한 성서의 이해

구약성서에서는 노인을 공경의 대상이라고 하고 있다. 특히 "너는 센 머리 앞에서 일어서고 노인의 얼굴을 공경하며…"(레 19:32)라는 구절은 노인 공경에 대한 교훈의 백미라고 할 수 있다. 노인을 공경하라는 가르침은 노인과 관계된 히브리어 단어인 '야시스'에서도 잘 나타난다. 히브리어 '야시스'는 '나이든', '존경할 만한'이라는 의미를 내포하고 있는 것으로서, 노인은 존경의 대상이라는 것을 보여 주는 것이다. 십계명 중 다섯 번째 계명인 '네 부모를 공경하라'는 명령 역시 구약사회에서 노인의 사회적 보호가 얼마나 중시되었는가를 알 수 있게 해 주는 부분이다.

또한 노인은 배움의 대상으로 여겨졌다. 구약성서는 노인은 지혜로우며 공의를 깨달아 후손들을 훈계하고 올바로 이끄는 존재임을 말하고 있다.[113]

---

111) 장인협, 최성재, 『노인복지학』, 267-268.
112) 김근조, 『사회복지법론』(서울: 광은기획, 1995), 448-449.

노인들은 오랫동안 사회와 국가를 위해 헌신을 해왔기 때문에 그들의 경험과 지식은 사회와 국가발전에 유용하게 기여할 수 있다는 것이다. 노인이 지혜자로서 역할을 한 것은 장로의 직분에서 나타난다. 장로는 히브리어로 '자켄'에서 유래된 것으로 본래 뜻은 노인의 얼굴에 있는 긴 수염을 의미했다. 장로란 가족과 공동체 안에서 발생하는 시시비비를 가려 주고 훈계를 통하여 올바른 삶을 살아가도록 지도한 사람들이었다.[114]

한편, 구약성서는 이러한 공경과 지혜의 상징인 노인들은 보호의 대상이라고 한다. 나이가 들면서 연약해진 노인들은 업신여김의 대상이 아니라 돌보아 줄 대상이라는 것이다.[115] 이는 노년기에 접어들면서 심신이 약해지게 되어 노동 능력이 저하되며 직장으로부터 퇴직하게 되어 신체적으로나 경제적으로 압박을 당하고 고통당하게 되는 노인에 대한 올바른 이해를 가지라는 의미이다. 노인들이 겪는 고통 중에 하나가 쓸모없는 존재로 여겨지는 것이다. 할 일이 적어지고 가치 없는 존재로 여겨질 때 노인들은 고독감과 외로움에 빠진다. 구약성서는 노인이 이렇듯 사회에서 소외되어 쓸모없는 취급을 당하지 않도록 하기 위해 노인이 자녀들에게 축복하면 그 축복이 임한다고 하는 등, 노인을 하나님의 뜻을 전달하는 중보자의 역할을 하는 존재로 내세움으로써,[116] 노인들이 가정과 사회에서 소외와 고독한 삶을 사는 것이 아니라 축복과 기쁨의 모습으로 살도록 하였다.

신약성서에서도 노인 공경에 대한 지대한 관심을 가지고 있다. 부모 공경에 대한 계명을 약속 있는 첫 계명(엡 6:2)이라고 하여 노인들을 공경할 것을 명령하고 있다. 부모 공경의 의무화를 통해 노인들이 가족으로부터 소외감을 갖지 않도록 해 주어 결국 가족들이 모여 이루어진 사회로부터의 노인문제를 해결하고자 하는 것이다. 또한 늙은 과부에 대해 교회가 신원함과 구제할 것을 명령하기도 한다. 늙어 홀로되어 돌볼 자녀가 없는 노인에 대해 교회가 돌

---

113) 신 32:7; 수 24:31; 욥 12:12 등.
114) 김기원, 『기독교사회복지론』, 288-289.
115) 슥 8:4; 시 72:7-9; 사 46:3-5 등.
116) 창 47:29; 49:33.

보도록 함으로써, 불쌍한 처지에 있는 노인의 신체적, 정서적 문제를 해결하도록 하는 것이다.

다) 노인복지의 특성

노인은 신체적으로 쇠퇴의 길을 걷는 존재이다. 노인은 신체 내의 모든 체계와 기관이 쇠퇴하여 신체적 에너지가 저하되고 질병에 대한 면역성이 약해져서 만성 이상상태에 있는 경우가 많다. 또한 노인은 이러한 신체적 쇠퇴로 말미암아 일정 정도 심리적, 정서적으로도 저하를 가져온다. 그러나 신체적으로 약해진다고 해서, 정신기능마저도 그에 비례하게 약해진다고만 할 수는 없다. 오히려, 신체적 기능이 약해지는 것과는 반대로 사회활동 욕구나 신체적 기능을 초월하고자 하는 욕구 등은 여전히 있게 된다. 또한 노인은 사회적으로 가정적, 사회적 지위와 역할의 감소 혹은 상실을 경험하는 자들이다. 자녀들의 독립과 배우자의 죽음 등의 가정적인 변화를 경험하게 되며, 경제적인 압박과 사회적 지위 및 역할 상실을 맛보게 된다는 것이다. 한편, 노인은 개인의 여가시간이 대폭적으로 증가하나 그 여가시간을 효율적으로 활용할 방안이나 자원을 가지고 있지 못한다. 따라서 그들은 더욱 소외되고 고립되어만 간다.

이런 점에서 노인복지는 노인문제를 예방하고 해결하기 위한 체계적, 조직적 노력이라고 할 수 있으며, 이러한 노력은 모든 지역사회 및 국가에 의하여 인간의 존엄 및 생활의 질을 보장하기 위한 사회적 제도체계를 통하여 실천되는 것이다.

라) 노인복지의 필요성

한국에서 인구 고령화의 속도는 선진국에서도 찾아보기 힘들 정도로 빨랐고 앞으로도 더욱 빠르게 진행될 것으로 예측된다.[117] 인구 고령화에는 사회 전체의 변동과 이로 인해 영향을 받는 개인 및 가족적 요인들의 변동이 수반된다. 앞으로는 더욱 급속한 사회변동이 예상되므로 노인문제는 더욱 심각해지고 다양해질 것으로 보인다.

노인문제라 하면, 개인적인 문제가 아니라 사회적인 노인문제 즉, 사회문제로서의 노인문제를 의미한다. 즉, 노인문제는 노인들에게 공통적으로 일어나는 것으로 그러한 문제가 일어나는 주된 원인이 개인이나 가족의 잘못 때문이 아니라 핵가족화, 개인주의, 가족 가치관의 변화, 산업사회에 의한 이농현상 등과 같이 개인이나 가족의 힘으로는 어쩔 수 없는 사회의 여러 가지 변화 때문이다. 이렇듯 사회문제로서의 노인문제는 그 원인이 주로 사회의 제도나 사회의 변화 때문이므로 개인이나 가족의 노력으로 해결하기가 어렵고 한계가 있다. 그렇기 때문에 노인문제는 개인이나 가족이 아닌 국가나 사회단체에서 담당해야 한다. 즉, 경우에 따라 국가가 주도적으로 문제를 해결해 주거나 아니면 노인 개인이나 가족이 문제를 해결할 수 있는 여건을 만들어 주거나 도와주어야 한다.

노인문제 해결을 위해 국가가 사회복지 대책을 시행함으로 앞장서야 하는 것은 명백한 사실이다. 그러나 노인을 포함한 국민 개개인이 최저 한도의 생계를 유지하고 인간다운 생활을 유지할 수 있는 정도로의 해결을 위해서는 막대한 비용이 들기 때문에 선진국에서도 이를 완전히 보장해 주지 못하고 있는 실정이다. 이런 점에서, 민간단체나 종교단체와 같은 집단들이 축적된 인적, 물적 자원의 기부와 헌신을 동원하여 국가가 해결해 주지 못하는 부분

---

117) 전체 인구 중 65세 이상의 노인 인구가 차지하는 비율이 7.1% 이상일 때 고령화 사회(aging society)라고 하며 14%에 도달할 때, 고령화된 사회(aged society)라고 하는데, 한국은 이미 2000년 7월 1일에 전체 인구 대비 노인 인구 비율이 7.1%를 넘어 고령화 사회로 접어들었고, 2019년경에는 14%를 넘어 고령화된 사회가 될 것으로 예측되고 있다. 고령화 사회에 접어들어 고령화된 사회로 도달하는 데 걸리는 기간은 프랑스의 115년, 미국의 75년, 독일의 45년, 일본의 26년에 비해 매우 짧다.

노인 인구 증가속도의 국제비교

구분	프랑스	스웨덴	서독	미국	일본	한국
7% 도달연도	1865	1890	1930	1945	1970	2000
14% 도달연도	1980	1975	1975	2020	1996	2022
소요연수	115년	45년	45년	75년	26년	22년

(자료: 통계청, 장래인구추계, 1996. 12)

을 보충해 주거나 국가가 피상적으로 하는 것보다 질적으로 수준이 높은 서비스를 제공해 주는 것이 필요하다. 그리고 이것은 신체적으로나 사회적으로 매우 특수한 상황에 놓여 있는 노인복지의 경우에 더욱 그렇다. 노인이 당하는 문제에 있어서는 국가가 세밀한 관심을 가지고 돌볼 수 없는 사항들이 많기 때문이다.

이러한 노인복지의 필요성을 살펴보면 다음과 같다.[118]

(1) 경제적 필요성

노화에 따라 신체적인 능력이 저하되어 결국은 경제적인 보상이 주어지는 일을 할 수 없게 되는 것은 누구도 피할 수 없다. 게다가 산업화와 도시화를 수반하는 현대화로 인하여 노인은 노동시장에서 불리한 입장에 처하게 되므로 취업 또는 재취업의 기회가 적어지고, 따라서 노인이 경제적인 독립을 유지하기 힘들어진다. 이리하여 노인은 최저한의 인간다운 생활을 할 수 있는 상품이나 서비스를 구입할 수 없게 된다. 노인은 젊은이보다 질병 발생률이 훨씬 높아 의료비가 많이 요구된다. 이와 같이 노인은 불가피한 신체적 및 사회적 이유로 경제적 능력이 약화되거나 없어지게 됨으로 인해 전반적으로 노인에 대한 복지 대책이 사회적 차원에서 요구되는 것이다.

(2) 사회심리적 필요성

노인복지에 대한 사회 심리적인 타당성의 하나는 사회가 공동체 구성원 개개인에게 불이익에 대한 보상이고, 다른 하나는 상호부조의 세대 간의 이전이다. 보상은 사회가 노인에게 제도적으로 장치된 법에 의해 강제적인 퇴직을 하게 함으로써 직업역할을 박탈하고 또한 핵가족화와 같은 가족적인 문제로 인하여 가족적 역할을 하게 하는 것을 거부함으로써 가한 불이익이나 불공평을 시정하는 의미에서 이루어지는 것이다. 즉, 사회가 노인에게 가한

---

[118] 장인협, 최성재, 『노인복지학』, 268-269.

손해 또는 불공평한 처우에 대한 보상으로 그리고 상호부조의 세대 간 이전으로서 노인에 대한 복지적 대책이 마련되어야 하는 것이다.

(3) 윤리적 필요성

노인이 가족과 사회에 공헌한 바에 대한 반대급부적 보상으로 사회가 노인에게 적절한 복지 프로그램과 서비스를 제공해야 한다. 오늘날 우리가 살아가는 이 세상은 노인들의 노력의 결과이며 또한 노인들의 자녀들에 의하여 유지되고 있다. 이러한 점에 있어서 노인은 어떤 의미로든 사회에 지대한 공헌을 한 존재들이다. 그러므로 사회적 차원에서 노인에 대한 복지적 대책은 윤리적으로 정당하다. 이와 같이 윤리적 타당성은 우리 전통적인 윤리적 가치관인 경로효친에 의하여 뒷받침될 수 있다.

특히 이러한 윤리적 필요성은 교회에 더욱 요구되는 사항이다. 위에서 살펴보았듯이 성경에서도 부모공경, 노인공경을 가르치며 그렇게 할 때 더욱 더 큰 축복을 얻는다고 약속하고 있다. 따라서 그리스도의 몸된 교회는 지역사회와 국가 사회의 노인을 공경하고 이들의 복지를 위한 사업을 수행해야 한다. 노인 인구의 증가에 따른 국가의 노인문제 해결에 대한 노력의 보완을 위해서 적극적으로 노인문제의 해결을 위한 사업을 수행하는 것이 바람직하다. 그 지역사회에서 지도적 역할을 하고 있는 교회가 노인문제에 대해 중요한 역할을 해야 한다.

마) 농촌 노인복지

노인문제의 원인으로는 일반적으로 빈곤, 질병, 고독과 역할상실을 들 수 있다. 이 중에서도 빈곤이 모든 문제의 근본적인 원인이라고 할 수 있다. 그리고 이러한 사정은 도시보다 농촌의 경우에 더욱 심각하다. 농촌 노인의 경우는 고령이라는 신체적인 이유와 더불어, 농업과 비농업 간의 심화되는 소득격차, 농가 소득원의 퇴조현상, 청·장년층의 이농에 따른 인구의 고령화, 농산물 가격의 불안정 등 농업여건의 약화가 더욱더 농촌 노인들을 빈곤으로 몰아가고 있는 실정이다. 그래서 노인문제를 일으키는 이러한 근원적인 원인인 빈곤으로 인해, 그에 따른 파생적인 문제들이 계속해서 발생하고 있으며, 그로 인해 일부 농촌 노인들은 점점 더 인간의 존엄성마저 무너뜨리는 열악한 삶을 지탱해 가고 있다. 이러한 농촌 노인들이 겪고 있는 문제들에 대해 좀 더 구체적으로 살펴보기로 하자.

(1) 농촌 노인문제

(가) 경제적 어려움

농촌 노인들이 어느 정도 생업에 종사하고 있는가에 대한 조사를 보면, 1970년대에는 60세 이상 농가인구의 취업상태는 농업 주종사자가 41.7%, 겸업 1.4%, 기타 56.9%였으나, 1980년에는 농업 53.0%, 겸업 1.2%, 기타 45.8%가 되었다. 1990년에는 농업 70.1%, 겸업 2.3%, 기타 27.6%가 되어 농업 종사자의 비율이 불과 20년만에 30% 이상이 늘었다.[119] 그러나 이것은 농업의 채산성이 높아서 많은 사람들이 농업으로 뛰어든 것이 아니라 청·장년층이 산업화 여파로 농촌을 버리고 도시로 이주한 데서 생겨난 결과이다. 전문 기술을 가지고 다양한 생산활동에 종사할 수 있는 젊은이들이 농촌을 빠져나가니 당연히 농업에 종사하는 노인들만이 남게 되어 농업종사자의 비율이 높아진 것이다.

이런 상황에서 농촌 노인들의 경제상황은 악화될 수밖에 없다. 노인들만이 농촌을 지키게 되다 보니 고령화가 가속화되고 그러한 고령 노인들의 체력저하로 인해 노동생산성이나 경영의 효율성 등이 감소되어 소득이 줄어들게 되었다. 그나마 그들의 소득원이었던 기존의 생업인 농사일을 축소 또는 포기하게 되어 그들의 소득원이 줄어들 수밖에 없게 되고 결국 빈곤의 상황을 맞게 되는 것이다.

---

119) 농림수산부, 「농업센서스」, 1970, 1980, 1990.

이러한 터에, 전통적으로 자녀부양에 치중하여 자신의 노후를 준비하지 못했던 대부분의 농촌 노인들은 필연적으로 경제적인 어려움을 겪을 수밖에 없게 된다. 한 연구에 의하면 대다수 농촌 고령농민이 노후 준비를 제대로 할 수 없었던 것은 저소득(43.7%), 자녀교육비 과다지출(37.3%), 자녀분가(9.1%) 등의 이유 때문이라고 밝히고 있다.[120] 평생 자신을 위한 삶보다는 자녀들을 위한 삶을 살았고 자녀들을 위해 모든 것을 다 바쳤던 농촌 노인들이, 이제 나이가 들어 생산활동에 종사할 수 없게 되고, 자녀들마저 그들과 분가하여 농촌을 떠나 도시로 이주해 버린 상황에서 경제적인 어려움을 겪을 수밖에 없는 것이다. 물론 도시로 떠난 자녀들의 여건이 부모를 경제적으로 부양할 수 있다거나 혹은 자녀들이 부모를 성심성의껏 보살핀다면 큰 어려움이 없겠지만 그러한 도움을 받지 못한 노인들이 많은 실정이다. 그렇다고 한다면, 국가의 노인에 대한 사회보장제도에라도 의존하며 노년의 삶을 유지해야 하는데, 아직까지 우리나라의 실정상 모든 노인들에게 골고루 최소한의 인간다운 삶을 유지할 수 있게 해 주는 사회보장제도가 정착되지 않았다는 점에서 그 역시도 해결책이 되지 못한다. 결국 불안정한 사회적 상황, 노후대책에 대한 무지, 자녀들의 노인부양의식 약화 등으로 말미암아 농촌 노인들이 경제적 어려움을 겪게 되고 저소득층 노인을 양산시키는 결과가 나타나게 되었다.

(나) 건강보호 및 의료문제

노인의 일상생활에 있어서 가장 큰 걱정거리는 건강문제이다. 노년기에 접어들면서 고령에 의해 생기는 신체기능의 저하로 노인의 기능적 건강상태는 전반적으로 저하되게 된다. 특히 농촌 노인의 경우 육체노동력을 많이 요구하는 직업에 수십 년간 종사함에 따라 질병과 고령으로 인한 각종 질병을 앓고 있으며 경제 사회적인 빈곤과 소외 생활이 얽혀져서 정신적으로나 육체적으로 심각한 건강상의 문제를 안고 있다. 이렇듯 대부분의 노인들은 한 가

---

120) 손갑현, "농촌 노인의 빈곤 대책에 관한 연구", 숭실대 통일정책대학원 석사학위 논문, 1996, 34.

지 이상의 질병을 앓고 있으며 이것은 특히 농촌 상황에서 더욱 그렇다고 할 수 있다.[121] 그럼에도 불구하고 농촌 노인들은 경제적 어려움으로 인해 적절한 건강보호를 받지 못하고 있다. 특히 노년기 질병은 만성적이고 각종 질병이 복합적으로 발생하며 장기간의 치료를 요하는 것이어서 의료비가 많이 든다는 특징을 가지고 있다. 따라서 농촌 노인들이 경제적 어려움으로 인해 건강보호를 받지 못하는 실정은 도시보다 한층 더하다.

더욱이 우리나라 의료기관과 병상 분포를 보면 의료기관의 89.5%, 병상의 85.5%가 도시에 집중적으로 분포되어 있고,[122] 의료 인력은 도시에 91.7% 정도가 배치되어 있으며 그나마 그 의료 인력도 52.4%가 공중보건의라는 점[123]에서 농촌 노인의 건강보호 문제는 심각할 수밖에 없다. 또한 농촌지역은 교통이 불편하여 의료기관을 자주 이용할 수 없고 이용하더라도 교통비가 상대적으로 많이 든다는 점에서 선뜻 의료혜택을 받을 수 없는 상황이다.

또한, 농촌 노인들이 몸으로 느끼는 이상에 대하여 경제적인 이유로, 스스로 대수롭지 않게 느끼려는 경향이 있으므로 질병초기에 간단한 치료만으로 고칠 수 있는 질병을 의료조건이 좋지 않은 환경 탓에 더 큰 질병으로 악화시키고 있는 것 또한 문제점이다.

(다) 역할상실문제

현대사회는 생산기술의 기계화, 사무의 자동화 등으로 생산에 필요한 노동력이 감소하게 된다. 이에 따라 젊은 세대와 노인세대 간의 취업 및 직업역

---

121) 이가옥 외, 『노인생활 실태분석 및 정책과제』(서울: 한국보건사회연구원, 1994), 315-317. 이 연구에서는 질병이나 사고로 인한 유병률에 있어서 전체노인의 51.7%가 질병을 가지고 있으며, 지역별로는 도시(48.7%)보다 농촌지역(55.8%)이 높다고 한다. 또한 전체 노인의 85.9%가 3개월 이상 지속된 만성질환을 지니고 있으며, 지역별로는 도시(83.4%)보다, 농촌지역(89.2%)이 더 높다고 나왔다. 나아가 만성질환으로 인하여 일상생활에 지장을 받는 노인은 전체 노인의 72.2%라고 하며, 지역별로는 도시(68.5%)보다 농촌지역(77.1%)이 훨씬 높다고 나왔다. 이와 같은 조사로 볼 때, 농촌 노인이 도시 노인보다 유병상태나 만성질환의 비율이 높고 건강상의 문제로 일상생활의 불편을 더 겪고 있다고 할 수 있다.
122) 우선희, "농촌 노인의 생활실태와 복지대책", 『농촌생활과학』 통권64호, 1995, 20.
123) 손갑현, "농촌 노인의 빈곤 대책에 관한 연구", 36.

할의 경쟁이 필연적으로 생기는데, 신체적·정신적 기능이 감퇴되는 노인세대는 그만큼 사회적응력을 상실하게 된다. 급변하는 현대 산업사회는 근로자들에게 새 지식과 기술 및 체력, 고도의 기민성을 요구하고 있다. 그러나 노인들은 청·장년에 비해 현대 산업사회의 요구에 대응하는 능력이 떨어지므로 근로조건 및 취업기회에서도 불리하다. 이와 같이 노인은 사회적으로 직업적·사회적 역할을 상실할 수밖에 없게 됨과 동시에 가족 구성원에게 생활비를 제공하기 어렵게 되고 가정의 웃어른으로서의 역할도 위축되어 결과적으로 가정 내의 권위도 많이 떨어지게 된다.[124] 그리고 이러한 상황은 퇴직 후에도 비교적 직업활동이나 사회 활동의 기회가 많은 도시지역의 노인에게 있어서보다는 육체노동을 주로 하다가 고령이 되면 전혀 할 일이 없어지게 되는 농촌지역의 노인에게 있어서 더욱 그렇다고 할 수 있다.

또한 과거 전통사회에서 노인들은 가정 내에서는 전통적 규범과 생활양식의 전수, 개인상담, 손자녀 교육, 집안의 대소사를 도맡아서 주관하는 중요한 역할을 하였다. 그러나 현대사회가 대가족에서 핵가족으로 바뀌면서 가정생활도 부부중심, 아동중심으로 되어 가고 있고 집안일도 첨단 가전제품들의 보급으로 인해 타인의 도움이 덜 필요하게 되었다. 그래서 과거에 어느 정도 가정에서 할 일이 있었던 노인들이 가정 내에서마저도 할 일을 잃어버리게 되고 골칫거리로 전락하고 말았다. 더욱이 노인들의 사회적, 경제적 역할이 상실되다보니 가정에서마저도 의사결정에 참여하는 기회가 현저하게 줄어들게 되어[125] 한 가족 구성원으로서 소속감을 가지지 못하고 심리적으로나 정신적으로 소외감과 고독감을 느끼게 됨으로 삶의 의욕을 상실하게 되었다. 그리고 이러한 역할상실에 대한 고독감과 소외감 역시 도시지역 노인들보다 농촌지역 노인들에게 있어 더 심각하다.[126] 도시지역은 그나마 가족과 함께 살아갈 수 있으나 농촌지역은 젊은이들의 도시이주와 핵가족화로 인해 노인 단독가구가 늘어나고 있기 때문이다. 또 일반 노인들보다 저소득층 노인의 경

---

124) 박재간, 모선희, 원영희, "저소득층 노인의 생활실태 및 정책방향", 『노인생활실태 및 정책방향』 (서울:한국노인문제연구소, 1996), 22-23.

우에 있어서 이러한 상황은 더욱 심한데 이는 경제적 기반이 열악하고 사회적 지위나 가족 내 역할에서도 상대적으로 낮은 상태에 있기 때문이다.

(라) 여가문제

노인들은 생산활동에서 은퇴한 후에 가정에서도 뚜렷한 역할 없이 대부분의 시간을 무료하고 지루하게 보내고 있다. 강제적이고 의무적인 일에서 벗어난 노인들에게는 이 모든 시간들이 여가시간이 될 수 있으며 이 여가시간을 어떻게 보내느냐에 따라서 건강과 삶의 활력, 역할상실로 인한 고독감과 소외감의 극복 그로 인한 노년생활에 대한 만족을 가져올 수도 있기 때문에 노인들에게 여가활동은 더욱 중요하다. 그러나 우리나라 노인의 대부분이 여가에 대한 인식부족과 경제적인 빈곤, 국가사회적인 자원과 정책의 미흡으로 인해 만족스러운 여가활동을 누리지 못하는 실정이다.

노인문제를 연구하는 단체가 전국의 저소득층 노인들을 대상으로 노인들의 여가활동에 대해 실시한 여론조사의 결과에 의하면, 노인들의 72.5%는 라디오나 TV시청으로 여가를 보내고, 다음으로 화투나 장기 등의 놀이가 26.5%, 복덕방, 경로당에서의 소일이 17.4%, 신문, 잡지 등의 서적을 통한 독서가 9.5%, 등산, 낚시, 산책 등의 운동이 6.9%, 예술관련 활동이 1.0%로

---

125) 한국보건사회연구원의 조사에 의하면, 이러한 노인의 의사결정 참여도는 도시지역 노인보다, 농촌지역 노인에게서, 또한 학력이 높은 노인들에게서보다 학력이 낮은 노인에게서 훨씬 낮게 나온다는 것을 알 수 있다(이가옥 외, 「노인생활 실태분석 및 정책과제」, 387.).

지역, 교육 수준별 가정사 의사결정 참여도

(단위: %)

구분	전체	지역		교육수준				
		도시	농촌	글자모름	글자해독	국민학교	중고	전문대 이상
대부분 참여	47.3	51.5	46.2	29.5	40.3	60.2	75.5	84.9
가끔 참여	23.3	21.8	25.3	24.7	30.8	21.9	12.4	10.8
거의 참여안함	9.6	9.1	10.3	13.6	11.0	7.6	5.5	1.5
전혀 참여안함	17.8	17.8	18.1	32.2	18.0	10.3	6.6	2.8

126) 한국갤럽조사연구소의 조사에 의하면, 노인이 느끼는 고독감은 도시지역(24.1%)보다 농촌지역(32.6%)에서 더 높게 나왔다(위의 책, 206.).

순으로 여가활동을 한다고 한다.[127] 이는 우리나라 노인들이 여가시간을 대체로 집안 내에서 혼자 소일하면서 소극적으로 보내고, 여가활동 유형에서도 다양하지 못하다는 것을 보여 준다. 대부분의 노인이 TV시청과 같이 집안에서만 여가활동을 하는 너무나 열악한 상황에서 살아가는 것이다. 더욱이 이것은 어느 정도 여가생활을 할 수 있는 문화적 기반시설들이 갖추어진 도시지역 노인들을 포함한 통계에 의한 결과이고, 순수하게 여가활동을 할 수 있는 문화 시설들이 거의 전무하다시피한 농촌 노인들만을 대상으로 한다면, 그 심각함의 수준은 더욱 높아질 수밖에 없다.

(마) 부양 및 보호 문제

과거 우리나라 전통사회에서는 유교사상의 강력한 영향으로 노후에 자녀들에 의한 부모봉양은 당연한 것이었으며 이러한 유교적 규범은 오늘날에도 일정 정도 존속되어 오고 있다. 그러나 최근 가족구조의 핵가족화에 따른 가족 구성원 수의 감소, 전통적 가족규범의 변화 등으로 가족에 의한 부양의식은 사회 전반적으로 약화되어 가고 있다.[128] 그리고 이것은 이농현상으로 가족이 도시로 떠나 버린 채 노인들만이 단독으로 살아가는 비율이 높아지는 농촌에서 더욱 심각하다. 왜냐하면 우리나라의 노인 부양문제는 가정에 그 일차적인 책임이 있기 때문이다.

이가옥의 연구결과에 의하면, 자녀가 일상생활 주 부양제공자인 비율이 도시지역 노인(54.7%)보다 농촌지역 노인(43.8%)이 더 낮다. 그러나 주 부양제공자가 배우자인 경우에 있어서는 도시지역 노인(23.3%)보다 농촌지역 노인(37.1%)이 더 높다.[129] 이처럼 도시지역 노인보다 농촌지역 노인의 자녀 부양률이 낮고, 반대로 배우자가 부양하는 비율에 있어서는 농촌지역이 오히려

---

127) 박재간, "노년기 여가생활의 실태와 정책과제",『노인여가의 현황과 과제』(서울: 사단법인 한국노인문제연구, 1997), 27. 다른 연구에 의하면 라디오 및 TV시청의 비율이 94.6%가 나오는 경우도 있었다. 위의 면.
128) 박재간, 모선희, 원영희, "저소득층 노인의 생활실태 및 정책방향", 23.
129) 이가옥 외,『노인생활 실태분석 및 정책과제』, 216.

도시지역보다 높은 것은 청·장년층의 도시로의 이주로 인한 노인 단독가구의 증가 때문으로써 농촌 노인의 경우 일상생활 부양에 있어서 배우자의 역할이 더 중요하다. 그렇기에 만약 배우자와 사별하고 혼자 사는 경우에 있어서는 일상생활을 유지해 나가는 데 있어서 매우 곤란함을 느낄 수밖에 없게 된다. 한국보건사회연구원에 의하면, 노인 인구의 43.4%가 일상생활을 수행하는 데 필요한 장보기, 외출하기, 집안일 등에 어려움이 있고, 노인 인구의 약 1/3인 31.9%는 목욕하기, 옷 갈아입기, 화장실 가기 등 기본적인 동작 수행에도 어려움이 있다고 한다. 3.5%의 노인은 이러한 기본적인 동작을 수행하는 데 곤란을 느끼는 것을 넘어서 혼자서는 도저히 이런 일을 할 수 없는 상태로써 남의 도움을 받지 않으면 안 된다고 한다.[130] 더욱이 농촌 노인 대다수는 경제문제를 스스로 해결하려는 생각으로 노년기의 각종 만성질환에도 불구하고 농사일을 하고 있는 형편이고 그로 인해 도시 노인들보다 건강상태가 더욱 심각한 상태이다. 이러한 상황에서 자녀와 멀리 떨어져 있는 노인 단독 세대가 많고 더욱이 배우자와 사별하여 혼자 살아가는 비율이 높아 부양제공 혜택을 충분히 누릴 수 없다. 이러한 실정에서도 농촌 노인들은 그나마 있는 소수의 복지시설을 이용하기보다는 이웃사람들과 상호관계를 맺고 의존하면서 살아가고 있다. 그러나 이웃들의 도움도 한계가 있을 수밖에 없어서 대부분의 일상생활 즉, 청소, 가사일 등은 스스로 해야 하는 형편이고 만약 급박한 상황이라도 발생하게 되면 주변의 도움을 받기가 힘든 실정이다. 결과적으로 농촌 노인들은 도시지역에 비해 상대적으로 높은 고령화와 노인 단독세대의 증가 그리고 경제, 사회적인 여건의 악화로 인해 노인 부양제공 서비스가 절실하게 요구된다.

---

130) 한국보건사회연구원, "보건복지포럼", 『노인의 건강실태와 정책과제』 통권29호, 1999, 39.

다) 재가노인복지의 필요성

재가노인복지는 대다수의 노인들이 자신들의 익숙한 환경 내에서 생활을 하면서 필요한 복지서비스를 지원받거나 때로는 지역사회 노인복지 시설을 이용하여 정상적인 가정생활을 유지하도록 원조하는 데 있다. 또한 정신적, 신체적 사유로 인해 혼자서 일상생활을 수행하기에 불편이 있는 노인가정에 대해서도 필요한 각종 서비스를 제공하여 이들이 지역사회 내에서 가족 및 친지와 더불어 건전하고 안정된 생활을 영위할 수 있도록 함으로써 가족 부담의 역할을 경감시키고 아울러 현대사회에서 약화된 가족수발 또는 가족보호의 기능을 지지하고 보충하는 데 그 목적이 있다.

그러나 현재 노인복지제도나 기관은 대부분 도시지역에 집중 편재되어 운영되고 있으며 농촌지역 재가노인들을 위한 노인복지정책이나 활동은 생활보호제도를 통해 거택보호 노인들에게 최저생활을 유지하기 어려운 공적 부조금을 지급하고 있는 실정에 그치고 있다. 그나마 지역 민간단체나 종교단체가 정부에서 미치지 못하는 곳에서 재가노인들을 돌보고 있긴 하지만 그 서비스 수준은 농촌 저소득 노인들이나 독거노인들의 복지 욕구에 턱없이 부족한 매우 열악한 형편에 그치고 있는 실정이다. 이에 농촌에 거주하고 있는 저소득층 노인들, 특히 일상생활을 영위해 갈 수 없을 정도로 허약해져 있으면서도 홀로 독거하고 있는 노인들을 위한 실제적인 복지서비스가 요구된다. 이에 재가노인복지의 필요성, 특히 농촌 재가노인복지의 필요성에 대해 구체적으로 살펴보기로 한다.

재가노인복지 서비스의 필요성은 산업화에 따른 생활환경의 변화, 노인인구의 증가와 독거노인의 증가, 만성퇴행성질환의 증가로 인한 거동불편노인에 대한 서비스 방안이 요구되고 있는데 기인하고 있다. 이와 같이 재가노인복지 서비스가 주요시되는 몇 가지 이유는 다음과 같다.

첫째, 노인들의 생존권 보장 차원에서이다. 한국보건사회연구원의 조사

---

141) 위의 면.

(2) 농촌 노인복지의 방향

(가) 지역노인의 욕구에 맞는 서비스 개발

고령화 사회를 맞아 우리나라는 노인의 특성에 따른 다양한 욕구와 사회경제적 환경의 변화에 부응하는 종합적이고 다양한 노인복지서비스 개발이 요구되고 있다. 특히 삶의 질에 있어서 도시보다 현저하게 열악한 농촌이라는 특수한 상황에서 어려움을 겪고 있는 노인들에게는 더욱 그렇다. 저소득층 무의탁 노인들을 위해서는 정부에서 생계비 지원과 보건의료서비스를 제공하고 건강과 소득이 있는 중산층 노인들을 위해서는 그들의 특성과 욕구에 맞는 서비스를 개발하여 수익자 부담으로 이용할 수 있도록 공공복지와 민간복지를 상호보완적으로 개발해 나가야 할 것이다. 앞으로 노인 인구 비율의 증가에 따라 복지욕구는 각 지역, 특히 농촌지역에서 더욱 증대될 것이다. 이에 정부는 지역노인의 욕구에 부응하는 노인복지정책을 수립하여 보호대상 노인들에 대한 최저생활보호를 제공하고 또한 일반 노인들의 삶의 질을 향상시키기 위한 최적의 생활보호가 함께 있어야 할 것이다. 이를 위해서는 국가와 민간단체의 지역노인의 욕구조사, 서비스 계획, 인력과 물질적인 자원 개발 등의 노력이 절실히 요청된다.

(나) 노인복지 자원의 다원화 필요

저소득 노인에 대한 생계비나 보건의료혜택 지원과 같은 전체 노인의 기초적인 욕구에 대한 정책수립과 예산집행은 정부 책임 아래서 추진하되, 일반 노인들의 부가적인 욕구의 충족은 민간부분에서 개발한 프로그램으로 담당해 나가야 할 것이다. 이는 지역에 기반에 둔 민간단체들이 어려움을 겪고 있는 노인들의 실제적인 삶을 더 세밀하게 보호할 수 있을 것이기 때문이다. 그리고 이러한 것은 농촌지역에서 더욱 그렇다. 정부 주도하의 복지서비스는 자칫 행정적인 측면에만 그칠 수 있고 또한 실제로 복지 혜택을 받아야 할 사람들에게는 그 혜택이 돌아가지 않고 엉뚱한 사람들이 혜택을 받게 되는 경우가 많이 있다는 점에서도, 지역에 기반을 둔 민간단체에서 지역노인을 위한 적절한 프로그램을 개발하여 시행하는 것이 효과적일 것이다.

더욱이 현재 정부의 예산만으로는 저소득층 노인들의 소득보장이나 보건, 의료 서비스를 충분히 제공하지 못하는 실정이며 특히 그러한 복지서비스의 기반이 현저하게 열악한 농촌에서는 모든 노인들이 정부에서 실시하는 복지서비스 혜택을 받는다는 것은 현실적으로 불가능하기 때문에 기업이나, 민간단체 특히 종교기관의 다양한 자원을 활용하여 저소득층의 복지 욕구를 충족해 줄 수 있는 복지자원의 다원화가 필요하다. 또한 이러한 복지자원의 다원화는 저소득층 노인들뿐만 아니라 일반 노인들의 복지 욕구를 충족시켜 주기 위해서도 꼭 필요하다. 복지 혜택은 저소득층 노인들만이 독점적으로 누려야 할 것이 아니며 고령으로 인해 생기는 여러 가지 문제에 노출된 일반 노인들 역시 누려야 할 것이기 때문에 그들을 위한 질 높은 복지 프로그램도 필요한 것이다. 그리고 이를 위해서는 복지서비스 자원의 다양화가 필수적이다. 정부, 기업, 민간단체, 종교기관들이 상호 협조와 조화를 이루면서 보다 종합적이고 실용적인 프로그램을 개발하여 농촌지역 노인들에게 필요한 서비스를 제공할 수 있는 공급체계가 구축되어야 한다.

(다) 보건의료서비스의 체계 확립

자녀들과 떨어져 있음으로 인해 보건의료서비스 혜택을 상대적으로 적게 누리는 농촌지역 노인들의 건강을 지원해 주는 의료서비스를 강화해야 한다. 이를 위해 건강한 노후생활을 유지하기 위한 올바른 생활습관과 건강활동 등에 대한 교육과 함께 건강에 대한 예방적 차원의 관리가 필수적으로 요구되고 동시에 평생의 육체노동으로 인해 발생한 만성질환을 가지고 장기요양을 필요로 하는 노인들을 위한 노인전문병원, 전문요양시설, 가정방문 간호사업소 등의 전문적인 의료, 요양 시설들을 설치해야 한다. 또한 무엇보다 농촌 노인들의 특성에 맞게 의료보험 적용의 범위를 넓히며 의료보험에 의한 저렴한 비용의 보건의료서비스를 받을 수 있도록 조정해야 한다. 더불어 농촌지역에 있는 보건소 기능을 지역의 특성에 맞게 확대하고 의료진의 수준을 높임으로 교통시설이 열악한 농촌지역에서 노인건강증진사업 및 지역노인들의 보건, 의료 사업의 중심시설로 활용하여야 한다. 특별히 치매와 중풍과 같은 노인성 만성질환을 효율적으로 관리할 수 있는 의료기관이나 프로그램이 단독노인세대가 많은 농촌지역에 특히 필요하다.

(라) 저소득층 노인의 소득원 창출

농촌 노인의 빈곤문제를 해결하기 위하여 정부는 최저 생계비 이하로 생활하고 있는 저소득층 노인을 위해서 생활보호 급여수준을 실질적인 최저생활수준으로 상향 지급하여야 한다. 또한 현재 생활보호대상자 노인 및 저소득층 노인에게 지급하는 경로연금의 수급 대상과 지급 수준을 확대하여 생계가 어려운 저소득층 노인의 빈곤문제를 해결해 나가도록 해야 한다. 농촌지역에서는 취로사업이나 노인복지 공장 같은 노인취업 사업 등의 프로그램을 확대·강화하는 것도 노인들의 역할 상실의 문제를 해결함과 동시에 경제적인 어려움을 해소하는 데 도움을 주는 실질적인 프로그램이다. 그러나 가장 근본적인 문제는 사회보장제도를 확충하여 실시하는 것이다.

(마) 노인 주거환경의 개선

노인들이 편안하고 안전하게 살 수 있는 주거환경은 노후생활에 절대적으로 필요하므로 노인의 신체적, 정서적 욕구에 맞는 형태로 노인이 거주하는 주택을 개선해야 한다. 한편, 정부의 임대나 기업의 후원과 민간단체의 관리로 노인보호주택 등을 지어 저소득층 노인들이나 홀로 사는 독거노인들을 수용함으로써 그들의 안전한 노후생활을 책임져야 한다. 중산층 이상 노인을 위한 주택으로 노인들의 신체적 욕구에 맞는 노인 전용 주택이나 노인 아파트 또는 노인촌 등의 개발도 필요하다. 이와 같이 정부는 농촌지역에 살고 있는 노인들의 욕구에 맞는 주택을 공급하도록 최선을 다해야 하며 주택수당을 지원하거나 주택수리 및 개조를 위한 경비지급 등 노인주거환경 개선을 위한 다양한 정책 개발에 힘써야 할 것이다. 물론 지역에 기반을 둔 민간단체나 종교기관들은 그 주택과 주택에 거주하는 노인들의 일상생활을 관리하는 역할을 맡아 나가야 할 것이다.

(바) 노인보호시설 개선 및 보호수준의 향상

현재 운영되고 있는 노인보호시설은 대부분 저소득층 노인을 위한 양로 · 요양시설로서 생활공간이 협소하고 서비스 수준도 미흡한 실정이다. 그나마 이러한 시설이 그렇게 넉넉하지도 않고 입소자격도 까다로워 실제적으로 보호가 필요한 노인들이 입소하지 못하는 형편이다. 이에 무료시설에 대한 정부 지원금을 현실에 맞게 합리적으로 책정하여 시설종사자의 처우개선과 아울러 보호서비스의 수준을 높여야 한다. 현재 생활보호 대상자에게만 허용되는 무료시설의 입소자격을 완화하여 실제로는 생활보호 대상자의 수준 이하의 생활을 하면서도 가족사정상 입소 자격을 갖추지 못한 이들에게까지도 보호서비스 혜택을 제공해야 한다. 또한 실비 노인시설은 입소 노인의 부담을 줄이고 시설 운영비 외 인건비에 대한 정부 지원금을 증액하여 보다 많은 저소득층 노인들이 이용할 수 있도록 운영해야 한다. 중산층 노인들의 시설보호 욕구를 참작하여 유료노인시설의 설치 · 운영을 지원하고 동시에 입소노인의 재산과 권익을 보호하며 서비스의 질적 향상을 위하여 옴부즈맨 제도와 같은 지도와 감독이 있어야 할 것이다. 특히 중풍이나 치매로 고생하는 노인들을 입소시켜 저렴한 비용으로 치료 · 간호 · 재활서비스를 받을 수 있도록 하는 전문 요양시설의 설치 · 운영이 농촌 현실에 있어 시급한 실정이다.

(사) 재가노인복지 서비스의 확충

농촌에는 노인 단독거주 세대가 많다. 그리고 이러한 노인 단독거주 중에는 배우자가 없는 독거노인의 비율이 높다. 더욱이 이들 중에는 스스로 일상생활을 영위할 수 없을 정도로 노쇠해 있거나 질병을 가지고 있는 이들도 많다. 이에 시설보호 못지않게 재가복지서비스가 절실하다. 재가노인복지 서비스는 농촌지역 복지서비스에 있어서 대단히 중요한 프로그램이기에 뒤에서 보다 자세히 다룰 것이다.

(아) 노인 여가활동 기회 확대

노후생활은 곧 여가활동이고, 여가활동은 노후생활을 보람있고 재미있게 하는 수단이다. 또한 노인의 여가활동은 노인에게 있어 심각한 문제인 역할상실과 소외감 혹은 고독감의 문제를 해결할 수 있는 수단이기도 하다. 그러나 우리나라에서는 노인들의 여가활동에 대한 욕구가 증대되고 있으나 노인들을 위한 여가시설이나 프로그램은 미약한 실정이다. 각 거주지에 있는 노인정은 지역노인들이 쉽게 이용할 수 있는 여가시설이지만 그 장소가 협소하고, 시설설비가 빈약하며, 노인을 위한 프로그램이 부족한 실정이어서 노인문제를 해결하고자 하는 효과가 미미하다. 그렇기에 각 지역에 있는 노인정에 대한 지원을 확대하여 시설을 보완하고 노인들을 위한 서비스 프로그램을 개발하여 지역노인들을 위한 정보센터 및 노인의 정체성을 확립할 수 있는 장소가 되도록 적극 지원해야 한다. 더불어 지역 민간단체나 종교단체 등에서는 노인들의 여가활용에 대한 다양한 욕구를 채워 줄 수 있는 자체 여가활동 프로그램을 개발하여 노인들에게 제공할 수 있어야 할 것이다.

(자) 자아실현 기회를 위한 계속교육

이제까지는 노인들은 퇴직이나 생산활동에서 물러선 후, 가정이나 사회에서 생산적인 역할을 계속하지 못하고 가난과 질병과 소외 속에서 살아가는 의존적인 존재로 간주해 왔다. 그 결과 그동안의 노인복지는 보호대상 노인을 중심으로 최저한의 생계지원과 의료보호서비스를 제공하는 것으로 만족해 왔다. 그러나 오늘날의 노인은 가난과 질병과 소외 속에서만 살아가는 것만은 아니다. 물론 농촌지역에는 물질적인 지원이나 의료보호와 같은 지원으로 기초적인 생활을 유지해 나갈 수 있도록 도와주어야 하는 가난하고 병약한 노인들이 아직까지 많은 것은 사실이나 그렇더라도 농촌의 무시할 수 없는 수의 노인들은 여전히 가정의 보호자가 되고 자신이 속한 공동체나 지역사회의 문제들에 간섭하여 문제 해결을 하기 원한다. 그렇기에 이러한 노인들을 대상으로 그들이 계속해서 가정과 지역사회에 일꾼으로서 살아갈 수 있는 기회를 제공해야 하는 것은 중요한 일이다. 이를 위해서는 무엇보다 먼저, 퇴직하였지만 아직도 충분히 일할 수 있는 노인들을 대상으로 계속 교육을 실시함으로 그들의 정체성을 세워 주고 그동안 관심을 기울이지 못했던 부분들에 대한 인식을 갖게 함으로써 사회봉사의 대상자로서가 아니라 사회봉사의 주체로서 활동할 수 있도록 도와주어야 한다. 도움을 받는 존재로서만이 아니라 지역사회에 어떤 일이 일어나는가를 살피고 그동안 쌓은 직업적 노하우로 입을 열어 사회문제를 지적하며 또한 그동안 쌓아온 친분 등을 이용하여 어려운 이웃에 대한 도움을 주는 방안을 강구하여 실시하도록 돕게 하는 것이다. 실로, 그동안 쌓은 지식과 경험, 기술, 지혜를 모아 자신이 살아가는 지역사회가 복지사회가 되도록 만드는 데 주역이 될 수 있도록 여건을 조성해야 한다. 그리할 때, 노년들은 자신도 아직까지 자신이 가정과 사회에 영향력을 미칠 수 있다는 것으로 인해 만족한 노년의 삶을 살아갈 수 있을 것이다.

2) 재가복지

가) 재가복지의 개념

재가복지의 개념 정의는 다양하다. 먼저 카두쉰(A. Kadushin)은 재가복지서비스를 교육이나 훈련을 받은 자들이 사회복지기관에서 아동의 보호나 클라이언트(Client)의 기능을 유지, 강화, 보호하기 위해 도움을 주는 것이라고 하였다.[131] 이는 육체적 혹은 정서적 질환이 있는 장애 어린이, 성인들이 보호자가 필요한 경우 그들의 가정에서 도움을 받을 수 있도록 한 것으로서, 가족 기능 보충을 목적으로 한 보충적 서비스라고 할 수 있다. 로위(L. Lowy)는 노

---

131) Alfred Kadushin, "Homemaker Service", *Child Welfare Service* (New York: MacMillan Publish Co. Inc., 1980), 237.

인들이 그들 자신의 가정에서 안락한 노후생활을 하는 것으로 예방 서비스와 치료서비스를 제공하는 것이라고 정의했고[132], 덱스터(Dexter)는 충분한 자격이 있는 사람이 질병, 과로, 무능, 부모 중에 한쪽이 없는 경우, 산모, 노인, 그리고 그 밖에 사회적 또는 건강상의 문제가 있는 개인이나 가족을 대상으로 그들의 가정에서 돕는 것[133]이라고 정의했다. 또한 『사회사업백과사전』(Encyclopedia of Social Work)에서는 책임 있는 지역 사회기관에 의해 고용, 훈련되고 지도 감독을 받은 전문가가 환자, 노인, 장애자, 아동 등을 대상으로 그들이 용기를 잃거나 또는 자기 자신을 스스로 유지할 수 없는 힘든 경우를 당했을 때, 그리고 자기 가정에서 일상생활을 영위할 수 없을 때, 그들의 가정에 파견되어 도와주는 것이라고 정의하며, 『사회복지사전』(Dictionary of Social Welfare)에는 일반적으로 노인, 만성질환자, 산모, 퇴원 환자, 가정주부가 없는 경우 등 문제가 있는 개인이나 가정에 적절한 서비스를 제공하는 것이라고 정의한다.[134] 김범수는 재가복지사업은 여러 가지로 도움이 필요한 노인, 장애인, 아동 등을 시설에 수용하지 않고 지역사회 내에서 가정봉사원을 개인 가정으로 파견하거나 또는 재가복지센터로 통원을 하게 하여 일상생활을 위한 서비스와 자립할 수 있는 프로그램을 제공하는 것이라고 했으며,[135] 김정자는 간호나 보살핌, 기타 다양한 도움이 필요한 요보호자들을 시설에 수용하지 않고 지역사회를 중심으로 그들의 가정에 방문 봉사원을 파견하여 일상생활을 위한 서비스를 제공함으로써, 수혜자들이 건전하고 편안한 일상생활을 영위할 수 있도록 돕는 가족 기능의 보충적 서비스라고 했다.[136]

한편 나라별로 볼 때, 먼저 미국에서는 재가복지를 장기보호의 개념에 포함되는 시설보호와 대칭되는 것으로서 지역보호의 일종으로 간주하고 있다.

---

132) Louis Lowy, *Social Work with the Aging* (New York: Harper & Row, 1979), 142.
133) Margaret and Harbert Wally, *The Home Help Service* (London: Tavistock Publish, 1984), 1.
134) 남기민, "재가노인복지 서비스", 남기민 편, 『현대노인복지연구』, (청주: 청주대학교 출판부, 1998), 338.
135) 김범수, "재가복지의 이념과 실제", 『재가복지센타 자원봉사자 교육과제』 (서울: 사회복지관협의회, 1992), 189. 김범수, 『재가복지론』, (서울: 홍익제, 1992), 137.
136) 김정자, 『가정봉사 서비스제도 연구』, (서울: 한국여성개발원, 1986), 10.

지역사회보호는 자신의 집에서 머무르면서 독립적인 생활을 영위할 수 있도록 원조해 주는 다양한 서비스를 포함하는 개념이라고 한다.[137] 영국에서는 재가복지를 지역사회에서 가정을 중심으로 제공되는 서비스로서 대인복지서비스, 간호서비스, 이동배식, 작업치료를 포괄하는 의미를 함축한 것으로 규정한다.[138] 일본에서 재가복지란 복지시설에서의 보호와 더불어 지역복지체계를 구성하는 복지활동의 한 형태로서 지역주민이 지닌 복지욕구를 그 주민이 거주하는 지역사회에서 행하는 공적 및 민간 또는 양자의 협력에 의한 사회복지활동의 계획, 실천의 총체를 의미한다고 한다.[139]

재가복지에 대한 이러한 정의를 정리해 본다면, 재가복지란 시설복지와 대칭되는 개념으로서, 부득이한 사정으로 가족의 보호를 받을 수 없어 타인의 보호가 필요하다든지 신체적, 정신적 문제 발생으로 인하여 일상생활을 영위하기 곤란한 사람이 있는 요보호자 가정에서 직접 보호를 받게 하는 복지서비스의 형태라고 할 수 있다. 그리고 이러한 재가복지서비스는 대개 거동이 불편한 노인을 대상으로 하며 실제로 우리나라에서는 재가복지서비스가 주로 재가노인복지 서비스의 형태로 발전되어 왔고 보성읍교회에서도 역시 독거노인을 중심으로 재가복지서비스가 실시된다는 점에서 다음 장에서는 범위를 좁혀 재가노인복지 서비스에 대해 다루기로 한다.

나) 재가노인복지의 개념

재가노인복지는 노인뿐만 아니라 아동이나 장애인 등 각 가정에서 보호를 필요로 하는 모든 이들에게 복지서비스를 실시하는 보다 넓은 의미의 재가복지서비스의 한 분야로서 거택노인을 대상으로 실시하는 복지서비스이다. 이러한 재가노인복지의 개념은 다음 두 가지로 정의될 수 있다.

---

137) 이병진, "재가복지 서비스 욕구에 대한 조사연구", 『신학과 사회』 제11호 (완주: 한일장신대학교 출판부, 2001), 280.
138) 김성이 외 3인, "사회복지관과 재가복지의 국제비교", 『비교지역사회복지』, (한국사회복지관협회, 1997), 155.
139) 이병진, "재가복지 서비스 욕구에 대한 조사연구", 280.

첫째, 재가노인을 위한 사회적 서비스이다. 이는 광의적인 개념으로서, 지역사회에서 생활하는 노인을 대상으로 이들이 계속해서 자신의 가정에 머물면서 생활할 수 있도록 지원하는 제반 사회적 서비스를 의미하는 것으로 노인 자신이 가정에서 제공받는 서비스와 지역사회 내의 이용시설, 통원시설에서 제공받는 서비스를 포함한다. 또한 이는 재가노인의 소득보장, 의료혜택 제공, 주택보장, 사회적인 서비스 등과 같은 제반 사회적 서비스를 포함하기도 한다.

둘째, 재가노인의 가정을 방문하여 재가노인의 일상생활에 필요한 것들을 제공하는 서비스를 의미한다. 이는 보다 제한적인 협의의 개념으로서 가정봉사, 급식, 목욕, 세탁, 장보기, 일정 수준의 간호, 교육, 재활, 상담, 어려운 신변처리 등의 케어(Care) 서비스에만 국한된다. 대개 재가노인복지 서비스라 하면 이러한 협의적인 개념의 서비스를 의미하고 실제로 이러한 제한적인 의미의 재가노인복지 서비스가 현장에서 주로 실시된다. 그리고 이것은 보성읍교회에서도 마찬가지이다.

이러한 재가노인복지 서비스는 시설에 입소된 노인을 제외한 지역사회의 모든 노인을 대상으로 노인들의 경제력과 건강 정도에 관계없이 지역사회가 중심이 되어 그 지역에 살고 있는 노인들을 보다 더 잘 모시기 위해 여러 가지 사회봉사서비스를 제공하는 일종의 지역사회 보호(Community Care)를 의미한다.[140] 그러나 더 근본적이고 구체적으로는 인구 고령화로 인해 요보호 대상 노인이 증가함에 따라 이들을 보다 더 효과적으로 보살피기 위한 대책이라 할 수 있다. 즉, 노인들이 고령화, 허약, 질병 등의 이유로 타인의 보호가 필요하게 되는 경우에 곧 바로 병원이나 요양원에 입원하여 보호를 받는 것이 아니라 가급적 오랫동안 자기가 살던 동네의 자기 집에서 살아갈 수 있도록 여러 가지 여건을 마련해 주며 또한 여러 가지 사정으로 인하여 의료기관이나 요양기관에 들어갈 수 없는 상황에 있는 노인들을 돌보고 보살펴 주는 것(Domiciliary Care)을 말한다.[141]

---

140) 김동배, "재가노인복지 서비스와 전달체계-요보호 노인을 중심으로", 한국노인복지회 편, 『노인복지연구』, (서울: 홍익제, 1990), 71.

에 의하면, 우리나라 노인의 가구소득을 보면 40만 원 미만이 31.6%, 40-80만 원 미만이 26.2%로 80만 원 미만의 저소득 가구가 57.8%이다.[142] 그러나 이는 상대적으로 퇴직 후 소득원이 다양한 도시 노인들을 포함한 통계로서 생산현장에서 물러나면 소득이 거의 전무한 농촌 노인의 상황은 이보다 훨씬 열악하다. 이런 상황에선 농촌 노인들이 인간다운 생활을 할 수 없다. 모든 국민은 인간다운 삶을 살 권리가 있으며 생활능력이 없는 국민은 국가의 보호를 받을 수 있다는 것은 생존권 보장 및 인간 존엄성 측면에서 기본적 인권의 하나이므로 농촌지역 노인들의 생존권 보장문제도 동등한 차원에서 다루어져야 할 문제라고 본다.

둘째, 사회적 여건의 변화로 인해 재가노인복지 서비스가 필요하다. 농촌 지역의 65세 이상의 노인 가구는 35.3%이고 이러한 노인 가구의 과반수인 54.6%가 노인 단독가구이다.[143] 이러한 실정에서 재가노인복지 서비스는 필요하다 하겠다. 뿐만 아니라 각 가정에서는 노인 수발을 여성이 주로 담당하고 있으나 여성의 사회적 활동이나 기타 가정 사정으로 인해 노인들의 수발에 대한 공백이 생기게 되는 경우가 잦다. 이러한 상황에서 노인의 수발과 여가 및 정서활동과 관련한 재가노인복지 서비스가 요구된다.

셋째, 외부적으로 활동할 수 없는 기능장애 노인이 증가하고 있는 현실 때문이다. 우리나라 65세 이상 노인의 대부분은 퇴행성 만성질환으로 고생을 하고 있으며 이는 특히 평생동안 땅을 일구는 육체노동으로 생계를 이어온 농촌의 노인들에게 더욱 심각하다. 이러한 상황에서 집밖으로 활동하기가 힘든 노인들이 많아지게 되고 더욱이 이들이 자녀들의 부양을 받지 못하고 있는 처지라고 한다면 이들을 위한 재가복지서비스는 필수적이라 할 수 있다.

넷째, 노인들이 시설에 갖는 부정적인 감정이나 태도이다. 대부분의 노인들은 보수적 성격이 강하며 가족지향적 태도를 가지고 있기 때문에 자기 보금자리인 가족이나 지역사회에서 노후를 보내기를 원한다. 또한 시설에서 집

---

142) 한국보건사회연구원, 『전국노인생활실태 및 복지욕구조사』, 1998, 419.
143) 손승영, 정경희, "현대사회와 노인의 삶", 『노인과 한국사회』 (서울: 한국문화연구소 출판부, 1999), 13.

단생활을 하는 노인은 수동적, 타성적이 되기 쉽고 정신적 노쇠현상이 촉진되는 것에 비해, 재가노인은 자손이나 이웃과 함께 친숙한 생활의 장에서 생활함으로 심리 및 신체적으로 비교적 원활한 기능을 발휘할 수 있다.

다섯째, 요보호 노인의 증가와 이들의 사회적 서비스에 대한 욕구상승으로 이들을 모두 시설에 보호하는 것이 경제 여건상 불가능하고 또한 비효율적이다. 노인 인구, 특히 독거노인이나 거동불편노인의 증가로 이들 모두를 시설에 수용하는 것은 거의 불가능한 것이다. 따라서 지역사회를 중심으로 하여 가정방문을 통한 필요한 서비스를 제공하는 것이 오히려 경제적일 수 있다.

여섯째, 재가노인복지 서비스가 시설보호서비스보다 재정적인 측면에서 훨씬 저렴한 비용으로 실시할 수 있기 때문이다. 시설수용보호는 이론적으로 바람직하나 실제로 그 효과적인 운용 면에서 많은 결함과 제약적인 요소, 더불어 낭비적 요소를 가지고 있다. 이에 비해 재가노인복지 서비스는 시설을 건축·보수하고 진료를 실시하며 프로그램을 개발하여 인원을 관리하는 등의 시설수용보호에 드는 비용보다 훨씬 저렴한 비용으로 노인의 욕구를 충족시킬 수 있다. 노인복지에 대한 국가 예산은 한정되어 있고[144] 이러한 한정된 노인복지 예산 내에서는 막대한 재정이 사용되는 시설보호보다는 재가복지서비스가 훨씬 효과적이다. 서구에서 탈 시설화로 나아가는 근본적인 이유도 여기에 있다.

일곱째, 재가노인의 수는 전체 노인의 수로부터 시설수용 노인을 제외한 인구수인데, 선진국의 경우 그 비율이 10% 미만이 시설노인이고 나머지 90% 이상이 재가노인으로서 그 비율이 압도적이다. 우리나라의 경우는 이보다 더욱 심각해 시설노인은 0.3%이고 나머지는 97.3%가 재가노인이며 이 중 20%는 재가복지서비스가 필요하다.[145] 이러한 상황은 아무리 수용시설을 확충한다고 해도 현실적으로 크게 변하지 않을 것이다. 바로 이러한 점 때문에 재가노인복지는 필수적이다.

---

144) 1998년 중앙정부의 노인복지예산은 1,691억 원으로 전체 국가예산 689,004억 원의 약 0.2%에 불과하다. 이혜원 외, 『재가노인복지 서비스』(서울: 동인, 1999), 51.
145) 도성희, "재가노인복지사업의 현황과 개선방안에 관한 연구", (미간행 원광대학교대학원 석사학위논문, 1999), 12.

여덟째, 재가노인복지 서비스는 사후 해결의 성격이 강하지만 그렇더라도 노인문제의 예방적 차원에서도 중요하다. 반드시 문제가 발생한 재가노인의 집에 가서 그들의 문제를 해결해 주는 것보다도 미리 문제의 소지가 있는 노인들을 대상으로 재가노인복지 서비스를 실시함으로 그들이 편안한 삶을 살 수 있도록 할 수 있다. 이는 어떻게 보면 사후 조치적 차원보다도 더 중요하다. 왜냐하면, 문제가 발생한 후에 조치를 취하는 것보다 문제가 발생하기 전에 예방조치를 취하는 것이 비용이나 복지 효과면에서 훨씬 바람직하기 때문이다. 노인문제는 일단 발생하고 나면 치유와 회복이 매우 어렵고 그렇기에 노인부양기능이 약화된 현대사회에서 예방적 기능은 더욱 중요하다. 이상이 재가노인복지가 필요한 이유들이다. 이러한 필요에 의해서 수행해야 할 재가노인복지는 도시보다도 농촌지역에서 그 필요가 더 절실하다.

그렇다면 재가노인복지에 있어서 실제 현장에서 실시되고 있는 핵심적인 활동은 어떤 것인가? 그것은 바로 가정봉사서비스일 것이다. 또한 이것은 실제 농촌 재가노인복지 서비스를 담당하고 있는 민간단체나 종교단체 등에서 실시하고 있는 것이며 보성읍교회 역시도 이러한 방법을 중시하고 있다. 이에 재가노인복지 서비스의 가장 중심적인 내용이라 할 수 있는 가정봉사서비스가 필요한 이유[146]를 살펴보자.

첫째, 노인단독세대의 증가로 인해 가족구성원에 의해 제공될 수 없는 서비스를 제공하면서 노인의 사회적, 신체적 기능이 급격히 저하되는 것을 미연에 방지하고 또한 위험 수위의 노인을 적소에 보호 의뢰하고 있기 때문이다. 이는 노인문제의 예방적 차원에서 중요하다고 할 수 있다.

둘째, 가정봉사자는 주로 유휴 여성 인력으로 여성 특유의 섬세함과 자상함을 발휘하여 노인을 모시는 데 어려움이 있는 가정이나 노인의 질병 또는 가족 간의 갈등 등의 문제로 인해 불화 및 파탄의 위험이 있는 가족의 약화된 노인부양 기능을 강화할 수 있기 때문이다.

---

146) 성규탁, 김동배, "노인복지서비스 개선을 위한 제언", 『사회복지』 제102호 (서울: 한국사회복지협의회, 1989), 32.

셋째, 가족과 지역사회에 이미 형성되어 있는 친밀하고 융통성 있는 사적 지원망을 보강하고 그 기능이 약화되었을 때 공적 지원망에 연결시킬 수 있기 때문이다.

넷째, 시설을 확충하는 것보다 가능한 한 지역사회에 거주하면서 서비스를 받는 것이 사회경제적으로 비용감소의 효과가 있으며 또한 자기가 생활해 온 지역사회의 생활에서 소외되지 않았다는 일체감 속에서 사회통합을 기할 수 있기 때문이다.[147]

이러한 가정봉사서비스의 구체적인 활동 내용 중에 가장 일반적인 것은 가정봉사원 파견서비스이다. 이는 신체적, 정신적 장애로 일상생활을 영위해 나가기 곤란한 노인이 있는 가정에 봉사원을 파견하여 노인의 일상생활에 필요한 각종 편의를 제공하여 지역사회 내에서 건전하고 안정된 노후생활을 영위하도록 하는 서비스이다. 이 가정봉사원 파견서비스는 재가노인복지 서비스에서 가장 큰 비중을 차지하고 있고 실제로 농촌 현장에서는 거의가 이 형태로 재가노인복지 서비스가 수행되고 있다 해도 과언이 아니다. 이러한 가정봉사원 파견서비스의 구체적인 내용은 다음 세 가지로 분류될 수 있다.

첫째, 가사지원서비스이다. 이는 취사, 시장보기, 청소, 주변정돈, 생필품 구매, 의류세탁, 관계기관 연락 등 가사에 관한 서비스이다.

둘째, 개인활동서비스이다. 이는 식사 시중, 손발톱 깎기나 이발 등과 같은 신체 청결, 목욕, 용변 수발, 외출 동행 등 개인 신상에 관한 서비스이다.

셋째, 우애서비스이다. 이는 전화 및 방문, 말벗, 편지 써주기, 생활상담 등 정서적 충족에 관한 서비스이다. 이러한 가정방문서비스는 노인 개인에게 다음과 같은 구체적인 혜택을 줄 수 있다.

첫째, 방문자는 노인에게 이야기 상대가 되어 준다. 종종 이것이 홀로 사는 노인들에게 필요한 전부일 수도 있다.

둘째, 가정방문을 통해 노인에게 실제적인 도움이 한 가지 이상 주어질

---

147) 김범수, 『재가복지론』, 219.

수 있다.

셋째, 방문자는 노인에게 유용한 최신의 정보를 제공할 수 있다. 예를 들어, 지역사회 내의 무료급식소와 새로운 복지혜택 등에 관한 정보가 그것이다.

넷째, 누군가가 아무 쓸모없는 자기를 일부러 방문하여 관심을 가져 준다고 하는 사실에서, 아직도 사람들로부터 소중한 사람이라고 하는 그들의 자존감을 유지케 해 준다.

다섯째, 노인이 어떠한 문제를 가지고 있는 경우 자신의 감정을 환기시킬 수 있는 기회를 제공한다. 만일 방문자가 좋은 경청자가 되어 준다면 노인은 자신의 문제에 대해 실제적인 해결책을 찾을 수 있을 것이다.

여섯째, 독거노인이라 할 때, 급박한 문제가 발생했을 때 아무에게도 도움을 청할 수 없으나 매번 방문하는 사람이 있다고 한다면 그에게 마음 놓고 도움을 청할 수 있을 것이고 그로 인해 방문자는 그 문제 해결을 위한 매개자가 되어 줄 수 있다.

일곱째, 노인이 아픈 경우 방문자가 그곳에 있어만 주어도 그에게 안도감을 줄 수가 있다. 마찬가지로 자기를 정기적으로 방문하여 돌보아 줄 사람이 있다는 것만으로도 불확실함에 대한 불안을 해소시켜 줄 수 있다.

5. 한국 교회의 지역사회복지

가. 지역사회와 교회의 관계

교회가 본질적으로 하나님의 백성, 그리스도의 몸, 그리스도의 신부, 하나님의 권속 및 성령이 거하시는 전이라는 구별된 존재로 규정된다는 사실을 상기하면서, 그렇다면 이러한 교회가 발을 딛고 살아가는 세상과의 관계는 어떠해야 하며, 이 세상 속에서 어떻게 존재해야 하는가에 대한 질문을 해야 할 것이다. 예수께서는 세상에 복음을 전하고 모든 사람들을 구원하기 위해 하늘의 보좌를 버리고 인간의 형체를 입고 이 땅에 오셨다. 이 땅에 오신 예수님은 세상과 구별된 가치에 의해 움직여지는 하나님 나라를 전파했고, 더불어 온전치 못한 사람들의 신체적, 정신적 욕구를 해소해 줌으로써 그들에게 구원을 선포했고, 그들로 하여금 하나님 나라 백성으로서의 삶을 살아가도록 하셨다. 따라서 예수 그리스도가 맡겨 주신 사명을 감당해야 할 교회 역시 세상과는 구별된 존재들임에도 불구하고 항상 세상 사람들이 있는 자리로 나아가 그들이 하나님 나라의 복음을 접할 수 있도록 힘써야 할 책임이 있다. 또한 하나님 나라의 복음은 필연적으로 세상과 인간의 삶을 어그러짐 없이 온전하게 하는 것을 추구하는 것이므로 온전치 못한 세상과 사람들의 삶을 치유하도록 노력해야 할 것이다.

교회는 성도들을 보내어 사회적으로, 정신적으로 소외된 사람들이 구원에 이를 수 있도록 하는 기독교 사랑의 수행자가 되도록 노력해야 한다. 왜냐하면 교회는 인간 세상과 따로 떨어져 독립적으로 존재하는 것이 아니라 역사적 영역 안에 위치하고 있기 때문이다. 그래서 교회와 성도는 구체적인 세상의 역사 현장 안에서 활동하며 그 맡겨진 사명을 수행해야 한다. 즉, 교회는 그 공동체가 속한 지역사회 속의 한 일원으로서 그 지역사회를 온전하게 만드는 데 그 사명이 있다고 할 수 있다.

콘첼만(H. Conzelmann)은 교회는 세상으로부터 불러냄을 받았으나 세상 안에 있는 존재이며[148] 세상과 구별되는 삶을 살지만, 그렇다고 해서 세상과 완전히 결별된 것이 아니라 세상 속에서 거하면서 세상을 변화시키는 삶을 살아가야 할 존재라고 한다. 선택받은 하나님의 백성으로서 교회는 세상 속에서 소금과 빛의 역할을 감당해야 하며, 그럴 때 비로소 거룩한 자들, 선택된 자들, 하나님의 교회라고 불릴 수 있다는 것이다. 호켄다이크(J. C. Hokendijk)는

---

148) H. Conzelmann, 『신약성서신학』, 김철손 외 2인 공역 (서울: 한국신학연구소, 1992), 48.

"교회는 세상과 공존하는 것도 아니고, 다른 사람을 위한 존재요, 세상을 위한 존재인 것이다."[149]라고 했고, 또한 와그너(C. Peter Wagner)는 교회는 첫째 하나님의 영광을 위해 그리스도께 헌신해야 하고, 둘째는 교회 몸을 위하여 헌신해야 하며, 셋째는 세상을 위하여 헌신해야 한다고[150] 했다. 또한 하비 콕스(Harvey Cox)는 교회의 과제를 말씀선포(Kerygma), 봉사(Diakonia), 친교(Koinonia) 세 가지로 정의하여[151] 교회의 대 사회적인 책임을 강조했다.

이처럼 교회는 세상, 구체적으로는 지역사회 속에 존재함으로써, 지역사회와 분리된 존재가 아니라 지역사회와 긴밀한 관계를 가지고 함께 더불어 살아가야 하는 존재이다. 그리고 더불어 함께 살아가되, 교회에 맡겨진 대 사회적인 봉사의 책임을 온전히 감당함으로써 사회를 온전하고 건강한 모습으로 변화시켜 나가야 하며, 그로 인해 각종 사회적 문제로 신음하는 사회와 지역민들의 아픔을 치유해야 한다. 교회는 지역사회를 배타적인 태도가 아닌 개방적이며 포용적인 자세로 대함으로 절망 속에 있는 사람들에게 소망을 주고, 아파하는 사람들을 치유해야 하는 것이다.[152]

이처럼 지역사회 속에 있는 교회는 종교 고유의 예배나 전도, 교육 그리고 예언자적 입장에서 선포할 뿐 아니라 사회 정의와 질서를 위해서 실천적인 공동체로서 목회자적 역할을 수행해 나갈 때 그 본래의 역할과 모습을 잘 드러낸다고 할 수 있다. 교회가 일정한 지역사회 속에 있음에도 불구하고, 지역사회 문제, 지역 주민들의 아픔과 함께하지 않고, 계속 교회 자체적인 과제만을 해결해 나가려 한다면 교회다운 온전한 모습을 갖추지 못한 채 비틀거리는 교회가 되고 말 것이다. 교회는 지역사회에 대한 구체적인 관심을 가지고 지역사회의 절실한 문제를 파악하고 이를 함께 해결해 보려는 자세를 갖는 것이 중요하다. 교회는 지역사회의 중심이 되어 그 지역사회를 선교하는

---

149) J. C. Hokendijk, 『흩어지는 교회』, 이계준 역 (서울: 대한기독교출판사, 1994), 78.
150) C. P. Wagner, 『성서적 교회성장』, 서정운 역 (서울: 대한기독교출판사, 1984), 169.
151) Harvey Cox, 『세속도시』, 손명걸 역 (서울: 대한기독교서회, 1967), 165.
152) 임택진, 『한국교회 사회선교의 과제와 전망』 (서울: 대한예수교장로회총회 사회부, 1983), 112.

일과 그들을 섬기는 일을 감당하는 데 최선을 다해야 한다. 교회가 이 섬김의 사명을 지속적으로 잘 감당해 나갈 때, 지역사회는 교회에 대해 감사하는 마음을 가지게 될 것이고 나아가 지역사회와 교회는 모든 일에 공조하게 될 것이며, 이와 같은 분위기가 조성되어 지역사회와 교회가 좋은 관계를 확립하여 나아가게 되면 자연적으로 하나님께서 그토록 바라시는 복음전도에 의한 세상 구원이 왕성하게 이루어질 것이다.

교회는 또한 각종 삶의 위기에 처한 사람들을 물질적으로 돕고 그들에게 인간적인 도움을 주어야 한다. 살다보면 누구나 어려운 때를 만난다. 이것이 인간의 현 주소이다. 그러나 이러한 보편적인 삶의 위기에서 유용한 자원들에 의지함으로써 신체적, 정신적 긴장들이 해소될 수 있다. 교회는 바로 이러한 유용한 자원들을 제공해 주어야 한다. 교회는 사회적 관심의 영역에서 긴장과 위기를 발생시키는 지역사회의 문제들을 제거하기 위한 계획에 참여하고 자금을 출원하며 능력 있는 일꾼을 파송하는 일 등의 노력을 해야 한다. 이른바 사회봉사이다. 교회의 사회봉사 필요성은 첫째, 교회는 이 세상의 이익을 위한 단체가 아니기 때문이며 둘째, 교회 자체가 세상적인 보상을 받지 않고 일하는 것을 훈련시키는 곳이며, 또 그것을 가르치고 전파하는 곳이기 때문이다.[153] 그렇기에 가장 이상적인 교회는 모든 교인들에게 조금씩이라도 세상에 대해 봉사할 수 있는 기회를 제공하는 것이라고 할 수 있다.[154] 이에 대해 호켄다이크는 교회가 '샬롬'을 실현하기 위해서는 평안의 실제적인 표현으로서의 선포(Kerygma), 평안의 생동적인 움직임으로서의 친교(Koinonia), 평안의 겸허한 실제로서의 봉사(Diakonia)가 선교에 통합되어야 하나 이 모든 것이 봉사의 모습으로 구체화되어야 한다고 주장했다.[155] 덜레스(Avery Dulles)는 말하기를 "교회의 표상은 종"이라고 했다.[156] 제2차 바티

---

153) 손봉호, 『현대교회와 봉사생활』(서울: 도서출판 엠마오, 1991), 12-13.
154) 위의 책, 17.
155) J. C. Hokendijk, 『흩어지는 교회』, 7-29.
156) Avery Dulles, 『교회의 모델』, 김기철 역 (서울: 조명문화사, 1992), 89.

칸공의회의 문헌들 속에 이미 나타났던 '종'이라는 주제는 공의회 이후에 보다 강하게 채용되었다. 이에 대해 본회퍼(Dietrich Bonhoeffer) 역시 "교회는 이웃을 위해 존재할 때만이 진정으로 교회라 부를 수 있다. 교회는 자신의 모든 소유를 궁핍한 사람들에게 나누어 주어야 한다. …… 성직자는 일반 세속 인간들의 삶의 문제들에 대해 관심을 가지되, 지배를 통해서가 아니라 돕고 섬기는 자세를 통해서 그렇게 해야 한다."라고 주장함으로써 겸손한 종으로서의 교회의 모습을 요구하고 있다.

결국 교회는 타자를 위한 공동체이어야 하며, 교회의 중요한 과제는 세상을 섬기는 종으로서 봉사의 기능을 강화하는 것이고, 봉사적인 교회 공동체를 확산시켜서 병든 사회를 치유하여 그러한 어그러짐이 전혀 없는 하나님 나라를 이루어 가야 한다. 만약 교회가 이 중요한 기능을 회피하면 결국 교회 자체는 병들고 더 나아가 주님이 하고자 하셨고 또 교회에게 그 사명을 위임하셨던 바를 수행하지 못함으로 인해 사회와 역사가 더욱 병들게 될 것이다.[157]

교회가 종으로서 겸손히 섬기는 자세로 지역사회 속에 자리잡을 때, 교회와 지역사회는 사랑과 신뢰의 관계가 구축되고 그 사랑과 신뢰의 관계를 통해 지역사회를 구원하는 교회의 역할을 온전히 감당하게 될 것이다. 섬기는 자로서 자기 중심이 아니라 이웃 중심으로서 언제나 지역사회와 '함께'(with), 지역사회를 '위해'(for) 섬기며 살아야 한다.[158] 더욱이 지금까지 한국 교회가 양적성장에만 관심을 가져 지역사회의 생활에 대해 소홀해 옴으로 인해 지역사회로부터 배척당하기도 한 현실에서 이러한 교회의 자세는 더욱 절실하다 하겠다. 이제 한국 교회는 그동안 잃었던 이웃을 찾고, 그러기 위해서는 먼저 교회가 지역사회를 섬기는 모습을 보여 주어야 한다. 지역사회가 교회에게 요구하는 것이 무엇이며 지역사회의 구체적인 삶의 욕구가 무엇인지를 파악하여 교회에 걸림이 되지 않는 한 교회에 대한 그들의 욕구를 충족시

---

157) J. Moltmann, 『성령의 능력 안에 있는 교회: 메시야적 교회론』, 박봉랑 외 4인 공역 (서울: 한국신학연구소, 1982), 23-30.
158) 서정운, "현대의 새로운 목회 현장", 『현대사회와 목회설계』 (서울: 유니온학술자료원, 1989), 330.

켜 주어야 하며, 특히 지역사회 속에서 소외받고 고통당하는 사람들을 찾아가 그들을 품어 주고 치유해 주어야 한다. 교회는 바로 이것을 위해 세상에 세워졌고, 구체적인 삶의 터전인 지역사회에 세워진 것이다. 그리스도가 죄 가운데 고통받는 인간을 구원하기 위해 구체적인 인간 삶의 현장인 세상으로 오신 것처럼 말이다.

나. 지역사회에 대한 교회의 사회적 기능

교회는 지역사회 속에서 하나님의 구원 사역을 인식하고 그의 활동에 동참하는 사람들로서 항상 예민한 순발력을 가지고 반응하는 공동체가 되어야 한다.[159] 그리고 이렇듯 지역사회에 반응하는 공동체인 교회는 지역사회에 기반을 둔 사회조직의 일원으로서 다음과 같은 사회적 기능을 수행할 수 있다.[160]

첫째, 교회는 생산·분배·소비의 기능을 수행한다. 교회는 때로는 예배를 통한 영적서비스, 다양한 대상과 상황에 처한 자들을 위한 상담서비스, 각종 신앙강좌나 교양강좌를 통한 지적서비스, 각종 수련시설을 통한 여가서비스, 지역사회봉사 센터나 사회복지관, 요양시설, 장애인시설, 청소년시설, 아동시설, 모자시설 등의 사회봉사시설을 통한 복지서비스를 제공한다. 즉, 교회는 사람들의 각종 삶의 질을 높여 주는 영적·육적 서비스들을 생산해 내고, 그것들을 필요한 사람들에게 적절하게 분배하여 제공하는 기능을 수행한다.

둘째, 교회는 재사회화 기능을 수행한다. 이미 바람직하지 못한 형태로 사회화된 사람들의 인격과 지식을 수정하여 하나님의 뜻에 합당하고 사회에 바람직한 형태로 변환시키는 기능을 수행한다.

셋째, 교회는 신분 부여 기능을 수행한다. 특히 대내적 신분 부여 기능도

---

[159] 은준관, "사회변화에 대응하는 교회의 재구조화", 『현대사회와 목회설계』 (서울: 유니온학술자료원, 1989), 194.
[160] 김기원, "교회의 사회적 기능", 한국기독교사회복지회 편, 『기독교와 사회복지』 (서울: 예안, 1995), 13-26.

있지만, 대외적 신분 부여 기능을 가지고 있음으로써[161] 사회에 대한 메시지를 통해 사회 내에서 천대받거나 열악한 처지에 있는 사람들의 사회적 지위를 향상시키는 기능을 수행한다. 실제로 모든 영혼은 다 같이 귀중하다는 기독교의 근본이념은 교회가 아동, 고아, 장애인, 빈민, 노인 등과 같이 상대적으로 열악한 처지에 있는 집단들의 사회적 지위를 향상시키기 위해 노력해야 한다는 의무를 부여하였다.

넷째, 교회는 사회적 교제(social fellowship) 기능을 수행한다. 기능화된 현대사회에서는 한 사람을 하나의 독립된 개체로서 대등한 관계로 인정하며 상호작용 욕구를 제대로 충족시켜 주지 못하고 있는 실정이나, 이러한 상황 속에서 교회는 사람들이 사회적 지위를 떠나 하나의 독립된 인격체로서 평등하게 서로 얼굴을 맞대고 상호 교제할 수 있게 하는 역할을 감당한다.

다섯째, 교회는 사회연대(social solidarity) 기능을 수행한다. 교회는 사람들에게 공통의 믿음과 공통의 가치의식을 함양시킴으로써 동질 집단을 형성하게 하여 사람들을 통합시켜 주는 기능을 한다. 교회가 오늘날 현실적으로 풍요로운 자들에게도 가난한 자의 고통을 함께 느끼도록 영적 빈곤을 가르치며, 신체가 건강한 정상인에게도 장애인의 고통을 함께 나누도록 영적 장애를 가르치고, 젊은 사람들에게도 노인들이 겪고 있는 소외감과 불편함을 체험하도록 영적 노령을 가르치는 등 사회적으로 서로 다른 처지나 계층의 사람들이 서로 연대하여 하나가 되어 살아갈 수 있도록 하는 데 기여하고 있다.

여섯째, 교회는 사회안정(social stability) 기능을 수행한다. 현대사회의 문제 가운데 하나가 아노미 현상이다. 이러한 현상이 나타나는 이유는 사회가 그 구성원들이 일관성 있게 따를 수 있는 규범이나 가치 체계를 자신 있게

---

161) 한 교회에 속한 사람이 어느 교회 또는 어느 교파 소속이냐는 사실은 간접적으로 교인들이 어느 사회계층에 속하고 어떠한 가치관을 가지고 있는가를 인식시켜 주기도 하는 척도가 된다. 미국의 경우 대체로 남침례교인들은 매우 보수적인 반면 가톨릭이나 장로교인들의 경우 진보적인 경향이 있다. 또한 교회 내에 장로와 같이 지도적 위치에서 봉사하는 사람들의 경우 교회 내의 지위로 인해 사회에서도 지도자적 역량을 갖춘 사람으로 평가받고 있다. David O. Moberg, *Church as a Social Institution* (New York: Baker Book House, 1979), 125-167.

제시해 주지 못하기 때문이다. 그러나 교회는 하나님의 절대적 권위와 영원 불변하는 진리에 바탕을 두고 일관성 있게 사회에 유익한 가치와 규범을 제시하고 보존해 줌으로써 무규범적이고 몰가치적인 현대사회에서 발생할 수 있는 혼란과 갈등을 예방하고 사회적 안정에 기여하고 있다.

일곱째, 교회는 사회통제(social control) 기능을 수행한다. 교회는 인간의 행동이나 환경을 통제하는 기능을 수행한다. 사람들이 성경적으로 올바른 삶을 살아가도록 그들의 행동 양식이나 생활양식을 통제하는 것이다.

여덟째, 교회는 사회개혁(social reform) 기능을 수행한다. 교회의 사회 개혁을 위한 노력은 사회복음운동에서 잘 나타나고 있다. 사회복음주의자들은 교회가 과도한 산업화와 자본주의 논리에 의해 발생한 사회적 폐해를 없애기 위해 그리스도의 사회개혁 정신을 되찾아 사회정의를 실현해야 한다고 주장한다. 교회가 성경의 가르침들을 실제 삶의 문제에 적용해 부패한 사회를 개혁하여 사람 사는 세상으로 만들어 나가야 한다는 것이다.

아홉째, 교회는 사회복지(social welfare) 기능을 수행한다. 오늘날 사회복지는 국가뿐만 아니라, 영리·비영리 단체 그리고 개인에 이르기까지 복지라는 상품의 공급주체가 확대되어 활발히 이루어지고 있다. 이러한 복지다원주의 아래에서 교회가 오랫동안 사회복지서비스의 한 주체로 기여해 왔다. 특히 자선기관들의 경우 교회와 많은 관련을 가져왔던 게 사실이다.

이와 같은 사회적 기능을 가진 교회는 한 지역사회의 사회적 일원으로서 그 사회적 기능을 구체화하기 위해서는 자신이 속한 지역사회와의 관계에 대해서 끊임없이 성찰하고, 어떻게 하면 그 구체화된 기능들을 통해 목적하는 바들을 효과적으로 거둘 수 있는가에 대해 연구하며 애써야 한다. 현대사회는 급변하는 상황 가운데서 많은 사회적 문제들이 생겨나 지역사회를 병들게 하고 있다. 빈부격차, 실업, 빈곤, 청소년 범죄, 가정불화로 인한 결손가정, 마약 혹은 알콜중독, 정신병, 노인문제 등의 사회적 병리 현상들이 심화되고 있다. 이러한 상황에서 교회의 대 사회적 기능이 지역사회 가운데 구체화되는 것은 절실하다. 어떤 관념적인 차원이 아닌 실제로 지역사회가 처한 현실

문제를 진단하고 해결하기 위해 구체적으로 참여해야 하는 것이다. 개인에 대한 자선적·구호적 봉사는 물론, 사회구조의 개선과 사회에 대한 책임을 지려는 자세와 프로그램으로 교회에게 맡겨진 봉사의 직무를 잘 수행해야 하는 것이다.[162] 교회는 지역사회의 다양한 현장에서 발생하는 문제와 함께 분출되는 욕구를 충족시켜 줌으로써, 그들의 전인적인 삶의 질을 높이기 위해 봉사하는 선교 공동체가 되어야 한다. 곧 교회는 십자가 아래서 선교하는 공동체로서 고난받는 자들의 편에 서서 그 고난을 기꺼이 감당하는 활동을 해야 한다. 교회는 예수님께서 하나님 나라의 정의와 평화를 위해 실천하신 사회적 봉사를 통하여 바람직한 사회공동체를 실현해 나가야 한다.

다. 지역사회복지를 위한 교회의 역할

지역사회는 크게 세 가지 요소로 구성되어 있다. 첫째 지리적 변수로서 지리적 영역성이며, 둘째 사회적 변수로서 공동의 결속이고, 셋째 문화·심리적인 변수로서 사회적 상호작용이다.[163]

예수 그리스도 안에 계시되는 하나님의 속성은 사랑이다.[164] 인간은 하나님의 피조물로서 하나님과 함께 살아야 하는 존재인 동시에 이웃과의 관계 속에서 이웃과 함께 이웃을 위하여 살아야 할 사회적 상호작용의 책임적 존재이다. 그러므로 기독교의 큰 계명은 하나님 사랑과 이웃 사랑으로 요약할 수 있다(마 22:37-40).

지역사회는 하나님의 역사가 이루어지는 지리적 영역이 된다. 교회는 지역사회 내에 존재하고 지역사회의 한 일원이다. 이러한 지역사회의 한 일원으

---

162) Johannes Degen, "사회보장국가 독일의 기독교사회봉사", 차성환, 김덕환 역, 『기독교사상』 1993년 10월호, 57~66.
163) 김수현, "지역복지 협력체제 구축방안", 『새천년을 향한 한국의 사회복지』, 99 한국사회복지학회 추계학술대회 자료집, 한국사회복지학회, 1999, 163.
164) 김균진, 『기독교조직신학』 (서울: 연세대학교출판부, 1986), 309.

로서 교회가 지역사회복지를 위해 어떤 역할을 감당해 나가야 하는가? 김동배는 교회의 사회복지사업은 하나님에 대한 사랑을 이웃에 대한 사랑으로 전환시키는 공학이며 신학과 생활을 연결시키는 구조화 작업이라고 정의하고 있다.[165] 앞에서도 언급했지만 기독교 신앙은 사랑으로 나타나며 그것은 마음으로 느끼는 것만으로 끝나는 것이 아니라 구체적인 행위로 표현되어야 한다.

지역사회에서 추구하는 살기 좋은 지역사회는 어떤 것인가? 일반적으로 살기 좋고 일하기 편리하고 어린이를 양육하기 좋으며 은퇴해서까지 살기 좋은 곳이 그것이다. 한마디로 말해서 높은 삶의 질을 향유할 수 있는 곳이다. 높은 삶의 질은 인간존재의 필수 불가결한 요소로 복지와 즐거움이 포함된다. 그래서 삶의 질을 행복과 즐거움으로 구성된 쾌락적인 구성요소와 인지적 경험으로 구성된 복지적인 양호의 합[166]이라고 정의하기도 한다.

교회는 지상에서 높은 삶의 질이 성취된 하나님 나라 실현을 간구한다(마 6:9-13). 교회 자원은 지역사회복지 프로그램에 일시적으로 투입되거나 멈추는 것이 아니라 그리스도의 형제적 사랑을 통해 서로의 관계를 맺고 하나님 뜻에 따라 지역사회를 샬롬 공동체로 만들고 복음화하는 역동적인 자원이다.[167] 상처받은 영혼을 싸매 주며 굶주린 사람에게 먹을 것을, 목마른 사람에게 마실 것을, 헐벗은 사람에게 입을 것을, 고난당한 사람에게 진정한 이웃이 되는 데 사용하는 복지자원 말이다. 흔히 교회는 현대의 사회복지의 어머니라고 한다.[168] 교회가 사회복지사업에 대한 철학과 사상, 실천을 세속사회에 전달했고 세속사회는 이를 발전시켰다. 그러나 이제는 교회가 세상이 만들어 놓은 사회과학 방법을 받아들여 사회복지를 더욱 향상시켜야 하는 입장에 놓이

---

165) 김동배, "기독교 사회봉사의 비판적 고찰", 『연세대 사회복지연구』, (연세사회복지연구소, 1994), 105.
166) 이영균, "공공정책과 삶의 질 측정지표와의 관계에 관한 연구", 『교수논문집』 제6집 (서울: 대한기독교대학교, 1998), 6.
167) 김용복은 샬롬 공동체를 생명과 정의가 충만하여 평화의 열매를 맺고 사회, 경제적인 안전이 보장되는 자유해방의 개념으로 설명한다. 김용복, "사회발전의 신학적 준거들", 『사회발전과 사회운동』 (서울: 숭실대 기독교사회연구소, 1992), 2.
168) Diana R. Garland, "Church Social Work", *Encyclopedia of Social Work*, vol. 3 (Washinton, D.C.: National Association of Social Work, 1995), 475.

게 되었다. 이처럼 교회의 사회복지와 일반 사회의 사회복지는 서로 밀접하게 연결되어 있으며 이로 인해 교회의 사회복지는 일반 사회의 사회복지 이론이나 실천 방법들을 다양하게 받아들여 사용하여야 한다. 그렇더라도 교회의 사회복지는 다음과 같은 점에서 확실한 정체성을 확립할 필요가 있다.

첫째, 교회사회복지는 무엇보다 성서를 기초로 한 인본주의에 기반을 둔다. 성서에 의하면 인간은 하나님으로 형상대로 창조되었다고 했는데 이는 인간 존중 사상을 극대화시키고 세속적인 인본주의 가치를 초월한다.

둘째, 교회사회복지는 지역사회를 화해와 화평으로 이끄는 하나님 나라 실현을 궁극적인 목표로 한다. 지역사회가 시급히 요구하는 물질적·정신적 욕구 충족 외에 영적 구원의 기쁨을 누리도록 복음 전달이 병행된다.

셋째, 교회사회복지는 신앙적인 소명자로서 신앙에 근거하고 사회과학에 근거하는 두 가지 모두를 포함한다. 교회를 배경으로 일하게 되는 많은 사회복지사들은 우선적으로 신앙에 근거하여 그들에게 주어진 일을 하게 된다. 여기에 사회사업의 전문지식과 기술이 활용될 수 있다. 교회봉사자는 섬김의 정신으로 훈련된 소명감을 가진 전문사회사업가다.

교회가 실시하는 사회복지사업은 하나님의 구원 행위로서 일반 사회복지 기관들의 복지서비스에 대한 협력자, 보완자, 비판자의 기능을 수행한다.[169] 전략적으로 교회의 사회복지 기능은 다음 세 가지로 분류할 수 있다.

첫째, 완화적 기능(alleviative function)이다. 교회는 사회복지활동을 통해서 빈곤, 장애, 노령, 이혼, 부모사망 등으로 인해 사회적으로 열악한 처지에 있는 사람들이 겪는 고통을 덜어주는 기능을 한다. 소년소녀 가장을 위한 결연사업, 불우청소년 장학사업, 경로잔치, 재가노인복지 서비스, 노인무료급식 서비스, 장애인 보장구 지급 및 생활서비스 등이 그것이다.

둘째, 치료적 기능(curative function)이다. 교회는 사회복지활동을 통해 빈곤의 악순환을 막거나 스스로 자립할 수 있도록 하는 기능을 한다. 선교원,

---

169) 박영호, 『교회와 산업사회』 (서울: 기독교문서선교회, 1984), 133-134.

공부방, 탁아소, 야학, 독서실을 운영하여 교육적 기회를 제공하며 직업훈련, 취업알선, 모자사업, 재활 사업, 공동 작업장 운영, 소득사업 등을 펼쳐 소극적인 도움만을 받는 데서 그치게 하는 것이 아니라 스스로 자활할 수 있도록 해 주는 것이다.

셋째, 예방적 기능(preventive function)이다. 교회는 각종 교육과 신앙 훈련을 통해, 그리고 재가복지와 같은 보살핌을 통해 사람들이 노령, 질병, 장애, 이론, 실업 등에 대비하여 이를 예방하게 해 주는 역할을 한다.

로웬버그(Frank M. Loewenberg)는 오늘날 많은 교회와 교회관련단체들이 사회복지 시설을 설립하고 유지하는 의미를 다음과 같이 언급하고 있다.[170] 첫째, 교회사회복지서비스는 현대 사람들에게 종교 메시지를 전달하는 중요한 방법이다. 둘째, 교회는 과거부터 종교적 욕구를 덜 느끼는 사람들의 관심을 유발시키기 위해 다양한 서비스를 개발해 왔다. 셋째, 사람들은 종교적 가치가 일치하는 사회복지기관 봉사자들의 도움을 받을 때보다 편안함을 느낀다. 넷째, 종교기반 사회복지기관은 종교적 의무감과 교회구성원의 생활의식에서 일어나는 특별한 욕구를 보다 잘 고려할 것이다. 다섯째, 종교적 틀 안에서 사회복지서비스를 제공하는 것은 종교인들에게 종교적 의무감을 보다 많이 느끼게 한다.

그리스도의 사역은 말씀의 선포와 나눔, 치유, 섬김의 삶으로 생각할 수 있다. 그의 생애는 결코 영적인 삶만도 아니었고 그렇다고 해서 사회적인 삶만을 고집하신 것도 아니었다. 정말 한쪽으로 치우치지 아니한 균형 있는 삶을 사셨던 것이다. 그러나 오늘날 교회는 그의 삶의 이러한 양면성을 배제한 채 지역사회 속에서 복음을 전하고 있다. 그렇다면 과연 이러한 영적인 접근만으로 다양화된 인간 사회의 문제를 해결할 수 있겠는가? 결코 그렇지 않다. 오늘날 상처받은 사회는 단순한 영적인 치료만으로 부족하기 때문에 사회복

---

170) Frank M. Loewenberg, *Religion and Social Work Practice in Contemporary American Society* (New York: Columbia University Press, 1998), 138.

지의 실천이 필요하다.

　솔직히 지금까지 교회는 이 동반자적 자세를 배격하고 영혼 구원을 중심으로 한 전도 문제에만 열을 올렸던 것이 사실이다. 그러나 로잔대회를 계기로 사회적인 문제에 깊은 관심을 갖게 되었다. 예수 그리스도의 사역을 살펴보더라도 어느 한 면이 우월하다고 말할 수 없으며 말씀을 전하고 가르치는 일과 사람들을 치료하고 나누며 섬기는 일이 동시에 발현되어야 한다는 것을 알 수 있다. 그리고 이는 초대교회에서도 마찬가지였다. 말씀과 나눔의 사역은 하나였음을 기억할 필요가 있다. 하루에 삼천 명 내지 오천 명이 주님 앞으로 나왔을 때, 그것은 단순한 말씀의 역사뿐 아니라 성도들의 나눔과 집사들의 열정적인 구제와 섬김의 결과였다. 즉 어느 한쪽으로 치우치지 않은 통합적인 신앙 활동의 결과였다는 것이다. 이처럼 교회는 그리스도께서 명하신 과업을 완수하기 위해서 지역사회복지에 힘써야 할 것이며 이를 위해 지역사회복지를 실현하고자 하는 제 집단과 상호 보완적인 입장으로 서로 돕는 자세를 취해야 할 것이다.

라. 한국 교회의 지역사회복지 활동에 대한 현황과 평가

　한국 교회의 사회복지활동에 대한 통계자료를 보면 타종교나 일반 민간단체들과 비교할 때 결코 뒤지지 않는다고 할 수 있다. 한국의 기독교 인구는 20%에 불과하지만 사회복지학과 교수의 60% 이상, 사회복지시설 및 기관단체 종사자의 63.9%가 기독교인이며, 사회복지사업 기관수를 보더라도 개신교 391개, 가톨릭 180개인데 비해 불교와 원불교는 각각 9개와 57개에 불과했다. 또한 사회복지 교육기관의 절반 이상이 신학교나 기독교 계통의 대학이라는 사실과 사회복지기관의 90% 이상을 차지하고 있는 종교와 관련된 사회복지법인 가운데 67%가 기독교법인이라는 사실은 기독교인이 활발하게 사회복지활동에 나서고 있는 양상을 잘 보여 준다고 하겠다.[171] 그러나 이것은 개 교회 밖에서 일어나고 있는 현상일 뿐, 지역사회에 뿌리내리고서 지역사회주민들이 교인으로 등록했다는 점에서 지역사회 문제에 가장 밀접하게 연관되어 있다고 할 수 있는 개 교회의 상황은 아니다.

한국 교회 대부분의 목회자들은 사회복지활동이 교회의 본질적 사명 중에 하나라고 인식하고 있으나,[172] 그러한 인식과는 달리 실제로 개 교회에서는 사회복지서비스를 전반적으로 대단히 소홀히 하고 있는 것이 현실이다. 이미 살펴본 바대로, 교회의 사회복지활동은 예수 그리스도의 뒤를 따르며 복음을 실천하여 교회 밖의 영혼 구원과 교회의 대 사회적 책임을 수행해야 한다는 의미에서 그 실천의 필요성과 당위성을 가짐에도 불구하고 교회는 여전히 교회 전체 예산의 6%도 안 되는[173] 액수만을 사회부조비에 투자하는 소극적 태도에서 벗어나지 못하고 있다.

전체 기독교사회복지 활동이 위에서 언급한 바와 같이 매우 활성화되었으면서도 교회 자체의 사회복지활동에 대해서는 매우 부정적인 의견들이 많이 있다. 그렇다면 한국 교회가 사회복지활동을 왕성하게 펼칠 수 있는 물적, 인적, 지식적 토대가 충분히 마련되어 있으면서도 지역사회에서 제 기능을 발휘하지 못한다고 비난받는 이유는 무엇인가?

첫째, 개 교회의 교세확장, 시설확충, 물량적 교회 성장에는 온 힘을 기울이면서도 지역사회 이웃들을 위한 사회복지활동은 기피하거나 소극적인 자세로 일관하고 있다는 것이다.

둘째, 개 교회 안의 자체 신자들을 위한 사회복지활동은 있지만, 교회 밖의 이웃들을 향한 대외적인 사회복지활동은 거의 없거나 있어도 단순한 전도의 한 방편으로만 여겨 매우 형식적으로 행한다는 것이다.

셋째, 사회복지활동을 하더라도 그것이 교회의 입장을 우선하는 종교행

---

171) 김청호, "교회와 지역사회의 복지협력체계 네트워크 구축에 관한 연구," 강남대학교 대학원 석사학위논문, 2001, 4-5.
172) 성규탁 외, "한국교회의 사회복지참여에 관한 연구," 연세대학교 신과대학 부설 한국기독교문화연구소 주관 연구보고서, 1991. 2.
173) 노치준, "한국교회의 재정 구조 연구(III)," 『기독교사상』 제38권 11호, 1994년 11월, 125.

사의 일환일 뿐 지역사회 주민이 안고 있는 아픔과 실제적인 문제와는 별 관계가 없다.

넷째, 사회복지활동이 지나치게 개 교회 단위로 이루어져 교회 간 사회복지활동의 불균형과 불평등 혹은 중복성이 나타난다.

다섯째, 교회 자체가 소외계층과 거리를 두는 집단으로 변질되어 가고 있다. 즉, 교회가 중산층화되고 귀족화, 세력화되면서 가난한 자들이 감히 접근할 수 없는 거리감을 형성하고 있으며 교회편에서도 그러한 구별된 태도를 보인다.

여섯째, 한국 교회의 사회봉사 예산이 지역사회의 욕구에 턱없이 부족할 정도로 교회의 사회복지에 대한 투자가 매우 소극적이다.

일곱째, 지역사회 주민을 대상으로 한 전도 활동은 열심이지만, 교회 재정과 교회시설, 교회 안에 있는 전문인력을 지역사회복지활동에 연결시키는 것에는 소극적이다. 바로 이러한 것이 오늘 우리 한국 교회의 사회복지활동의 현황이다. 교회 자체로는 우선적으로 교회의 내적 성장에 힘써야 할 나름대로의 신학적인 근거와 목적이 있어서 그렇다고 자신들의 사회복지활동의 태도를 정당화하지만, 정작 교회의 성장을 통해 하나님 나라 백성으로서 초대받아야 할 지역사회 주민들의 교회의 지역사회복지활동에 대한 태도는 너무나 비판적이고 냉담하다.

한국 기독교는 거의 모든 부분에서 사회복지활동을 할 수 있을 만한 물적, 인적, 지식적 토대들이 마련되어 있다. 다만 그 자원들을 어떻게 효과적으로 이용할 수 있으며 또한 교회의 재정을 지역사회복지를 위해 사용할 수 있는 마인드를 어떻게 가지느냐가 문제로 남아 있을 뿐이다. 그렇다면 한국 교회가 지역사회복지를 실현하기 위해 어떤 방향성을 가져야 할 것인가? 사회문제의 규모가 크고 복잡한 오늘날, 한국 교회가 직접 재정 지원을 하는 사회복지활동만으로는 지역사회의 모든 욕구를 다 만족시킬 수는 없다. 국가와의 역할 분담을 목표로 교회의 사회복지의 범위를 정해야 하며 그렇게 함으로써 교회는 국가와 긴밀한 관계를 유지하면서 교회 나름대로의 사회복지를 실현해 나가도록 노력해야 한다. 또한 교회의 사회복지는 교회가 속한 지역사회의 욕구에 맞는 다양하고 창조적이며 자율적인 프로그램을 개발하여 국가의 사회복지의 변화를 촉진시키는 역할을 해야 한다. 나아가 교회의 사회복지는 도움을 주는 자와 받는 자 모두가 더불어 사는 기쁨을 나누는 것을 최우선적으로 염두에 두고 교회사회복지활동을 수행해야 한다. 그래야지만 거부감 등과 같은 부정적인 결과들이 나타나지 않을 것이다.

[보성읍교회의 사회복지 프로그램]

지역사회복지를 위한 실제
III

1. 프로그램 실시의 배경

가. 보성군의 사회-지역적 환경

1) 위치 및 지형

보성군은 전라남도의 남부에 위치하여 북으로부터 서남방에 이르는 경계는 화순·장흥·고흥·순천시와 접계를 이루었고, 남방은 회천·득량·조성·벌교의 4개 읍·면이 해안에 둘러 있으며 남해안 일부를 제외하고는 거의 산간지대로 이루어져 있어 완만한 평야는 없다. 동서간 거리는 46.2km이며 남북간 거리는 38.7km이다.[174] 또한 보성군은 호남지방에서 남원시 운봉읍 다음 가는 고지대에 위치하고 있고, 해발고도 500m 이상의 높은 고지산악이 많다.[175]

전남의 유일한 고지대에 위치한 관계로 섬진강의 상류인 보성강이 웅치면 봉산리에서 발원하여 장흥군 장동면의 동부로 흘러 다시 우회하여 보성군 노동, 미력, 겸백, 율어, 복내, 문덕 등 8개 읍면을 거쳐 섬진강에 합류하여 경남 하동군 남해로 유입하는데, 특히 보성지역에서는 중앙부를 관류하는 관계로 농업을 주로 하는 보성군에서는 이를 관개수로 이용하고, 한편으로 득량면에 설치된 수력발전소에서 연간 4,500kw의[176] 전력을 생산해 내는 데 사용하기도 한다. 또한 1990년 4월부터 담수가 시작된 주암댐 건설로 인하여 4개면 19개리 34개 마을[177] 9.1㎢가 수몰되어 농업구조와 생활환경이 바뀌었다. 기타 하천으로는 득량, 회천, 벌교, 조성 등의 해안지대에 25개의 작은 하천이 농업에 이용되고 있다.[178] 이곳 보성군은 옛부터 저수지와 관개시설과

---

174) 보성군, 『제47회 보성통계연보』, 31.
175) 위의 면.
176) 1991년 이전에는 3,600kw를 생산했으며, 1991년에 승압공사를 실시하여 4,500kw 전력을 생산하고 있다. 위의 책, 32.
177) 문덕 17개 마을, 복내 14개 마을, 율어 1개 마을, 겸백 2개 마을. 위의 면.
178) 위의 면.

같은 농업기반시설이 잘 정비되어 쌀농사로 유명한 곳이었다.

2) 토지이용현황

보성군의 총면적은 2006년 663.28km²로서, 그중 논과 밭을 합친 경지면적은 총 161.76km²(보성군 총면적의 24.4%) 정도로 보성군 총면적의 4분의 1 정도를 차지하고, 임야는 418.47km²(보성군 총면적의 63.1%)로 보성군 총면적의 절반이 넘는 비율을 차지하고 있으며, 기타가 70.12km²(보성군 총면적의 10.6%)이다.[179]

지역 자체가 고지대에 위치해 있고 높은 산들이 많으며 공장을 포함한 생산을 위한 토지 이용률은 현저하게 낮은 편이다. 이는 1차 산업을 제외한 2, 3차 산업의 비율이 타도에 비해 현저하게 낮기 때문이다. 또한 농촌지역의 공통적인 특징 중 하나이겠지만 주민의 여가생활이나 복지생활을 위한 공간이 거의 전무하다시피 하다. 이와 같은 토지 이용현황을 자세한 통계표로 보면 다음과 같다.

2006년 보성군 토지 지목별 현황-1[180]

(단위: m²)

구분	전	답	과수원	목장용지	임 야
면적	47,303,980.8	114,466,406.2	1,604,853.7	1,628,065.6	418,474,888.9
구분	염전	대지	공장용지	학교용지	주차장
면적	208,348.0	12,934,450.3	406,745.4	986,493.0	4,592.0
구분	주유소용지	창고용지	도로	철도용지	하천
면적	33,001.0	127,925.0	19,694,131.4	914,489.0	9,233,646.9
구분	제방	구거	유지	양어장	수도용지
면적	1,321,331.4	14,600,622.3	16,272,992.7	40,867.0	43,340.0
구분	체육용지	종교용지	묘지	잡종지	계
면적	70,966.0	87,591.0	1,178,660.0	1,661,432.4	633,287,820.0

179) 위의 책, 13.
180) 위의 책, 34-36.

3) 기후

보성군은 전반적으로 농사를 하기에 적합한 기후를 가지고 있다. 일조량과 강수일자, 강수량도 농사에 적합한 요건을 갖추고 있다. 호남지역에서 두 번째로 높은 지대에 위치한 일부 고지대는 타 지역에 비해 평균 온도가 낮다.

보성군 일기일수[181]

(단위: 일)

구분	맑음	흐림	강수	서리	안개	눈	뇌전	폭풍
2006년	102	98	111	-	13	8	14	17

보성군 기상현황[182]

(단위: 도)

구분	기온(℃)					강수량 (mm)	상대습도(%)	
	평균	평균최고	극점최고	평균최저	극점최저		평균	최소
2006년	12.5	18.6	25.4	7.4	2.0	1,949.0	66	23

4) 인구

보성군의 인구는 2006년 51,948명으로 지속적으로 감소하고 있다. 총세대 수 또한 22,759가구로 점차 줄어들고 있고, 세대당 인구도 2.3명 꼴로 꾸준히 감소하고 있다. 반면 65세 이상 고령자의 수는 13,740명으로 비율면에 있어서나 숫자에 있어서 날이 갈수록 늘어가고 있는 실정이다.[183]

---

181) 위의 책, 37.
182) 위의 책, 38.
183) 위의 책, 41-42.

인구추이[184]

(단위: 세대, 명)

구분	세대	인구 계	인구 남	인구 여	세대당 인구	65세 이상 인구	인구밀도	면적(km²)
1975년	28,036	152,328	77,316	75,012	5.4	–	231.65	657.59
1980년	25,912	127,460	63,449	64,001	4.9	–	193.53	658.62
1985년	25,528	121,544	61,197	60,347	4.8	–	183.52	662.29
1990년	24,146	106,671	54,149	52,522	4.4	–	161.02	662.46
1995년	22,968	70,061	34,475	35,586	3.1	9,751	105.66	663.05
2000년	22,960	61,423	30,027	31,396	2.7	11,520	92.62	663.14
2001년	22,826	59,526	29,084	30,442	2.6	11,882	89.73	663.36
2006년	22,759	51,948	25,207	26,741	2.3	13,740	78.56	663.28

성별 및 나이별 인구[185]

(단위: 명, %)

성별 및 나이별	인구 (2006년) 계	인구 (2006년) 남	인구 (2006년) 여
전체	51,948	25,207	26,741
0–9세	3,980	2,026	1,954
10–19세	5,290	2,811	2,479
20–29세	6,032	3,355	2,677
30–39세	5,285	2,992	2,293
40–49세	6,893	3,684	3,209
50–59세	7,004	3,465	3,539
60–69세	8,519	3,605	4,914
70–79세	6,582	2,532	4,100
80세 이상	2,363	737	1,626

인구이동[186]

(단위: 명, %)

구 분	총이동 전 입	총이동 전 입 이동율	총이동 전 출	총이동 전 출 이동율
1997년	4,808	7.36	7,058	10.81
1998년	6,463	10.02	7,101	11.01
1999년	6,337	10.05	7,562	11.98
2000년	5,504	8.96	7,003	11.4
2001년	5,144	8.64	6,792	11.41
2006년	5,767	10.94	6,651	12.63

이상의 통계에서 보는 바와 같이, 보성군의 인구는 해마다 감소 추세에 있고, 60세 이상의 노인 인구가 증가하고 있으며, 전입 인구보다 전출 인구가 많다는 것을 알 수 있다. 또한 60세 인구 비율은 전국에 비해 훨씬 높다.[187]

5) 생산활동

사업체 수와 종사자 수[188]

(단위: 개소, 명)

구분	총계		조직형태별							
			개인		회사법인		회사 이외 법인		비법인	
	사업체	종사자	사업체	종사자	사업체	종사자	사업체	종사자	사업체	종사자
총계	3,313	10,700	2,734	5,620	120	1,219	363	3,416	96	445
농업 및 임업	14	134	-	-	5	21	7	89	2	24
어업	1	101	-	-	-	-	-	-	1	101
광업	1	15	-	-	1	15	-	-	-	-
제조업	320	1,266	276	752	30	371	14	143	-	-
전기가스및수도사업	7	69	-	-	2	21	5	48	-	-
건설업	82	476	63	339	19	137	-	-	-	-
도소매업	1,126	2,098	1,058	1,847	24	132	44	119	-	-
숙박 및 음식업	633	1,344	632	1,303	1	41	-	-	-	-
운수 및 통신업	283	809	235	381	16	257	32	171	-	-
금융 및 보험업	54	429	10	13	12	165	32	251	-	-
부동산업	37	119	28	59	3	11	3	36	3	13
공공행정 및 사회보장행정	54	1,036	-	-	-	-	54	1,036	-	-
교육서비스업	125	1,117	54	143	1	14	68	956	2	4
보건사회복지업	80	706	47	237	-	-	31	353	2	116
오락문화업	62	173	50	100	1	3	10	66	1	4
기타공공수리 및 개인서비스	434	808	281	446	5	31	63	148	85	183

---

184) 위의 면.
185) 보성군, 위의 책, 64, 67, 70.
186) 위의 책, 71.
187) 전국 인구 대비 60세 이상 노인인구 비율은 2005년 기준 약 13.3%인데 비해(위의 책, 270), 보성군 60세 이상 노인인구 비율은 위의 성별 및 나이별 인구 항목에서 보는 바와 같이 33.62%로 거의 2.5배 정도에 이른다.
188) 보성군, 위의 책, 77.

위에서 보는 바와 같이, 전체인구 51,948명 중에 생산활동 가능 인구는 28,937명(20세부터 65세까지의 인구)이며, 이 중 10,700명만이 사업체에서 생산활동에 종사하고 있고, 나머지는 개인 농가에서 생산활동을 하고 있거나 혹은 생산활동을 하지 못하고 있다.

농가 및 농가인구[189]

(단위: 명)

구분	농가				농가인구		
	계	전업	1종 겸업	2종 겸업	계	남자	여자
2006년	9,391	6,500	1,624	1,267	21,667	10,072	11,595

이렇듯 대부분의 생산활동 가능 인구가 개인 농사일에 종사하고 있으며, 농사 외에 소득을 올릴 만한 산업시설이 부족하다는 것을 알 수 있다.

6) 의료 및 보건현황

의료기관[190]

(단위: 개)

구분	계		종합병원		병원		특수병원		의원	
	병원수	병상수	병원수	병상수	병원수	병상수	병원수	병상수	병원수	병상수
2006년	41	679	–	–	2	538	1	113	25	148
	치과병(의)원		한방병(의)원		부설의원		보건의료원	보건소	보건지소	보건진료소
	병원수	병상수	병원수	병상수	병원수	병상수				
	8	–	7	–	–	–	–	–	9	15

---

189) 위의 책, 81.
190) 위의 책, 177.

의료기관 종사 의료인력[191]

(단위: 명)

구분	합계	의사		치과의사	한의사	조산사	간호사	간호조무사	의료기사	의료기록사	약사(공공)
		상근	비상근								
2006년	306	47	-	8	7	-	84	107	50	1	2

　인구수에 비해 의료기관이 부족하다. 더군다나 종합병원은 한 군데도 없는 실정이다. 또한 부족한 병원수도 보성읍(16개, 35병상)과 벌교읍(19개, 644병상)에 집중되어 있다. 이 때문에 면단위 이하에 거주하고 있는 거동불편자들이나 노인들이 의료기관을 이용하는 데 상당한 불편을 겪고 있다.

　의원 수준의 개인병원은 병원수 대비 병상수 비율로 볼 때, 대부분이 장기입원을 위한 여건이 갖추어지지 않았다고 할 수 있고, 특수병원은 하나도 없어서 특수치료를 요하는 장애인들은 거리가 먼 도시에서 치료를 받고 있다. 그나마 도시로 나갈 수 있는 환자들은 사정이 나은 편이고, 대부분은 거리와 시간 등의 이유 때문에 의료 혜택을 포기하고 있는 실정이다. 의료인력 또한 형편없이 부족한 편이다. 인구 5만 명에 의사는 47명밖에 되지 않는다. 의사 한 명 당 1,000명의 환자를 진료해야 한다. 게다가 의사가 모든 질환을 다 볼 수 없는 상황이니 사정은 더욱 심각하다. 물론 보건소와 보건지소가 있고 거기에도 의료인력이 있긴 하지만, 현재 우리나라의 농촌 보건소와 보건지소의 현실상 전문 의료기관으로서 역할을 해내지 못하고 있다는 점에서 만성적인 질환에 시달리고 있는 농촌 사람들의 실제적인 의료 혜택에 별 도움을 주지 못한다.

---

191) 위의 책, 178.
192) 위의 책, 195.

나. 보성군의 사회복지 현황

1) 사회복지 현황

노인정(경로당) 현황[192]

(단위: 개소, 명)

구분	합계		시립		사립	
	개소	추정이용인원	개소	추정이용인원	개소	추정이용인원
2006년	349	7,164	–	–	349	7,164

65세 이상 노인 인구를 13,740여 명으로 볼 때,[193] 두 명 중에 한 명 이상이 노인정(경로당)을 이용한다고 추정할 수 있기 때문에 노인정 시설이용률이 그리 적은 편은 아니다. 그러나 이 통계는 단순히 노인정을 이용하는 사람들의 수일 뿐이다. 실제적으로 노인정은 단순히 쉴 수 있는 공간으로만 활용된다는 점을 감안할 때, 노인들의 여가에 대한 욕구를 채워 주기 위한 프로그램이 거의 전무한 상태이다.

국민기초생활보장수급자[194]

(단위: 가구수, 명)

구분	합계		일반수급자		시설수급자	
	가구	인원	가구	인원	가구	인원
2006년	2,146	3,519	2,125	3,446	–	44

통계상으로 나타난 기초생활 대상자가 3천5백여 명이긴 하지만, 실제로 기초생활 대상의 여건을 갖추면서도 수혜를 받지 못하고 있는 사람들은 훨씬 많은 것으로 파악되고 있다. 또한 이들 기초생활 대상자들도, 지급되는 지원금이 생활하기에는 턱없이 부족한 20~30만 원 정도여서 이 지원금만으로는

---

193) 위의 책, 70.
194) 위의 책, 195.

기초적인 생활을 유지할 수 없는 경우가 대부분이다. 더욱이 이들은 혼자 사는 독거노인이나, 소년 · 소녀 가장, 장애인들을 포함한 생활능력을 갖추지 못한 사람들이 대부분을 차지한다.

소년 · 소녀 가장 현황[195]

(단위: 세대, 명)

구분	합계	세대수	세대원	재학별				
				미취학	초등학교	중학교	고등학교	기타
2006년	33	22	11	-	4	13	16	-

장애인 등록현황[196]

구분	합계	장애유형								
		지체	뇌병변	시각	청각 · 언어	정신지체	자폐증	정신	신장	심장
2006년	3,807	1,958	266	448	518	300	6	177	47	11

		장애유형				
		호흡기	간	안면	장루, 요루	간질
		31	5	1	12	18

보육시설[197]

(단위: 개소, 명)

구분	보육시설							
	합계	국공립	민간				직장	가정
			소계	개인	법인 외	법인		
2006년	12	2	10	6	1	3	-	-

---

195) 위의 책, 197.
196) 위의 책, 198.
197) 위의 책, 202.

보육대상 연령별 인구 수[198]

(단위: 명)

구분	인구(2006년)		
	계	남	여
3세	337	181	156
4세	344	165	179
5세	445	219	226
6세	464	250	214
계	1,590	815	775

통계상의 보육시설이 12개소이다. 국가나 관에서 운영하는 곳은 단 두 곳뿐이다. 게다가 민간 보육시설 역시 충분하지 못한 상태이다. 법인이나 종교단체 등이 운영하는 곳을 포함해서 10개뿐이다. 보성읍을 포함한 보성군에 거주하는 사람들로서 미취학 아동 자녀를 두고 있는 부모들 중 대부분이 교육과 관공서 그리고 기타 산업체에서 근무하고 있으며 맞벌이가 많아 아이들을 보육시설에 맡겨야 하는 경우가 많고, 또 부모가 대도시에서 생활하고 그로인해 조부모의 밑에서 자라는 아이들도 많아 그들을 맡아 줄 보육시설이 절실히 필요한 실정이다. 그러나 위의 통계에서 보듯이 보육시설은 3~6세 아이 약 1,590여 명을 수용하기에 턱없이 부족한 상태다.

2) 노인복지현황

보성군의 65세 이상 인구는 2006년을 기준으로 13,740명으로, 보성군 전체 인구의 약 26%를 차지하고 있다. 80세 이상의 인구만도 2,363명(전체 대비 약 4.6%)이나 된다. 이들 노인들의 복지에 대한 문제가 심각하게 다루어져야 할 부분임을 보여주는 통계이다. 다음은 보성군 노인사회복지 현황이다.

---

198) 위의 책, 56.

가) 경로연금

경제적으로 어려움을 겪고 있는 직접적이고 실제적인 소득보장 혜택을 부여함으로 노후 생활의 안정을 도모하게 하기 위하여 국가에서 지급하는 경로연금을 보성군에서도 지급하고 있다. 대상자는 65세 이상 국민기초생활보장 수급자와 저소득층에 속한 노인들이다. 지급액은 65~79세에게는 월 약 4만여 원, 80세 이상인 경우에는 5만여 원이 지급되고 있다. 경로연금의 지급 목적이 경제생활의 어려운 노인들의 노후생활의 보장이라고는 하나, 실제적으로 지급되는 경로연금으로는 그런 목적을 거의 이룰 수가 없다.

나) 교통수당

65세 이상 노인 모두에게 일인당 연 약 8만~13만 원이 지급된다. 농촌지역의 교통수단이 장거리 버스나 택시라고 볼 때, 이는 상당히 부족한 액수이다.

다) 경로당 운영자금 지원

위의 표 〈노인정(경로당) 현황〉에서 보아 알 수 있듯이, 2006년 현재 보성군에 있는 경로당은 349개소이고 이용자 수는 약 7,000여 명이다. 이러한 경로당은 대개 국비와 도비, 군비로 운영되고 있다. 비율은 국비 50%, 도비 25%, 군비 25%이다. 각각의 경로당에 월 44,000원으로, 일 년에 528,000원의 운영비와 난방비 250,000원이 지급되고 있다. 노인들의 특성상 그리고 종일 사용한다는 점에서 이 정도의 난방비와 운영비로는 심히 부족하다. 그래서 거의 노인회비를 걷거나 다른 방법으로 재원을 충당하고 있는 실정이다. 그러나 농촌이라는, 그리고 저소득지역이라는 지역특성상 이것도 여의치 않다.

라) 경로식당 운영

생활이 어려운 노인들에게 점심식사를 제공하는 서비스이다. 한끼에 1,520원씩 계산이 되어 식사가 제공된다. 현재 보성군에는 보성읍, 벌교읍, 복래면, 득량면 4곳에서 실시하고 있으며, 1년에 경로식당 운영비는

6,384,000원이 소요된다. 그러나 어려운 노인에게 점심식사를 제공한다는 취지에서 실시되고 있는 이 서비스는 거동불편 독거노인 등과 같이 실제로 도움을 받아야 할 사람들에게는 전혀 혜택이 돌아가지 못하고 있다. 이들은 점심식사를 먹기 위해 먼 거리를 이동할 수 없는 거동불편자들로서 직접 그들에게 방문하여 식사를 제공하는 서비스가 필요하다.

마) 기타

매년 10월 2일을 노인의 날로 정하고 노인들을 위로 행사를 실시하여 효행자와 모범 노인들을 표창하고 기념식을 행하고 있다. 또한 65세 이상 되는 노인 중에 홀로 사는 분들을 선정하여 공무원과 결연을 맺고 1일 1회 이상 방문하여 위로하는 서비스를 실시하고 있고, 1년에 한 번 건강식품과 이불을 전달한다. 홀로 사는 노인 중에 장수 노인들을 선정하여 생신선물을 전달하고 있기도 하는 등 외롭고 어렵게 살아가는 노인들을 돌보는 다양한 프로그램을 실시하고 있다.

다. 보성군 기독교의 사회복지활동

보성군에는 기독교를 포함해서 종교단체가 활동하는 회당이 120여 개 있다. 이 중 기독교 교회가 약 100여 개로 가장 많다. 이들 종교단체들이 구제와 봉사를 적극적으로 실시함으로 지역사회의 복지에 도움을 줄 수 있어야 하지만 현실은 그렇지 못하다. 그리고 이것은 기독교회에서도 역시 마찬가지이다. 그 이유로는 여러 가지가 있겠지만, 가장 큰 이유로는 100여 개의 교회 중 자립할 수 있는 교회가 20%도 채 되지 않기 때문이다. 교회 자체 운영에도 힘이 드니 구제와 지역사회 복지에 그 힘을 기울일 수 없는 것이다. 또한 이에 못지않게 중요한 이유는 자립을 할 수 있긴 하지만 목회자와 교회의 관심이 어디에 있느냐 하는 것 때문이다. 교회의 성장과 교회 자체 신도들의 교제와 성장에만 중점을 두다 보면, 외부로 눈을 돌릴 수 없다. 그리고 외부로 눈을 돌리더라도, 그 목적이 그것을 통해 교회 부흥을 꾀한다고 한다면 그것은 지속적으로 이루어지지 않고 단발성으로 끝나기 때문에 별 의미가 없어진다.

그럼에도 불구하고 현재 보성군의 몇몇 기독교 단체들은 미미하지만 나름대로 성과를 거두고 있는 사회복지활동을 하고 있다. 그중 가장 주목할 만한 것은 총회 사회부에서까지 연구의 대상으로 삼은 보성읍교회의 사회봉사활동이다. 또한 총회 여전도회 작은 자의 재단 후원으로 설립된 노인복지시설인 벌교 작은 자의 집[199]도 역시 지역사회 복지에 일익을 담당하고 있다. 이외에도 벌교제일교회와 벌교중앙교회 등도 선교원과 유치원을 두어 아동 복지에 힘쓰고 있다.

---

199) 벌교 작은 자의 집은 1993년 3월 설립되어 1999년에 증축하고, 2000년 1월 사회복지 법인으로 등록되면서 국가의 지원을 받아 운영하고 있다. 무의탁 노인 60여 명과 원장, 총무, 간호조무사, 생활보조원, 취사원, 세탁원 등의 직원이 함께 생활하고 있다. 수용노인들을 위해 식사수발, 목욕서비스, 물리치료, 이·미용 서비스, 오락, 상담, 용돈지급 등의 생활서비스와 건강진단 및 치료, 건강활동 서비스, 간병 등 의료서비스를 실시하고 있다. 각지의 여러 교회들도 이·미용 봉사 및 다양한 서비스로 이곳을 돕고 있다.

2. 보성읍교회
   사회복지활동의 주요 프로그램

가. 보성종합사회복지관 운영

1) 설립배경 및 목적

　　보성종합사회복지관은 보성읍교회가 설립 80주년을 맞아 지역사회의 중추적인 사회복지활동을 실시하기로 천명함으로 시작되었다. 이렇게 계획된 보성종합사회복지관은 기독교 정신을 바탕으로 한 종합적인 사회복지사업을 통해 지역사회 문제를 예방·치료·개선하고 보성지역 주민들의 욕구에 부응할 수 있는 적극적인 사회복지 프로그램을 개발하여 제공함으로써, 지역주민의 삶의 질을 향상시키고 복지욕구를 충족시켜 지역사회의 건전 문화 창달과 복지생활의 선도 역할 수행을 목적으로 한다. 또한 지역사회 주민을 대상으로 보호서비스의 제공과 자립능력 배양을 위한 교육훈련의 기회제공 등의 복지서비스를 제공함으로 가정기능강화와 주민 상호 간의 연대감 조성을 통하여 각종 지역사회 문제를 해결하는 매체로서 주민의 복지증진을 위한 종합복지센터로서 역할을 수행하고자 하는 목적이 있다.

2) 보성종합사회복지관 건축 및 경과

- 1995년 보성읍교회 80주년 기념 행사시 보성읍교회가 지역사회를 위한 중추적 봉사센터로서의 역할을 감당하기로 결의함
- 1998년 8월 복지관 건축 부지확보 결정함
- 1999년 말 교회 자체적으로 대지 250평을 4천5백만 원에 사들여 건축 부지 확보함

- 하승완 군수와 이탁우 보성의회 의장, 박주선 국회의원의 협조를 얻어 보성종합사회복지관 사업을 국가와 군과 연계하여 실시하기로 함
- 2000년 3월 보성종합사회복지관 건립비 지원 요구 및 건립 신청
- 2000년 4월 1,016평의 신축부지 추가 확보
- 2000년 11월 보성종합사회복지관 사업비 가내시 통보(국비)함
- 2001년 1월 국비 314,550,000원 확정 내시함. 이후 지방비(군비) 366,975,000원을 추가확보하게 되어 건축준비 완료함
- 설계사와 시공자를 각각 '은건축사무소'와 '(주)옥토종합건설' 확정하여 2001년 8월 27일에 기공식을 가짐
- 2002년 11월 22일 보성종합사회복지관 개관
- 2004년 3월 2일 순천보호관찰소 사회봉사 명령 협력기관 지정
- 2004년 8월 1일 지역아동센터 센터 지정
- 2004년 8월 25일 한국복지재단 결연사업 협력기관 체결
- 2004년 11월 1일 청소년자원봉사 활동 기관 지정
- 2006년 11월 30일 재가복지봉사센터 지정
- 2007년 11월 30일 사회복지봉사활동 인증센터 지정

3) 건립규모

- 추진기간: 2001년 8월 27일-2002년 11월 22일
- 위   치: 보성군 보성읍 보성리 229~1외 6필지(보성읍교회 옆)
- 부지면적: 1,016평(건립부지 245평, 주차장 활용 771평)
- 건물(연건평): 635.6평-지하 1층, 지상4층
- 설립주체: 대한예수교장로회 순천노회 유지재단(보성읍교회)
- 구   조: 철골조, 철근콘크리트
- 사 업 비: 1,752,404,000원
  - 국   비: 314,550,000원

- 도　　비: 150,000,000원

- 지 방 비: 386,975,000원

- 자 부 담: 900,879,000원

• 내부시설 현황

층별	규모(㎡)	용　도
계	2,109.3	
지하	387.30	식당(친교실, 휴게실), 기계실
1층	408.00	유치원, 푸드뱅크 창고, 관리실
2층	408.00	사무실, 건강교실, 목욕탕, 남·여사랑방, 세탁실
3층	408.00	관장실, 도서실, 지역아동센터, 미술, 영어교실, 자원봉사자실 등
4층	408.00	평생대학, 소회의실, 문서고, 각종 프로그램실 등
옥외		게이트볼장, 어린이 놀이터, 주차장

4) 종사자 현황(2005년)

• 총 28명

　　- 관장 1명

　　- 과장 1명

　　- 사회복지사 6명(서무, 경리 1명 포함)

　　- 관리기사 1명

　　- 조리사 3명

　　- 프로그램 강사 8명

　　- 유치원 교사 6명

　　- 공익 보조요원 2명

5) 사업내용(2005년)

• 진행사업: 가족복지사업 외 34개 사업 진행

- 참여인원: 2005년 결산기준 총 84,487명(1일 평균 231.5명) 참여
- 예산확보: 행정기관보조, 교회보조, 자체수익사업, 후원금, 외부지원
  (사회복지공동모금회, 노동부 등) 기타

가) 가족복지사업: 지역아동센터

(1) 가족기능보완사업
- 목　적: 결손 아동 및 특수한 상황에 처한 어린이들에게 부모역할
  의 보완적 기능 수행, 저소득 가정의 가정 안정과 자립 지
  원에 기여
- 대상자: 초등학교 1~3학년 25명
- 사업비: 27,825,000원
- 내　용: 지역아동센터(방과후 공부방, 석식제공 등)
- 담당자: 사회복지사 1명, 교사 1명, 강사 2명(미술, 원어민 영어 회화),
  조리사 1명

(2) 가정문제해결 및 치료사업
- 목　적: 학교 부적응 학생 지도를 통한 인성 계발
- 대상자: 중·고등학생 30명
- 사업비: 12,000,000원(공동모금회 870만 원, 자부담 330만 원)
- 내　용: 청소년 음악 동아리 활동
- 담당자: 사회복지사 1명, 강사 3명(그룹사운드, 사물놀이, 음향)

나) 지역사회보호사업

(1) 거동불편 재가노인 도시락 배달
- 목　적: 규칙적인 식생활의 유지가 어려운 노인들에게 음식을 제공

함으로 식사를 거르지 않게 하기 위함
- 대상자: 65세 이상 거동 불편 재가 노인 115명
- 사업비: 69,000,000원
- 내 용: 일주일 분량의 반찬 배달 서비스
- 담당자: 사회복지사 1명, 조리사 3명, 봉사자 25명(차량지원 10명, 나눔도우미 10명, 주방도우미 10명)

(2) 경로식당 무료급식 운영
- 목 적: 식사를 거르는 저소득 영세 노인들에게 안정적인 식사 제공을 하기 위함
- 대상자: 65세 노인 50명
- 사업비: 40,000,000원
- 내 용: 매주 월~금 12:00~13:00에 복지관 식당에서 무료 급식
- 담당자: 사회복지사 1명, 조리사 3명, 봉사자 3명

(3) 방문의료검진
- 목 적: 보건소 및 병원과 연계하여 영세 노인의 건강 검진을 통한 질병 조기 발견과 청결유지에 도움을 주고자 함
- 대상자: 65세 이상 영세 노인 50명
- 사업비: 500,000원
- 내 용: 재가 노인 가정 방문의료 검진(월 1회 이상)
- 담당자: 사회복지사 1명, 보건소 1곳, 종합병원 1곳

(4) 건강교실 및 한방의료서비스
- 목 적: 건강 상식 제공 한방 서비스를 통한 건강한 삶 제공
- 대상자: 내방 노인 65세 이상 60명
- 사업비: 600,000원

- 내   용: 한방의료서비스(순천 실로암 의료팀-침, 부항, 뜸서비스 및 운동
  기구제공)
- 담당자: 사회복지사 1명, 보건소 1곳, 봉사 의료팀 1곳

(5) 결연금 지원
- 목   적: 소년소녀가장, 결손가정 등 경제적으로 어려운 가정에 생
  활비를 제공하여 최소한의 삶의 안정을 꾀함
- 대상자: 소년소녀가장, 결손가정, 편모·편부세대 35명
- 사업비: 7,200,000원
- 내   용: 민간단체(한국복지재단)와 지역사회로부터 제공되는 후원금
  을 통한 생활비 지급(개별 무통장 입금)
- 담당자: 사회복지사 1명

(6) 생활물품 지원
- 목   적: 소년소녀가장, 결손가정 등 경제적으로 어려운 가정에 생활
  물품을 제공하여 생활에 도움을 주고자 함
- 대상자: 소년소녀가장, 결손가정, 편모·편부세대 50명
- 사업비: 3,120,000원
- 내   용: 민간단체(엘지, 사회복지공동모금회 등)와 지역사회단체, 기업,
  주민들로부터 후원물품을 기증받아 전달
- 담당자: 사회복지사 1명

(7) 가사지원서비스
- 목   적: 거동불편 재가 노인의 가정을 방문해 기초적인 가사활동을
  지원함으로써 삶의 편의를 제공하고자 함
- 대상자: 65세 이상 거동불편 재가 노인 60명
- 사업비: 200,000원

- 내　용: 65세 이상 거동불편 재가 노인의 가정의 청소 및 세탁, 장보기 서비스
- 담당자: 사회복지사 1명, 봉사자 20명, 공익 요원 2명

(8) 이동목욕서비스
- 목　적: 거동불편 재가 노인 등의 가정을 방문해 목욕을 해 줌으로써 청결 유지에 도움을 주고자 함
- 대상자: 65세 이상 거동불편 재가 노인, 와병, 치매, 중증장애인 등 35명
- 사업비: 8,000,000원
- 내　용: 지역 내에 거동이 불편하고 수발자의 보조만으로 입욕이 어려운 재가 요보호대상자 및 장애인을 대상으로 이동 목욕 차량을 이용하거나 방문하여 서비스 제공
- 담당자: 사회복지사 1명, 봉사자 20명, 공익 2명

(9) 이·미용서비스
- 대상자: 65세 이상 거동불편 재가 노인, 와병, 치매, 중증 장애인, 병원 입원환자 등 300명
- 사업비: 300,000원
- 내　용: 이동 목욕 대상자 및 마을회관, 종합병원, 생활시설을 방문하여 자원봉사자를 활용한 이·미용 서비스
- 담당자: 사회복지사 1명, 자원봉사자 6명

(10) 주거환경개선사업
- 목　적: 주거환경이 열악한 가정의 주거 환경을 개선하여 줌으로써 생활 안정을 꾀함
- 대상자: 65세 이상 재가 노인과 결손 가정 등 12가구

- 사업비: 20,000,000원
- 내 용: 도배, 장판교체, 화장실 개·보수, 주택신축 등 주거환경개선 서비스 제공
- 담당자: 사회복지사 1명, 자원봉사자 15명
- 후 원: EBS 효 도우미 0700, 사회복지공동모금회, 보성읍교회, 보성경찰서, 보성밀알회 등의 후원 및 후원물품, 기술지원

(11) 정서서비스
- 목 적: 상담 등을 통해 생활에 불편을 겪고 있는 지역 내 주민의 정서적 안정을 꾀함
- 대상자: 아동, 청소년, 65세 이상 노인 60명
- 사업비: 2,000,000원
- 내 용: 상담, 안부전화, 말벗, 일대일 학습지도, 가정방문 등
- 담당자: 사회복지사 1명, 자원봉사자 20명

다) 지역사회조직사업

(1) 주민 조직화 및 교육(자원봉사자, 운영위원회 교육)
- 목 적: 주민 스스로 지역사회 문제 해결에 참여하도록 돕고 주민의 공동체 의식을 함양하기 위함
- 대상자: 지역 내 주민 100명
- 사업비: 2,600,000원
- 내 용: 자원봉사자 교육, 복지관 운영위원회 교육
- 담당자: 사회복지사 1명

(2) 주민 조직화 및 교육(주민복지증진사업)
- 목 적: 사회복지관의 인적 자원 및 시설을 이용한 행사지원을 통해

지역 주민에게 편의를 제공하고 동시에 지역민의 사회복지에 대한 관심 유도하기 위함
- 대상자: 지역 주민 1,200명
- 사업비: 1,000,000원
- 내　용: 지역단위 행사 지원 및 시설 지원
- 담당자: 사회복지사 1명

라) 교육문화사업

(1) 아동·청소년 미술교실
- 대상자: 지역 내 아동 및 청소년 35명
- 사업비: 10,800,000원
- 내　용: 창의력 위주의 미술활동
- 담당자: 사회복지사 1명, 교사 1명

(2) 아동·청소년 영어회화교실
- 대상자: 지역 내 아동 및 청소년 35명
- 사업비: 6,000,000원
- 내　용: 원어민 교사를 통한 회화수업(주 2회)
- 담당자: 사회복지사 1명, 영어교사 1명(원어민)

(3) 노인 여가·문화사업(황혼에 떠나는 여행)
- 목　적: 노인 여가 생활 그룹 참여를 통해 노인 세대의 자아 정체감 형성에 기여
- 대상자: 지역 내 65세 이상 노인 70명
- 사업비: 2,000,000원
- 내　용: 게이트볼, 요가, 치매예방체조, 야외학습, 소풍, 여행 등

- 담당자: 사회복지사 1명, 강사 4명

(4) 문화복지사업(요가)
- 목   적: 일반 주민을 위한 여가, 오락 프로그램을 제공함으로써 건전한 여가선용을 하게 하고 그로 인해 가족의 화목을 도모하며 심신 단련을 통한 건강 유지를 위함
- 대상자: 지역주민 50명
- 사업비: 14,340,000원
- 내   용: 요가

(5) 문화복지사업(게이트볼 동아리)
- 목   적: 노인들의 여가활동을 지원함으로써 삶의 활력을 가지게 하며 건강을 도모하도록 함
- 대상자: 지역 내 65세 이상 노인
- 사업비: 자체 회원제 운영
- 내   용: 매일 복지관 게이트볼장 이용 경기
- 담당자: 사회복지사 1명, 강사 1명

(6) 문화복지사업(주부노래교실)
- 목   적: 노래 교육을 통한 음치 교정 및 다양한 장르의 노래를 배워 삶의 활력을 심어 주고자 함
- 대상자: 지역 주민 60명
- 사업비: 자체 회원 운영
- 내   용: 음치 교정, 노래 따라 부르기, 최신 가요 등 다양한 장르의 음악 배우기
- 담당자: 사회복지사 1명, 강사 1명

(7) 문화복지사업(청소년 자원봉사 동아리)
- 목 적: 청소년 자신의 정신적, 육체적 자원을 활용하여 자신이 속한 공동체에 도움을 줌으로써 건강한 인격을 형성하도록 하기 위함
- 대상자: 지역 내 청소년 40명
- 사업비: 2,000,000원
- 내 용: 극빈자 겨울난방비 지원을 위한 일일찻집 등 각종 사회봉사 활동
- 담당자: 사회복지사 1명
- 수상경력:
  2004년 제1회 전국청소년자원봉사대회 장려상
  2004년 제5회 전남청소년자원봉사대회 문화관광부 장관상 수상
  2005년 제7회 전국중고생자원봉사대회 개인부분 은상, 단체부문 장려상 수상

마) 자활사업

(1) 자활공동체 육성
- 목 적: 육체적으로 건강하면서도 일거리가 없는 노인들에게 일거리를 제공함으로써 삶의 활력을 제공하기 위함
- 대상자: 65세 이상 노인 10명
- 사업체: 업체 자체 예산
- 내 용: 면장갑 사업 등
- 담당자: 사회복지사 1명

바) 기타

(1) 푸드뱅크사업
- 목   적: 잉여식품을 활용하여 재활용의 효과 및 수혜자들의 먹거리 필요에 도움을 주고자 함
- 대상자: 국민기초생활수급권자, 차상위 계층 3,000명
- 사업비: 5,000,000원
- 내   용: 음식 기탁 수합, 기탁된 음식 제공

(2) 바자회 사업
- 목   적: 음식 및 물품 판매 대금을 통해 어려운 가정을 돕기 위함
- 대상자: 지역 주민 1,200명
- 사업비: 5,900,000원
- 내   용: 매년 5월 초 다향제 음식판매 바자회, 10월 중순 사랑나눔 물품판매 바자회, 판매 대금을 통한 소년소녀가장, 독거노인 돕기 및 복지사업 후원
- 담당자: 사회복지사 1명, 자원봉사자 15명

나. 평생대학(원)

1) 설립목적

우리 사회는 생활환경의 변화와 의학 기술의 발달 및 삶의 방식이 향상됨으로 고령화 사회에 진입하였으나 이에 걸맞는 노인 정책이 이루어지지 않고 있다. 이로 인해 노인들의 소외의 문제가 심각한 사회문제로 대두되었다. 이에 보성읍교회는 보성지역 노인 문제에 관하여 관심을 기울이게 되었고, 사

회 활동에서 제외된 노인들로 하여금 급변하는 사회 풍조 속에서 좌절하거나 뒤떨어지지 않고 적응하게 함으로 노년기를 보다 행복하고 아름답게 보낼 수 있도록 해야 한다는 과제를 당회에서 인식하여 기독교 정신에 입각한 평생교육기관으로서 보성읍교회 부설 평생대학(원)을 설립하게 되었다. 이런 평생대학(원)은 노인의 지적향상과 생활 교육, 선교, 복지, 건강, 건전한 여가 생활 및 신앙을 배우고 실천하므로 지역사회 봉사에 일조하도록 한다.

2) 연혁

- 1998년 5월 12일 평생대학 개설 1기생 95명 입학식
- 1999년 3월 1일 평생대학 2기 40명 입학식
- 1999년 12월 7일 평생대학 1기생 2년 과정을 마치고 88명 졸업식
- 2000년 3월 8일 평생대학 3기생 60명 입학
- 2000년 11월 4일 제1회 총동문체육대회(보성종합실내체육관)
- 2000년 12월 8일 평생대학 2기생 40명 졸업
- 2001년 3월 1일 평생대학 4기생 63명 입학
- 2001년 10월 24일 제2회 총동문체육대회(보성종합실내체육관)
- 2001년 12월 5일 평생대학 3기생 55명 졸업
- 2002년 3월 20일 평생대학 5기생 62명 입학, 대학원 1기생 70명 입학
- 2002년 10월 20일 제3회 총동문체육대회(보성종합실내체육관)
- 2002년 12월 11일 평생대학 4기생 55명 졸업
- 2003년 3월 12일 평생대학 6기생 67명 입학, 대학원 2기생 40명 입학
- 2003년 8월 15일 제1회 총동문회 1일 여름수련회(회천 군학리)
- 2003년 10월 29일 제4회 총동문체육대회(보성종합실내체육관)
- 2003년 11월 평생대학 5기 제주도 졸업여행(2박3일), 대학원 1기 중국졸업여행(5박6일)
- 2004년 2월 17일 5기생 55명 졸업, 대학원 1기생 46명 졸업

- 2004년 3월 17일 7기생 73명 입학, 대학원 3기생 41명 입학
- 2004년 8월 15일 제2회 총동문회 1일 여름수련회(회천 군학리)
- 2004년 10월 27일 제5회 총동문체육대회(보성종합실내체육관)
- 2004년 11월 평생대학 6기 제주도 졸업여행(2박3일), 대학원 2기 금강산 졸업여행(2박3일)
- 2005년 2월 18일 대학 6기 60명 · 대학원 2기 40명 졸업
- 2005년 3월 15일 대학 8기 80명 · 대학원 4기 60명 입학
- 2005년 4월 전북 새만금 봄소풍
- 2005년 5월 경로위안잔치
- 2005년 7월 제3회 여름수련회
- 2005년 10월 제6회 총동문체육대회(보성종합실내체육관)
- 2005년 11월 대학 7기 · 대학원 3기 졸업여행
- 2006년 2월 24일 대학 7기 65명 · 대학원 3기 32명 졸업
- 2006년 3월 15일 대학 9기 90명 · 대학원 5기 45명 입학
- 2007년 2월 14일 대학 8기 69명 · 대학원 4기 59명 졸업
- 2007년 3월 14일 대학 10기 90명 · 대학원 6기 45명 입학

3) 교육목표

가) 말씀, 복음찬양과 건전가요를 통해 삶에 대한 감사를 회복케 한다.
나) 급변하는 사회, 문화에 잘 적응하여 행복한 삶을 갖게 한다.
다) 생활 중심의 프로그램을 균형 있게 운영하여 영적, 육체적 건강을 유지하게 한다.
라) 특별 활동과 학생회 자치 활동을 통하여 또래 노인들의 바른 인간관계를 갖게 한다.

4) 학생현황

(단위: 명)

구분	1998년	1999년	2000년	2001년	2002년	2003년	2004년	2005년	2006년	2007년	총계
평생대학	1기	2기	3기	4기	5기	6기	7기	8기	9기	10기	
학생수	88	40	60	63	62	67	73	69	75	80	677
평생대학원					1기	2기	3기	4기	5기	6기	
학생수					38	37	41	59	45	50	270
계											947

5) 운영의 실제

가) 운영 방침

기독교 신앙과 정신을 기초로 교육하며 운영한다.

나) 추구하는 교육의 기본 방향

평생교육의 기회를 제공함으로 배움의 욕구를 충족시키며, 봉사 활동의 생활화로 지역사회 발전에 기여하게 한다.

다) 교육별 주요 강의 내용

구 분	1학기	2학기
1) 입학식(경건회) 및 오리엔테이션 (임원조직 및 반편성)	1주	1주
2) 교양강의	7주	4주
3) 봄(소풍), 가을(체육대회)	1주	1주
4) 건강(신체검사)강의	1주	1주
5) 건전가요 및 복음송	1주	1주
6) 레크리에이션	1주	1주
7) 비디오상영	1주	1주
8) 여름 수련회	1주	
9) 지역 기관장과 만남, 강의	2주	2주
10) 졸업여행 및 견학(문화탐방)	1주	1주
11) 종강 및 졸업식	1주	1주
계	17주	13주

라) 2006년 운영예산집행계획

(1) 세 입

　보성읍교회 지원금: 1,600만 원

　자치단체 후원금: 320만 원

　계: 1,920만 원

(2) 세 출

　강사비: 750만 원

　중식비: 500만 원

　경로위안잔치: 150만 원

　입학식 및 졸업식: 100만 원

　예비비: 100만 원

(3) 기타행사비(학생회 주관)

　여름 1일수련회: 700만 원

　총동문체육대회: 600만 원

　경로위안잔치협조: 300만 원

　총계: 3,200만 원

6) 교육 과정 운영 계획

가) 일일 시간표

시간	내용
10:00 - 11:00	복음 찬송 및 건전가요 부르기
11:00 - 12:00	초청강사 강의
12:00 - 13:00	점심식사
13:00 - 오후	특별활동시간(장구교실, 게이트볼, 건강 교실 등)

나) 월별 계획

구 분	월별 일정	세부사항
원서접수	1월~2월	내방접수 및 우편접수
졸 업 식	2월(둘째주)	(대학원 2기: 40명, 대학 6기: 60명)
입 학 식	3월(첫째주)	
나들이	4월(셋째주)	봄 소풍
경로위안잔치	5월(둘째주)	보성군 내 어르신을 위한 경로위안잔치
사회교육 및 복지 프로그램	3월~6월, 9월~11월	전문강사 초빙 강의
방학	7월~8월, 12월~2월	여름방학 겨울방학
여름 1일수련회	8월	여름방학 중 1일 수련회
총동문 체육대회	10월(넷째주)	체육대회(1기~현재학생)
졸업여행	11월(셋째주)	대학(원)기별 졸업여행

7) 직원 조직과 업무 분장

구 분	담당자	주요업무
학장	차보욱 장로	본 대학(원)을 총괄하며 대학(원)을 대표하며 강사섭외 및 사업을 진행한다.
대학원장	최용준 목사	대학원을 총괄하며 학교 발전을 위하여 학장과 협력한다.
사무국장	임지규	학장과 대학원장을 보좌하며 지시를 받아 대학(원) 학사일정을 총괄진행한다.
교무	강은숙	학적관리, 교육과정편성, 기획을 담당한다.
회계	강은숙	재산관리, 회계에 관한 업무를 담당한다.
노래지도	주양자·서정미	건전가요 및 복음찬송을 지도한다.
반주	오은현	건전가요 및 복음찬송을 반주한다.
레크리에이션	오은현	레크리에이션에 관한 부분을 책임지고 지도한다.
평생대학 9기 교사도우미	송안순, 강성애	내가 맡은 반을 잘 관리한다.
평생대학 10기 교사도우미	남만순, 박점자	내가 맡은 반을 잘 관리한다.
평생대학 5기 교사도우미	주양자, 김연님	내가 맡은 반을 잘 관리한다.
평생대학 6기 교사도우미	박영선, 임점순	내가 맡은 반을 잘 관리한다.
식당도우미	조리사 외 3명	매주 점심식사를 책임진다.

다. 보성유치원

1) 실시목적

지역 내 유아들을 대상으로 수준 높은 교육을 실시함으로써 아이들의 올바른 성장과 인성계발을 꾀함과 동시에 자녀들에 대한 학부모들의 교육적 욕구를 충족시키며 더불어 생활에 어려움을 겪는 가정의 돌봄의 필요를 채워주고자 함이다.

2) 연혁

- 1930년 11월 25일 보성읍교회에서 설립
- 1938년 임양온씨 유치원 건물 20평과 대지 기증
- 1938년 신사참배 거부로 유치원 폐쇄되었다가 다시 개원됨
- 1993년 3월 1일 교육관 신축공사로 유치원 휴원함
- 1996년 유치원 재인가 받아 개원함
- 2002년 9월 보성종합사회복지관으로 건물 이전함
- 2006년 2월 20일 제73회 졸업생 28명
- 2007년 2월 21일 제74회 졸업생 16명

3) 교육목표

가) **건강생활**: 몸과 마음이 건강하게 자라게 한다.
나) **사회생활**: 바른생활 습관을 기르고 다른 사람과 더불어 생활하는 태도를 기른다.
다) **표현생활**: 생각과 느낌을 창의적으로 표현하는 능력을 기른다.
라) **언어생활**: 언어를 바르게 사용하는 능력을 기른다.
마) **탐구생활**: 일상생활의 문제를 궁리하여 해결하는 능력을 기른다.

4) 교육활동

가) 연간 교육일수
- 유치원의 교육일수는 180일을 기준으로 하되 유아의 연령 및 학부모님의 요구 등 유치원 실정을 고려하여 조정한다.
- 제1학기는 3월 2일부터 8월 31일까지, 제2학기는 9월 1일부터 다음해 2월 말까지 한다.
- 토요일은 수업일수에서 제외하고 다음주의 교육활동 준비의 날로 운영한다(종일반 제외).
- 유치원 행사일은 교육일수에 포함한다.
- 아동의 수준, 기후, 계절 및 지역의 특성을 고려하여 조절한다.

나) 교육 계획 운영 중점
- 기본생활교육을 강조한다.
- 유아의 요구와 흥미, 개별성을 존중한다.
- 유아 위주의 활동 중심 교육이 이루어지도록 한다.
- 유아의 전인적인 성장 발달을 돕는다.
- 놀이를 통한 통합적 교육에 힘쓴다.
- 유아의 발달 수준, 지역 특성, 유치원의 실정, 시기성들을 고려하여 연, 월, 주, 일간 계획을 구체적으로 수립한다.
- 유치원이 근접에 있는 자연 환경과 지역사회의 공공시설들을 최대한 활용하여 운영의 내실을 위하여 풍부한 교재(교구)의 확보와 자료 개발 및 정리에 역점을 둔다.
- 사회의 변화에 대응할 수 있는 창의적인 능력을 계발한다.
- 유치원의 교육 활동이 가정에 연계될 수 있도록 편성한다.

다) 교육 내용

(1) 실내 자유선택 활동
  - 언어영역: 책보기, 이야기 꾸미기, 동시감상 및 동시 짓기, 글놀이
  - 수・과학영역: 관찰(동・식물, 계절과 날씨변화), 수놀이, 분류, 패턴 등 실험(색, 소리, 공기의 성질, 자석놀이, 그림자놀이 등)
  - 조작놀이 영역: 소근육 발달을 돕는 여러 가지 퍼즐 놀이, 끼우기, 바느질
  - 조형영역: 그리기, 만들기, 꾸미기, 접기 등의 조형활동
  - 음률영역: 노래 부르기, 악기연주, 음악감상, 박자 알기, 리듬에 맞추어 표현하기

(2) 함께하는 활동
  - 이야기 나누기: 계절의 변화, 자연과학, 사회과학 등 주제에 따른 이야기를 나눈다. 발표력과 자신감을 증진시킬 수 있다.
  - 게임: 개인 혹은 무리를 지어 놀이를 즐긴다. 자신감, 성취감, 질서의식을 기르며 신체균형과 올바른 운동정신을 갖게 된다. 공동체의 일원으로 규율을 지키고 공통된 목적을 달성하기 위하여 협력하는 자세를 배우게 된다.
  - 노래 및 표현활동: 노래를 듣고 부르며 언어의 아름다움과 선율을 느끼며 여러 가지 동작을 표현한다. 즐겁고 밝은 정신을 갖게 된다.
  - 동화와 동극: 동화를 듣고 극화하는 활동을 한다. 상상력과 창의성이 풍부해 진다.

(3) 실외 자유선택 활동
  - 실외놀이를 통해 대근육의 발달과 친구와의 상호작용을 통해 협동심, 사회성이 발달되면 운동기구를 이용하여 놀이와 경기를 한다.

변화하는 자연환경도 관찰하고 변화를 깨달을 수 있다.

라) 하루 일과 시간별 활동표

시간	일과	기본활동
08:30~10:00	등교, 자유 선택활동	언어, 수, 과학, 조작, 미술, 역할, 쌓기, 음률, 컴퓨터
10:00~10:20	대집단 활동	하루 일과 계획하기, 그룹활동
10:20~10:50	정리정돈 및 이야기 나누기 및 전이 활동	화장실 다녀오기, 이야깃거리 발표, 토의 학습, 동화, 동시, 새노래
10:50~11:30	활동 주제에 따른 영역별 활동	작업, 동시짓기, 언어활동, 수학활동, 과학활동
11:30~13:00	점심, 실외놀이, 선택활동	산책가기, 모래놀이, 물놀이, 운동기구로 신체활동
13:30~14:30	요일별 특별활동 생각 모으기 및 소집단 활동	창의 활동, 동극, 요리, 페찌, 칼라믹스, 전통놀이, 바느질
14:30~15:00	간식, 귀가 준비, 하루활동 평가, 내일활동 계획	전체 평가 교통안전생활지도

마) 연간행사

월	특별한날	유치원행사	주요활동
3	삼일절	· 오리엔테이션 · 입학식 · 유아 및 학부모 면담	유아 발달 및 태도 검사
4	식목일	· 반별 꽃씨 및 나무 심기 · 견학(봄동산, 딸기밭, 동물원) · 쑥 캐기	싹틔우기를 통한 체험학습 / 벚꽃 관찰 / 봄에 나는 나물 알고 캐기(쑥 버무리, 나물, 화전 만들기) / 동물원 견학
5	어린이날 어버이날 스승의날	· 봄 소풍 · 어린이날 축하파티 · 부모님께 편지쓰기 · 신체 검사	장기자랑, 과자뷔페, 디스코 파티 / 부모님께 감사하는 표현하기 / 신체 발달 정도 점검

월	특별한날	유치원행사	주요활동
6	현충일 단오 한국전쟁일	・견학(경찰서,기상청)	우리동네 및 날씨를 관측, 예측하는 기관 둘러보기
7	제헌절	・견학(병원,포도밭) ・갯벌탐사 ・여름방학	병원의 중요성과 역할 / 포도 관찰 / 갯벌 속에 뭐가 살까?
8	광복절	・개학식 ・해양 박물관 견학	여름방학 특강 / 바다 생물들 모습 관찰
9		・가을캠프(소풍) ・전통놀이 체험학습	자립심과 책임감, 공동체 의식 기르기 / 전통놀이 워크숍
10	개천절 추석 한글날	・견학(과수원,연꽃 축제) ・학부모 참여수업	감, 사과, 배과수원 견학 / 연꽃 등 수생 식물관찰 / 가을 단풍놀이를 가족과 함께
11		・졸업 사진 촬영 ・견학(과학관,천문관,젖소목장)	열매반 졸업사진 촬영 / 우주 체험학습 / 우유가 나오기까지 과정 알기
12	성탄절	・꼬마예술제 ・겨울방학	엄마 아빠! 보여 주고 싶어요
1	설날	・개학식	방학 중 특별활동(진급 준비)
2		・영화 관람 ・졸업식 ・신입생 면접	초등학교 견학으로 1학년 적응하기 / 졸업식

바) 학급편성(2006년도 기준)

- 총 4개 반
- 3세 반(15명), 4세 반(26명), 5세 반(21명), 6세 반(26명)

사) 예산(2006년도 기준)

- 102,800,000원
- 교회 부담, 원아 부담

라. 사랑나눔

1) 실시목적

생활형편이 어려운 노인가정이나 소년소녀가장, 일반가정 등을 대상으로 정기적으로 돌봄으로써, 실질적인 생활의 도움을 주며 나아가 사람과 섬김을 통해 자활의지를 심어 주고자 하는 것을 목적으로 실시한다.

2) 운영

가) 운영기관: 보성읍교회
나) 수혜대상: 국민기초생활보호대상자
다) 운영방법
- 보성읍교회 사회복지부가 총괄하여 운영한다.
- 예산은 보성읍교회에서 사회복지부에 편성한 예산으로 한다.
- 수혜대상가정은 국민기초생활보호대상자 가정 중 보성읍교회 사회복지부의 심사를 거쳐 선정한다.
- 봉사자는 보성읍교회 사회복지부원과 자원봉사자로 한다.
- 봉사자 관리는 사회복지부에서 실시한다.
- 정기적인 나눔과 비정기적인 특별 나눔으로 구분하여 실시한다.

3) 내용

가) 정기사랑나눔:
매월 3만 원 씩 지급하며, 정기적으로 가정을 방문해 돌보며, 필요 사항을 파악하여 돕는 방법을 강구하고 처리한다.

나) **특별사랑나눔:**

성탄절, 설날, 추석 연 3회 5만 원씩 지급하며, 기타 특별한 절기에 가정을 직접 방문해 돌보며 필요 사항을 파악하여 돕는 방법을 강구하고 처리한다.

다) **구역사랑나눔:**

보성읍교회 55개 구역조직이 각 1가정씩 정해 자체적으로 돌보며 섬긴다(청소, 빨래, 밑반찬 만들어 주기, 상담, 이야기 대상, 물질 도움 등).

마. 실로암안과 진료

1) 실시목적

지역민들의 안과적 질병 문제 해결을 통한 지역사회복지 향상과 선교를 목적으로 한다.

2) 운영

가) **운영기관:** 보성읍교회 및 보성종합사회복지관
나) **실시기관:** 서울 실로암안과
다) **수혜대상:** 지역민이면 누구나 가능
라) **장소:** 보성종합사회복지관
마) **운영담당:** 보성종합사회복지관 사회복지사 1인
바) **예산**
　(1) 진료에 관련된 예산: 실로암안과 예산
　(2) 행사에 관련된 예산: 보성읍교회 예산
　　　- 진료팀 숙박 및 식사비용
　　　- 환자 식비(대기 환자에게 식사 제공)

- 홍보비
- 선물비
- 기타 운영비

사) **운영내용**

(1) 의료팀 숙소 및 식사 제공
(2) 진료 및 수술 장소 선정 및 정리
- 외래진료실
- 대기실
- 수술실
(3) 접수
- 1일 150명
- 선착순 접수
- 번호표 배부, 접수자 명단에 구분기재: 장애인, 수급자, 소년 소녀 가장 등
(4) 홍보
(5) 행사진행
(6) 사후 환자 관리

3) **의료인력**

단장 1인, 의사 2인, 간호사 4인, 검안사 1인, 기사 1인(총 9명)

4) **시행시기**

가) 연 2회(봄, 가을)
나) 회당 3일

5) 홍보

　가) **홍보담당**: 담당 사회복지사
　나) **홍보방법**
　　(1) 군청 및 보건소(협조공문 발송)
　　(2) 각 마을별로 홍보
　　- 교회와 각 마을 이장에게 협조공문, 홍보 팜플렛 동봉 발송, 전화 연락
　　(3) 주요 장소마다 홍보 플래카드 설치

바. 사랑봉사대

1) 실시목적

　도움이 필요한 지역사회와 주민을 사랑으로 섬기고 돕기 위함이다.

2) 사랑봉사대의 기본자세

　가) 구원의 감격으로 하나님 영광을 위하여 봉사한다.
　나) 서로 협력하며 봉사한다.
　다) 하나님의 마음으로 봉사한다.

3) 사랑봉사대 준수사항

　가) 4명 1조 2개 팀으로 활동한다.
　나) 지역사회를 섬기며 사랑으로 봉사하는 것을 원칙으로 한다.
　다) 적어도 2주에 1회 이상 봉사계획을 실천하고 양식에 근거하여 보고한다.

4) 활동조직

- 교회 사회봉사위원장 주관으로 활동한다.
- 3개 조로 편성되어 활동한다.

사. 병원문고 운영

1) 실시목적

교양서적 및 신앙서적의 대출을 통해 종합병원에 입원해 있는 환우들의 여가와 정신적 안정을 돕기 위함이다.

2) 운영현황

- 현재 보성 아산종합병원 내 도서관을 운영하고 있다.
- 교양서적 및 신앙서적과 다양한 서적을 비치해 두고 환우들로부터 자유롭게 대출해 갈 수 있도록 하고 있다.
- 도서관 내 휴식공간을 마련해 환우들의 쉼터를 제공하고 있다.
- 이용자들이 원하는 신간서적을 구입해 비치한다.
- 모든 비용은 보성읍교회에서 부담한다.

3) 대출 이용 일시

매주 월요일~금요일, 오전 10시~12시

4) 이용대상

입원환자 및 보호자, 병원 가족

아. 공부하는 세상 – 인터넷학교

1) 실시목적

학원에 다니지 않는 학생들에게 방과후 인터넷 홈페이지를 이용해서 동영상으로 학생들에게 미진한 과목을 학습함으로 도움을 주고자 함이다.

2) 효과

가) 인터넷을 이용해 전문강사들의 강의를 듣게 함으로써 수준 높은 강의를 접할 수 있다.
나) 지도교사를 둠으로 인해, 집에서 혼자 할 때 이해하지 못하는 부분을 다룰 수 있는 장점이 있다.
다) 함께 모여 한다는 점에서 학생들의 흥미를 끌며 참여도를 높일 수 있다.
라) 방과후 건전한 활동을 유도할 수 있다.

3) 인터넷 강의 내용

- 인터넷 강의 공부하는 세상(http://www.schoolcity.co.kr)은 행정자치부에서 등록한 사이트로 서울대, 연대, 고대 출신 선생님들의 강의를 인터넷을 통해서 제공한다. 개인 질의문답이 가능.
- 화상교육을 통해 선생님과 학생이 사전에 정해진 시간에 신청해서

공부할 수 있으며, 주로 동영상 위주의 공부를 하면서 내용을 출력해서 내용을 보면서 동영상을 시청할 수 있다.
- 중간, 기말 기간에 인터넷을 통해서 지정된 날짜와 시간에 중간, 기말고사를 치를 수 있다(홈-교과학습-시험보기).
- 시간과 경제적인 면에서 효율적이다. 학원에 오가는 시간의 절약은 물론 이해가 잘 안되는 부분은 반복해서 학습할 수 있다.
- 학교에서 공부하는 정규학습 진도대로 인터넷을 통해서 동영상 강의로 공부할 수 있는 장점이 있다.

4) 대상

초등1~6학년, 중1~3학년, 고1~3학년, 학년별로 5명씩(총 60명)

5) 교과진행과정

가) 초등1~초등2학년: 영어, 수학
나) 초등3~초등6학년: 영어, 수학
다) 중1~고3학년: 영어, 수학

자. 교회동산 운영

1) 실시목적

교회가 묘지 용도의 동산을 운영함으로써 교인들의 사후 장례에 관한 전반적인 절차를 책임지며, 특히 생활환경이 어려운 교인들의 사후에 대한 염려를 덜게 하는 것을 목적으로 한다. 더불어 교인들 간의 상조의 정을 나눔을 목적으로 한다.

2) 위치

전남 보성군 보성읍 대야리 산 198번지, 197-2번지

3) 임원조직 및 임무

장의 위원회 회칙 4-5조에 준한다.

4) 교회동산 입장자격

보성읍교회 원입교인(세례교인) 이상으로 한다(단, 등록교인도 당회가 인정할 경우 가능하다).

5) 교회동산 입장절차

가) 교회동산에 입장을 원하는 사람이나 가족이 장지사용허가신청서(양식 1호)를 작성, 장의위원회 위원장에게 제출하여 장지사용허가를 받아야 한다.
나) 입장 자리는 이유여하를 막론하고 번호순으로 한다.
다) 분묘 및 묘비 규격은 교회 장의위원회가 정한 별도의 양식 규정에 의한다.
라) 1구당 묘지면적은 장의위원회 교회동산관리 세칙에 의하며, 분묘 조성비는 전액 장지사용자 부담으로 한다(단 장의위원회 회원은 회비에서 전액 부담한다).
마) 교회동산 사용자는 1건당 동산 사용료(100만 원)를 장의위원회에 납부하여야 하며 장의위원회 회원은 예외로 한다(단, 물가지수에 따라 변동할 수 있다. 수급자에 한하여 당회가 결의하면 조정할 수 있다).

6) 규제

가) 장의위원회 세칙 외 미관상 또는 산림보호법을 위반하는 행위와 모든 미신적 행위를 엄금하며, 모든 절차는 장의 위원회의 지시에 따라야 한다.
나) 장의위원회 세칙을 이행치 않을 경우 동산입장 허가를 취소할 수 있다.
다) 이장은 합장할 경우에만 허락한다(단, 묘지 작업비용은 장례시에 준하며 동산 사용료는 50만 원으로 한다. 수급자에 한하여 당회가 결의하면 조정할 수 있다).

7) 장의 위원회 회칙

가) 본 회는 보성읍교회 당회(특별위원회)에 속한다.
나) 교인 상제시 상호 협력하며 장례절차를 주관한다.
다) 본 교회 교인(등록교인 이상)은 회원이 될 수 있다.
라) 본 회의 운영을 위하여 임원을 둔다. 위원장은 당회가 선임하고 위원장은 임원천거하여 보고 {위원장(회장)1명, 총무1명, 회계1명}당회결의에 의한다.
마) 위원장은 본 위원회를 대표하며 제반운영을 총 지휘하며 당회의 지시를 받는다. 총무는 위원장을 보좌하며 장례절차 계획 진행을 주관한다. 회계는 회비를 징수하며 장의용품 구입 · 지출 · 결산한다.
바) 본 회 가입 시 입회비는 1회로 하여 기존교인은 150,000원, 신입교인(당년 등록교인)은 80,000원으로 한다. 가입한 회원은 회원 및 직계가족 본 교회 교인에 한함. 소천시마다 회비 6,000원을 각 조장에게 납부 확인받는다.
사) 회원 및 직계가족(본 교회 교인) 소천 시는 다음과 같이 혜택을 부여한다.
　(1) 묘지제공(본 교회 동산 공원묘지 규정대로)
　(2) 관, 명전(기타부속품)
　(3) 장의차 대여(보성읍거주지를 기본 km로 하고, 타지역 km 추가는 상가 부담)
　(4) 장지 작업 인부임(기본 4명, 추가 인원은 상가 부담)

(5) 석곽(석관), 둘레석, 표석
(6) 표석각인 및 잔디 2평
※상복, 천막, 기타 장의용품은 필요시 대여한다.

아) 회원이 회비를 6회 이상 미납시 상황을 판단하여 제명할 수 있다.

자) 모 교회의 교인이 타 지역에서 소천하여 고향(본 교회동산)에 장지를 원할 때 또는 타 지역에 있는 본 교회 교인 묘지를 교회동산에 이장을 원할 때에는 교회동산 관리기금으로 본 회에 500,000원을 납부한다.(비용 및 물품대 별도-비회원 포함)

※ 회원이 소천하여 직계가족이 타지에 있어 회비 납부에 지장이 있거나 불가능한 경우 관리기금으로 500,000원을 납부하고 탈퇴할 수 있다.

차. 장학사업

1) 실시목적

매 학기 지역 내 학생들에게 장학금을 지급함으로써 학업에 대한 열의를 북돋우고 교회와 사회에 봉사하는 일꾼으로 쓰임받게 하는 데 목적이 있다.

2) 장학기금 운용

기부금(헌금)과 후원금을 통해 적립된 장학기금을 통해 장학금을 지급한다.

3) 장학금 종류

가) 성적장학금
나) 사회봉사장학금

다) 지역학교장학금

라) 교회봉사(반주)장학금

마) 신학장학금

바) 특별장학금

4) 지급 금액

가) 성적장학금
- 대학생: 각 40만 원
- 고등학생: 각 20만 원
- 중학생: 각 15만 원

나) 사회봉사장학금
- 대학생: 각 40만 원
- 고등학생: 각 20만 원
- 중학생: 각 15만 원

다) 지역학교장학금
- 고등학생: 각 20만 원
- 중학생: 각 15만 원
- 초등학생: 각 10만 원

라) 교회봉사(반주) 장학금
- 일반: 각 60만 원
- 대학생: 각 40만 원
- 고등학생: 각 40만 원
- 중학생: 각 40만 원

마) 신학장학금
- 대학(원)생: 각 60만 원

바) 특별장학금
- 고등학생: 각 20만 원
- 중학생: 각 15만 원
※ 2006년 장학금 지급 금액: 47명에 11,800,000원

카. 보성경찰서 전경 위문

1) 목적

지역을 위해 수고하는 전경들을 격려하기 위함이다.

2) 주관

선교위원회

3) 내용

매년 설날, 추석, 성탄절 1주일 전 수요일에 선물을 전달한다.

4) 예산

- 예산: 1회 30만 원, 연 1백만 원 정도
- 준비품목: 떡, 음료수(콜라), 과일, 쵸코파이 등

3. 문제점과 대안

　보성읍교회가 실시하고 있는 지역사회복지 활동 실시결과 지역사회의 복지수준이 어느 정도 향상되고 있다. 그러나 그에 따른 여러 가지 문제점도 발생하고 있는 실정이다.

　첫째, 사회복지 수혜대상자 선정에 있어 지역주민의 정확한 실태 파악과 구체적인 사회복지서비스의 욕구파악이 제대로 이루어지지 않아, 사회복지 활동을 실시하고 있는 주체인 보성읍교회의 다소 임의적이며 주관적으로 활동이 이루어지고 있다. 물론 보성읍교회에서 실시하고 있는 사회복지활동 등이 수혜자들의 필요와 상관없는 활동은 아니다. 최소한 보성읍교회에서 실시하고 있는 사회복지활동은 수혜자들 자신에게 꼭 필요한 서비스를 제공하고 있다고 할 수 있다. 그렇더라도 더 많은 사람들에게 그리고 그들에게 더 절실하게 도움이 되는 활동들이 여전히 부족한 것은 사실이다. 이는 보성읍교회가 아직까지 이 모든 활동들을 감당하기 위한 역량들을 충분히 길러내지 못한 데에도 그 이유가 있고 또한 국가나 관의 지원을 받기 위한 방법으로 대상자를 선정한다거나 정확한 실태파악이 이루어지지 않는 데서 오는 제한된 추천에 기인한 대상자 선정에 그 이유가 있다고 하겠다. 이 때문에 정작 수혜를 받아야 할 대상자들에게 원만한 서비스가 이루어지지 않는 문제점이 있다. 이는 보성군청과 보성읍교회 자체의 좀 더 자세하고 구체적인 지역실정 파악과 좀 더 공정하고 객관적인 수혜대상자 선정을 이루어 나감으로써 차차 극복해 나가야 할 것이다.

　둘째, 봉사자의 수급에 문제가 있었다. 초창기에는 자원봉사자들 거의 대부분이 보성읍교회 교인들로 구성되어 있었고, 그러다 보니 봉사자의 수급에 한계가 있을 수밖에 없었다. 보성읍교회 장년 평균 출석교인이 600명 정도이고, 그중에 실제적으로 자원봉사자로 일할 수 있는 연령 대는 약 50%정도이고, 이 중에서도 자녀 양육문제나 직장문제가 해결되어 순수하게 자원봉사자로서 일할 수 있는 사람들의 비율은 50여 명 정도밖에 안된다. 그렇다고 해서, 교회가 아닌 외부에서 자원 봉사자를 동원하고자 하나, 지역 사정상 인구가 적고 봉사보다 복지서비스의 수혜자들이 더 많은 실정에서 그렇게 하지 못했다. 그러다 보니 봉사자들이 중복해서 일을 하게 되고 쉽게 지치게 되는 문제가 발생했다. 이러한 어려움을 극복하기 위해 복지활동 프로그램에 자원봉사자 교육 및 양성 계획을 수립하여 실시하고 있다. 하지만 지역과 교회 사정상 그 프로그램이 실제적인 효과를 거두지 못하고 있는 형편이다. 이는 인력수급의 한계 때문이다. 이는 더 꾸준한 지역사회복지 활동을 통해 지역민들로 하여금 지역사회복지 활동의 필요성을 인식하게 하고 그래서 그 활동에 적극적으로 참여하게 함으로써 해결해 나가도록 해야 한다. 현재는 초창기에 비해 훨씬 많은 자원봉사자들의 참여가 이루어지고 있다.

셋째, 현재는 어느 정도 나아지긴 했으나, 타 교회와의 연계가 미비함으로 인해 보성읍교회가 지역사회복지활동을 독점하다시피 하고 있는 점을 문제로 지적할 수 있다. 이는 지역사회교회의 재정적인 사정이 매우 열악하다는 이유 때문인 것으로 파악되고 있다. 이 때문에 보성읍교회가 담당해야 할 지역사회복지 범위가 그 내용면에서나 활동장소 면에서 너무 넓고 방대하여 질 높은 서비스를 효과적으로 제공하지 못하고 수박 겉핥기식으로 서비스를 제공하는 경우가 생기고 있다. 이에 보성읍교회는 자립하고 있는 지역교회들과 지역사회 복지 네트워크를 구성하고, 또한 자립하지 못한 교회들을 대상으로 하는 지원과 교육을 통해 장기적으로 그 교회들이 자기 지역의 복지를 맡아 활동할 수 있는 프로그램을 개발하고 추진하고 있다. 지역사회 교회들의 목회자들을 매년 초청하여 지역사회복지의 당위성에 대한 교육과 보성읍교회의 지역사회복지 활동 프로그램을 소개하며 미자립교회의 지원 방안을 강구하고 또한 목회자들 간, 그리고 교회 간 네트워크를 구축하고 있다. 또한 수시로 미자립 교회를 돕고 다양한 지원책을 제공함으로써, 그들로 하여금 지역사회를 섬기는 발판을 삼게 하고 있다.

넷째, 복지서비스에 있어서 프로그램의 전문성이 결여되어 있다. 이는 보성읍교회가 그동안 담임목사의 사회복지에 대한 열정과 교회 자체의 노력만으로 복지서비스를 실시해 왔었고, 교회 자체적으로 전문적인 사회복지기관으로서 출발한지가 이제 겨우 1년여 밖에 되지 않았다는 것 때문에 나타난 현상이라고 할 수 있다. 그렇더라도 국가의 지원을 받아 종합사회복지관을 설립하고 운영하고 있는만큼 하루속히 전문적인 사회복지서비스를 실시할 수 있도록 총체적인 노력을 경주해야 할 것이다. 이는 현재, 전문 사회복지사와 전문 프로그램을 실시하고 있다는 점에서 어느 정도 시간이 흐르면 해결될 수 있는 문제라고 여겨진다. 물론 좀 더 꾸준한 연구와 집중적인 투자, 프로그램 개발, 전문성을 갖춘 일군의 충원과 양성이 밑바탕이 되어야 할 것이다.

다섯째, 프로그램의 다양성이 부족하다. 예를 들면, 진료서비스에 있어서 현재는 실로암안과에서 실시하는 안과 진료와 치료서비스만을 실시하고 있으나, 지역민들에게는 안과적 의료서비스 뿐만 아니라 다른 부분의 의료서비스도 절실하다고 할 수 있다. 농촌노인들에게 있어서 치과나 내과, 신경외과 등의 진료는 꼭 필요하고 인기있는 의료서비스가 될 수 있는 데도 불구하고 실시하지 못하고 있다. 이에 도시에 있는 의료기관이나 대형교회 등과 연계하여 안과뿐만 아니라 타과 의료진료서비스를 실시할 수 있도록 하는 것이 바람직하다. 그리고 이런 서비스의 다양성은 의료서비스에 있어서 뿐만 아니라 재가복지서비스에서도 마찬가지이다. 현재, 보성종합사회복지관이 출범하여 본격적으로 활동하고 있고, 거기에 전문 사회복지사들의 활동과 담임목사의 사회복지적 마인드 그리고 교회의 적극적인 지원으로 인해 다양한 서비스가 계획되고 있으며 하나하나 차근차근히 실시되고 있다.

여섯째, 교인들이 교회에서 제공하는 복지서비스를 사회복지적인 측면보다는 선교적인 차원의 일환으로 인식했다. 이런 점에서 초창기 복지서비스를 실시함에 있어서 교회의 예산 지원이나 교인들의 활동 참여 요구를 함에 있어서 산술적인 데이터를 가지고 마찰을 빚는 경우가 발생했다. 그러나 현재는 꾸준한 교육과 복지서비스를 받는 지역사회주민들의 반응에 의해 교인들의 인식자체가 변해 가고 있다. 복지서비스 수혜대상자들은 당장에 그들의 삶의 필요를 채우기 위해 복지서비스를 받고자 한다. 그렇기에 노골적인 선교적 활동을 내세운 복지서비스는 자칫 수혜자의 입장에서 볼 때, 그 효과가 반감되거나 오히려 역효과가 나타날 수도 있고 실제로 그런 경우도 종종 발생한다. 이러한 문제점을 해결하기 위해서는 복지서비스 그 자체보다 선교활동을 노골화하는 것을 지양해야 한다. 수혜자들이 필요로 하는 사회복지서비스 그 자체에 충실할 때 언젠가는 반드시 그 뒤에 있는 선교적 목적의 효과가 나타나게 될 것이다. 이 점에 있어서 보성읍교회 교인들의 인식이 차츰 변해 가고 있다.

일곱째, 재정적인 어려움이 발생한다. 국가의 지원에는 한계가 있고, 농촌지역에 자리잡고 있는 보성읍교회 자체 예산도 그리 넉넉한 편이 아닌지라 질 높은 복지서비스를 실시하는 데에 많은 어려움이 있다. 이에 사회 유지들의 적극적인 참여 유도와 사회 봉사단체와의 복지 네트워크를 구성하거나 대도시 교회나 사회단체들과의 연계를 모색하여 재정적인 어려움을 극복하도록 해야 할 것이다. 또한 지역주민들에게 지역사회복지에 대한 필요성에 대한 인식을 심어 주는 노력을 통해 모든 지역주민들이 이 활동에 적극적으로 참여할 수 있는 방안도 강구해야 할 것이다.

[보성읍교회]

지역사회복지 프로그램의 결과
IV

1. 지역사회복지의 활성화

보성읍교회가 1998년 이래 본격적으로 지역사회복지 활동 프로그램을 시작하기 이전, 이 지역의 사회복지활동은 거의 전무하다시피 했다고 해도 과언이 아니었다. 지형적으로 폐쇄되고 산업시설이 미비하며 여느 농촌 도시와 마찬가지로 급속도로 인구가 감소되고 더욱이 다른 지역에 비해 노인인구 비율이 급상승함으로 인해 사회복지, 특히 지역 인구의 대부분을 차지하는 노인들에 대한 사회복지가 필요함에도 불구하고, 그들을 위한 사회복지 프로그램은 국가에서 실시하는 기본적인 생활비 지급 정도 수준에 머물러 있었다. 이 때문에, 이 지역에 살고 있는 노인들의 삶의 질은 형편없이 낮았고, 이에 따라 누군가가 복지적 삶의 질을 향상시켜 주어야 할 책임을 가져야만 했다. 이러한 상황에서 보성읍교회가 이 일을 담당하게 되었고, 평생대학에서 시작된 지역사회복지가 이제는 보성종합사회복지관이라는 사회복지 전문시설을 갖추고 전방위 지역사회복지 활동을 할 수 있을 정도로 성장하여, 복지적 필요를 지니고 있는 지역사회 복지 수혜대상들에게 다양한 프로그램으로 그들의 욕구를 충족시켜 주고 있다. 또한 이제껏 국가의 생활비 보조금 지급 활동 수준의 소극적 복지활동에 머물러 있던 지방 행정관청도 보성읍교회의 지역사회복지 활동의 역할과 효과에 자극받아, 보성종합사회복지관 건립을 기점으로 서로 연합하여 지역사회복지 활동을 실시함으로써 그 효과를 배가시키고 타 지역에 모범모델로서 우뚝 서고 있다. 더불어 보성읍교회의 지역사회복지 활동에 의한 결과들로 인해, 이제는 보성읍교회뿐만 아니라 지역 내 다른 교회들, 나아가 타 종교단체까지도 지역사회복지 활동에 관심을 가지고 참여하고 있는 상황에 이르고 있다.

2. 교회에 대한 지역사회의 인식변화

이러한 보성읍교회의 지역사회복지 활동으로 인해, 교회에 대한 지역사회의 인식이 매우 긍정적으로 변화되었다. 이 지역의 교세가 타 지역에 비해 약하다는 것에서 알 수 있는 바와 같이, 교회에 대한 부정적인 인식이 보성읍교회의 지역사회복지 활동과 이로 인한 지역사회 교회들의 사회복지활동 그리고 지역사회복지의 활성화, 나아가 그로 인한 수혜자들의 복지적 욕구 충족으로 인해 매우 호의적으로 변화되었다. 이는 지역사회의 각종 공식·비공식 단체의 행사의 참여에 있어 교회의 위치나 목회자의 위치 혹은 교회의 참여 비율이 높아졌다는 것에서 알 수 있다. 또한 병원 등의 전도활동에 대한 긍정적인 반응이나, 교회행사에 대한 지역주민의 적극적인 참여 등에서도 입증된다. 더불어 이는 교회에서 실시하는 지역사회복지 프로그램에 지역주민들의 자발적인 참여는 물론, 후원이 초창기에 비해 놀랄 만한 정도로 늘어나고 있다는 것에서도 알 수 있다. 끝으로 평생대학으로 출발한 노인대학이 이제는 그 과정을 졸업한 이들의 요구로 인해 평생대학원의 설립에 이르게 된 것에서 볼 수 있듯이, 보성읍교회에서 실시하고 있는 프로그램이 지역사회 주민들의 삶의 질을 향상시켰다는 평가가 이루어지고 있다는 데서도 교회에 대한 지역사회의 인식 변화를 알 수 있다. 보성읍교회로부터 시작된 지역사회복지가 지역사회의 교회에 대한 새로운 인식을 하게 하는 데 중요한 역할을 한 것이다.

3. 교회성장

보성읍교회가 실시한 사회복지활동으로 인해, 교회에 대한 지역사회의 인식이 좋아짐에 따라 교회가 자연스럽게 성장하게 되었다. 이러한 교회의 성장은 교회 내외적으로 이루어졌다.

먼저, 교회 내적으로는 보성읍교회 자체적으로만 매년 200명 정도의 교인들이 새롭게 등록하게 되어 현재는 실제 거주 인구 일만 명이 채 되지 않는 보성읍에서 교인 수가 1,000명을 넘는 교회로 성장하게 되었다. 이는 도시로의 전출인구의 비율이 타 지역에 비해 많고 급속도로 인구수가 감소하는 보성읍 지역에서는 놀랄 만한 수치가 아닐 수 없다.

다음으로, 인근지역 교회들의 교인 수가 증가하고 있다. 실례로 보성읍뿐만 아니라, 보성군 전체 지역을 대상으로 하고 있는 평생대학을 통해 매년 평균 60여명이 배출되고, 또한 거동 불편 재가노인들의 식사대접이 매년 120여 명 정도 이루어지고 있는 것을 감안할 때, 그리고 그들이 교회나 하나님에 대한 호의적인 감정을 가지고 있고, 실제로 지역 교회에 등록하고 있음을 볼 때, 보성읍교회 외의 교인 수나 잠정적인 교인 수가 증가하고 있다고 할 수 있다. 또한 매년 60여 명의 학생들을 배출하는 평생대학의 학생들이 그들이 속한 지역의 사회적 유지인 경우가 대부분이기에, 그들이 2년 동안의 평생대학을 통해 직·간접적으로 전해들은 하나님과 교회에 대해 긍정적인 인상을 가지고 그것들을 전할 때, 그 파급효과는 교인들이 직접적으로 전도하는 것보다 더 크다고 할 수 있다.

4. 교회의 내적 변화

90여 년의 역사와 가장 많은 교인들을 보유한 보성지역의 명실상부한 장자교회로서 보성읍교회가 지역사회를 섬기는 데 있어 중추적인 역할을 담당해야 한다는 담임목사와 당회의 인식과 꾸준한 사회복지활동으로 인해 교회 내적으로도 지역사회봉사와 지역사회복지 활동에 대한 태도가 크게 변화되었다.

지역사회복지 활동을 실시할 초창기에만 해도, 교인들이 담임목사에 이끌려 소극적으로 참여하고, 또한 교회 성장의 도구적인 측면에서만 관심을 두었는데, 이제는 교인들의 삶이 세상을 섬겨야 하는 생활이 되어야 한다는 확실한 소명 의식에 의해 이 일에 자발적으로 참여하고 있다. 또한 교회성장의 한 방편으로서만 아니라, 교회의 당연한 대 사회적 소명으로 인식하며 지역사회봉사 활동에 적극적으로 동참하고 있다. 교회가 소금과 빛으로 지역사회를 섬기는 역할을 감당해야 한다는 인식이 교인들에게 팽배하게 되었다. 이로 인해, 2006년 사회봉사비가 1억 3천만 원이라는 데에서 알 수 있는 바와 같이, 사회봉사비가 교회 예산의 가장 큰 부분을 차지해야 하는 것이 당회는 물론 교회의 일반적인 인식이 되었다. 실제로 보성읍교회의 사회봉사비의 비율은 전체 예산의 50%에 이른다.

또한 교인들의 사회봉사활동 참여는 더욱 인상적이다. 농촌이며 노인 인구가 상대적으로 높다는 지역사회 특성상, 사회봉사활동에 참여할 인구가 그렇게 많지 않으며 전문적인 봉사자가 부족하기는 하지만, 그나마 다른 곳에 비해 젊은이들이 많이 있고, 관공서와 전문직에 종사하고 있는 자원들이 비교적 풍부한 보성읍교회가 거의 전적으로 이 지역의 사회 봉사활동을 담당해야 하는 실정이다. 바람직한 것은 보성읍교회 교인들의 봉사활동 참여는 매우 적극적이다는 점이다. 자신들이 종사하고 있는 전문적인 직업과 연계하거나, 순수 육체적 봉사 혹은 물질적 후원이나, 차량 지원 등의 형태를 통해 자발적으로 봉사활동에 참여하고 있으며, 이러한 활동이 교인으로서 당연히 해야 할 일이라고 인식하며 활동하고 있다. 교회의 일관되고 지속적인 지역사회복지 프로그램의 실시로 인해 그리고 그 활동을 교회의 중점사업으로 실시함으로 인해, 보성읍교회 교인들이라면 누구나가 당연히 세상에서 소금과 빛으로 살아가야 하며, 그 방편으로 교회에서 실시하는 사회복지프로그램에 적극적으로 참여해야 한다는 인식이 팽배해 있다.

요약하면, 보성읍교회가 실시하는 지역사회복지 활동으로 인해 지역사회의 사회복지 수준의 향상은 물론, 교회에 대한 지역사회의 긍정적인 방향으로의 인식 전환, 이로 인한 교회 내·외적 성장, 그리고 교인들의 섬김의 삶으로의 인식과 삶의 방향 전환 등의 긍정적인 결과들이 나타나고 있다. 이러한 긍정적인 결과로 인해 보성읍교회에서 실시하는 지역사회복지 활동들은 젊은 연령의 인구수가 감소하고, 그로 인해 상대적으로 노인인구가 증가하며 또한 산업시설이 미비하여 삶의 질이 매우 열악한 농촌지역의 복지를 위한 한 모델로 제시될 수 있을 것이다.

한국 교회를 향한 제언
V

한국 교회는 그동안 교회 주변의 지역사회와 구성원들을 교회성장을 위한 대상으로서만 바라보았을 뿐, 교회의 사회적 책임을 수행해야 할 대상으로서 바라보지 못했다. 이는 교회가 감당해야 할 선교가 단순히 교회와 구별된 세상 사람들을 교회로 끌어들여 그들이 신앙을 갖게 하는 것이라는 소극적인 측면의 선교만을 생각했기 때문이다. 그러나 하나님의 선교는 광범위하다. 세상과 교회를 이분법적으로 분리하여 세상 사람들을 교회로 끌어들이게 하는 것이 아니라, 교회가 세상으로 나아가 세상을 변화시키며 하나님의 나라를 확장하고, 하나님의 백성들이 되도록 해야 한다. 세상에 속한 사람을 단지 교회의 건물 안으로 끌어들이고자 하는 것이 아니라, 교회 밖으로 나가 세상 속에서 복음을 전하고 그리스도의 사랑을 실천함으로 세상 자체를 거룩하게 변화시키는 사명을 감당해야 한다.

이를 위해 교회는 어떻게 해야 하나? 기독교가 복음을 들고 세상에 나아가 선교하는 방법 중에 가장 효과적인 것은 사회봉사이다. 물론 사회봉사가 기독교 선교에 가장 효과적이라는 것에 대해 이견이 있을 수 있으나, 선교 2세기에 접어든 한국 교회의 입장에서 본다면 이는 부인할 수 없는 사실이다. 사회봉사만큼 교회가 세상을 구체적으로 사랑하며, 세상 속에 쉽게 파고들 수 있고 또한 세상으로부터 환영받을 수 있는 선교적 형태란 없는 것이다.

교회가 세상을 향해 할 수 있는 사회적 선교, 즉 봉사와 섬김은 시기와 장소, 형편에 따라 그 구조와 방법이 다양화될 수 있다. 교회의 사회봉사는 시기와 장소, 형편에 따라 그 수행 방법이 달라져야 한다. 특히 개 교회는 지역사회 속에 존재한다는 점에서 거주지역의 사회적, 경제적, 문화적 상황에 따라 가장 효과적인 사회봉사 프로그램을 만들어 운영해야 한다. 일정한 지역사회 속에 존재하면서도 그곳의 상황이나 주민들의 아픔과는 거리가 먼 선교 프로그램을 가지고 활동한다면 그 교회는 그 지역에서의 존재가치가 없어지기 때문이다. 하나님께서 일정한 지역에 개 교회를 세우게 하신 것은 그 지역의 특성에 맞게, 그 지역의 필요에 따라 선교하며 섬기라고 하는 목적에서이다. 교회는 자신이 속한 지역사회에 구체적인 관심을 가지고 지역사회의 절실한 문제를 파악하고 그것을 해결함으로써 그 지역을 향한 하나님의 선교의 목적과 뜻이 이루어지도록 하기 위해 그곳에 세워졌다. 이런 점에서 농촌에서의 교회의 사회봉사는 도시에서의 그것과 매우 달라야 한다. 또한 농촌 역시 부농지역과 빈농지역, 젊은 세대 거주지역과 노인세대 거주지역 등의 지역적 상황에 따라서도 다르게 나타나야 한다.

본서에서는 보성이라는 특수한 농촌상황 속에서 보성읍교회라는 지역교회가 담당하고 있는 지역사회복지 활동에 대해 살펴보았다. 이는 인구가 급속도로 감소하고, 더욱이 노인인구 비율이 상대적으로 높으며, 산업기반시설이 미비하여 타 지역에 비해 경제적으로 매우 낙후된 지역, 지형적으로 매우 폐쇄적이며, 교세 또한 상대적으로 열악하고, 사회복지 프로그램이 거의 전무하다시피 한 보성이라는 특수한 상황에서 보성읍교회가 열의를 가지고 실시하고 있는 지역사회복지 활동을 소개한 것은, 농촌지역에 위치한 교회가 지역선교와 지역사회복지를 위해 해야 할 활동들과 또한 보성읍교회가 앞으로 보성지역의 선교와 더 나은 지역사회복지를 위해 나아가야 할 방향을 제시하기 위함이었다.

보성지역은 전라도 지역에서 두 번째로 높은 위치에 거주지가 형성된 지역이며 대도시인 광주와 순천의 한 중간에 위치에 있다. 이로 인해 산업시설이 매우 미비하고, 거의 대부분의 생산은 농업에 의존하고 있다. 또한 산업시설이 부족하다보니 인구수는 동일 행정단위인 타 지역에 비해 현저하게 적고, 그나마 남아 있는 인구의 비율에 있어서도 타 지역에 비해 노인인구의 비율이 상대적으로 높다. 저소득자와 생활보호대상자의 수가 많고 의료 혜택수준이 매우 낮다. 이에 비해 사회복지수준은 매우 열악한 편이다. 거의 전적으로 국가에서 보조하는 생활비 보조금의 지급 정도가 전부이고 행정관청 외에 개인이나 사설 단체의 복지활동은 거의 전무하다시피 한 실정이다. 한마디로, 지역사회복지 프로그램이 절실한 상태이지만 제대로 이루어지지 않고 있는 형편이며, 더욱이 그것에 대한 인식 자체가 이루어지고 있지 않은 상태로 심각한 실정이라는 것을 알 수 있었다. 이러한 지역 실정에서 보성읍교회가 지역사회복지를 담당해야 할 책임을 깨닫고, 실천적으로 그 일을 감당하는 실제적인 지역사회복지 프로그램을 실시하였다. 보성읍교회가 실시하고 있는 지역사회복지 활동 결과 지역사회의 복지수준이 어느 정도 향상되었으며 교회의 성장에 크게 기여하였다. 또한 보성읍교회만이 아니라 주변의 여러 교회에도 많은 변화와 영향을 주었다. 이러한 사회복지활동의 결과들을 요약해 볼 때, 먼저 이 일을 수행하는 데 있어서 발생한 문제점과 이에 대책을 살펴보면 다음과 같다.

첫째, 사회복지 수혜 대상자 선정에 있어 지역주민의 정확한 실태 파악과 구체적인 사회복지서비스의 욕구파악이 제대로 이루어지지 않았고, 그에 따라 사회복지활동을 실시하고 있는 주체인 보성읍교회의 다소 임의적이고 주관적이고 활동이 이루어지고 있다는 것이다. 이 점에서 보성읍교회는 관공서와 연계함은 물론, 자체적인 전문 복지사를 통해 구체적이고 실제적인 실태 파악을 하기 위해 노력하고 있다.

둘째, 봉사자의 수급에 대한 문제가 있었다. 초창기에는 자원봉사자들 거의 대부분이 보성읍교회 교인들로 구성되어 있었고, 그러다 보니 봉사자의 수급에 한계가 있을 수밖에 없었다. 이러한 난점을 극복하기 위해 사회복지활동 내용 속에 자원봉사자 교육 및 양성 계획을 수립하고 그것을 실시하고 있고, 꾸준한 지역사회복지 활동을 통해 지역민들로 하여금 지역사회복지 활동의 필요성을 인식하게 하고, 그 활동에 적극적으로 참여하게 함으로 해결해 나가도록 하고 있다. 현재는 초창기에 비해 훨씬 많은 자원봉사자들의 참여가 이루어지고 있다.

셋째, 타 교회와의 연계가 미비함으로 인해 보성읍교회가 지역사회복지 활동을 독점하다시피 하고 있는 점이 문제로 지적되었다. 이는 경제적으로 낙후되고 일할 수 있는 젊은 인구수가 적은 지역사회의 특성으로 나타난 필연적인 현상이다. 이에 보성읍교회는 자립하고 있는 지역교회들과 지역사회복지 네트워크를 구성하고 또한 자립하지 못한 교회들을 대상으로 하는 지원과 교육을 통해 장기적으로 그 교회들이 자기 지역의 복지를 맡아 활동할 수 있는 프로그램을 개발하여 추진하고 있다. 지역사회 교회들의 목회자들을 매년 초청하여 지역사회복지의 당위성에 대한 교육과 보성읍교회의 지역사회 복지 활동 프로그램을 소개하며 미자립교회의 지원 방안을 강구하고 목회자들 간, 그리고 교회 간 네트워크를 구축하고 있다. 또한 수시로 미자립 교회를 돕고 다양한 지원책을 제공함으로써 그들로 하여금 지역사회를 섬기는 발판을 삼게 하고 있다.

넷째, 복지서비스에 있어서 프로그램의 전문성이 결여되어 있다. 이는 지금까지의 지역사회의 복지활동 수준이나, 농촌지역으로서의 전문성을 갖춘 자원봉사자들의 결여에 원인이 있고, 또한 교회 자체적으로도 전문적인 사회복지기관으로서 출발한 지가 이제 겨우 1년여밖에 되지 않았다는 것 때문에 어쩔 수 없는 것이라고 할 수 있다. 이를 보완하기 위해, 현재 전문 사회복지사를 두고 전문적인 복지 프로그램을 실시하고 있으며 꾸준한 연구와 집중적인 투자, 프로그램 개발, 전문성을 갖춘 일꾼의 충원과 양성을 위한 교육 계획을 수립하여 실천하고자 하고 있다.

다섯째, 프로그램이 다양하지 못하다. 지역민들의 복지적 욕구는 매우 복잡하고 다양한 반면, 보성읍교회가 실시하고 있는 프로그램은 제한적이라는 것이다. 이를 개선하기 위해 현재 보성종합사회복지관이 실질적으로 활동을 시작했고 거기에 전문적인 복지사들이 배치되었으며 담임목사와 교회의 지역사회복지 활동에 대한 적극적인 태도로 인해 다양한 복지서비스들이 계획되고 있고 한 가지씩 실시되고 있다.

여섯째, 교인들이 교회에서 제공하는 복지서비스를 사회복지적인 측면보다는 선교적인 차원의 일환으로 인식했다. 이런 점에서 초창기 복지서비스를 실시함에 있어서 교회의 예산 지원이나 교인들의 활동 참여 요구를 함에 있어서 산술적인 데이터를 가지고 마찰을 빚는 경우가 발생했다. 그러나 현재는 꾸준한 교육과 복지서비스를 받는 지역사회 주민들의 반응에 의해 교인들의 인식 자체가 변해 가고 있다.

일곱째, 재정적인 어려움이 발생한다. 국가의 지원에는 한계가 있고, 보성읍교회 자체 예산도 그리 넉넉한 편이 아닌지라 질 높은 복지서비스를 실시하는 데에 많은 어려움이 있다. 이에 사회 유지들의 적극적인 참여 유도와 사회 봉사단체와의 복지 네트워크를 구성하거나 대도시 교회나 사회단체들과의 연계를 모색하여 재정적인 어려움을 극복하도록 해야 할 것이다.

이와 같은 문제점뿐만 아니라 긍정적인 결과가 나타났다. 긍정적인 결과는 다음과 같다.

첫째, 지역사회복지 활동이 활성화되었다. 보성읍교회가 본격적으로 복지서비스를 제공하기 이전 거의 전무했던 복지활동이 보성읍교회의 지역사회복지 활동으로 말미암아 보성종합사회복지관을 건립하여 농촌지역 사회복지활동의 모델이 될 정도로 활성화되었다.

둘째, 교회에 대한 지역사회의 인식의 변화를 가져왔다. 보성읍교회의 지역사회복지 활동으로 인해 지역사회 내의 교회에 대한 인식이 매우 긍정적이고 호의적으로 변화된 것이다.

셋째, 교회의 성장을 가져왔다. 보성읍교회가 꾸준히 실시한 사회복지활동으로 인해 지역사회의 교회에 대한 인식이 좋아짐에 따라 자연스럽게 교회가 성장하였다. 그리고 이러한 성장은 보성읍교회만의 성장이 아니라 지역교회의 성장과 더불어 잠재적인 교인의 증가를 가져오게 되었다. 보성읍교회에서 실시하고 있는 복지서비스를 통해 믿지 않는 사람들이 직접 교회로 찾아오는 것은 물론, 직접 교회를 찾지 않더라도 그 복지서비스의 수혜자들을 통해 직·간접적으로 전해지는 교회와 하나님에 대한 호의적인 내용들로 말미암아 잠재적인 교인들이 늘어 가고 있다.

넷째, 교회의 내적 변화가 이루어졌다. 위의 문제점에서 살펴보았던 바와 같이 지역사회복지 활동을 실시할 초창기에만 해도 교인들이 소극적으로 참여하고 또한 교회 성장의 도구적인 측면에서만 실시했는데, 이제는 교인의 생활이 세상을 섬겨야 하는 삶이 되어야 한다는 확실한 소명 의식에 의해 자발적으로 참여하고, 교회성장의 한 방편으로서만 아니라 교회의 당연한 대사회적 소명으로서 인식하면서 지역사회 봉사활동에 적극적으로 참여하게 되었다는 것이다.

이렇듯, 보성읍교회는 매우 열악한 삶의 환경과 그러한 환경 속에서도 제대로 복지서비스를 받지 못한 보성이라는 지역에 자리 잡은 교회로서 당연히 감당해야 할 사회복지의 역할을 나름대로 실천해 왔고, 현재에 이르러서는 총회에서나 일반 관련 기관에서도 모범으로 삼고 연구할 만한 농촌지역 지역사회복지의 모델로 성장해 오기까지 이르렀다. 지금까지 많은 문제점들이 발생했었고 시행착오를 거치기도 했다. 그러나 그때마다 담임목회자와 교회가 하나님의 뜻을 묻고 기도하고 고민하고 그 문제들을 해결해 왔다. 그 결과 보성종합사회복지관이라는 지역사회복지서비스를 총괄적으로 관장하고 담당할 큰 성과를 이루어 냈다. 이제 보성읍교회는 지금까지의 교회 자체적인 복지서비스 제공 수준에서 벗어나 그야말로 지역사회를 위한 종합사회복지를 구현해 내야 할 것이다. 이를 위해 몇 가지 구체적인 실천 방안을 제안해 본다.

첫째, 무엇보다 먼저 교회의 지역사회봉사에 대한 인식을 강화시켜야 한다. 사회봉사를 교회 선교의 도구가 아닌 본질로 인식하게 하고 신앙생활의 요체가 되도록 하는 일이 더욱 강화되어야 한다. 신앙적인 결단이 이루어지지 않고는 이 일이 장기적으로 지속되기가 어려우며, 이하의 여타 제안들을 이루어 나가기가 힘들어진다.

둘째, 교회 내의 자원들을 지역사회복지를 위한 자원들로 인식하고 활용하도록 해야 한다. 보성읍교회는 전문적 기능을 소유한 인적자원들이 많다. 또한 보성지역에서 가장 큰 교회로서 재원에 있어서나 공간에 있어서 그리고 교육적인 방안이나 자료에 있어서 많은 자원들을 가지고 있다. 나아가 90여년의 역사로 인해 지역 내의 미치는 영향력 등과 같은 잠재적인 힘들을 가지고 있다. 이러한 자원들을 지역사회복지를 위한 자원들로 사용할 수 있어야 한다. 그것들이 모두 지역사회복지를 위한 자원들로 사용될 수 있다는 인식이 이루어지고 그로 인해 그것을 보성읍교회 교인들만이 향유하고 누리는 것이 아니라 지역사회를 위해 활용해야 할 것이다.

셋째, 지역사회복지 네트워크를 구성한다. 지금까지의 보성읍교회 자체적인 활동을 벗어나 총회, 행정기관, 지역사회 유지, 지역사회 제 단체, 지역 교회 등과 지역사회복지 네트워크를 구성해 좀 더 효과적인 서비스를 제공해야 한다.

넷째, 전문성을 갖춘다. 담임목사의 목회적 차원을 사회복지적 차원으로 승화시킬 수 있는 보다 전문적인 복지사와 전문 프로그램이 꾸준히 개발되어야 한다.

다섯째, 지역주민들이 실제적으로 필요로 하는 프로그램들을 파악하고 개발하도록 한다. 지역민들의 복지 욕구와는 상관없이 단지 교회의 필요에 의해 혹은 사회복지관의 실적을 위해 피상적으로 실시하는 복지서비스가 아니라, 지역민들의 실제 욕구를 충족시켜 줄 수 있는 프로그램을 개발하고 실시해야 한다. 이를 위해서는 정확한 실태 파악과 과학적인 조사연구는 물론 복지서비스 실수요자와의 끊임없는 접촉이 필요하다.

여섯째, 더욱 체계적인 봉사자 교육과 훈련이 필요하다. 단순히 열의만을 가지고 봉사에 참여하거나 숙련되지 못한 기능을 가지고 봉사에 참여하면 지치기 쉽다. 이 때문에 봉사자의 봉사에 참여하는 신앙적이고 복지차원적인 당위성을 확실히 인식시키고 또한 봉사 참여 분야의 기능을 숙련시키게 함으로써 일에 대한 보람과 자부심을 가지게 하여 적극적이고 지속적으로 참여할 수 있게 한다.

일곱째, 안정적인 재원 확보에 노력해야 할 것이다. 이를 위해서는 먼저 예산 확보를 위한 구체적이고 과학적인 계획을 세워야 한다. 지역사회복지 활동이 계획적으로 그리고 수요자의 욕구를 충족시키며 장기적으로 실시되기 위해서는 안정된 재원이 조성되어야 하는 것은 당연한 사실이다. 교회의 예산 책정에 있어서의 정당성 확보는 물론 예산 편성에 대한 우선권 확보를 이루어야 하고, 교회뿐만 아니라 행정관청의 보조에 대한 과학적인 근거 제시, 지역 유지들의 적극적인 참여 유도, 후원자 확보에 대한 계획과 후원자 모집 방법, 후원자 대우 방법 등에 대해 연구·실시해야 할 것이다. 바자회 등 교회와 종합사회복지관을 통한 수익사업도 재원 충당의 좋은 사업 중에 하나일 것이다.

　보성읍교회는 90여 년이라는 역사만큼이나 보성이라는 지역사회에 미치는 영향력이 크다. 보성지역에서 가장 많은 인적 자원을 보유하고 있다는 점에서나 지역 유지들이 대거 소속되어 있다는 점에서 또한 보성읍교회에 속한 젊은이들의 대부분이 보성지역의 관공서나 교육계 그리고 적지만 보성지역을 지탱하는 산업시설에 종사하는 이들이라는 점에서 그렇다. 이는 보성읍교회를 90여 년 역사를 통해 이곳 보성읍지역에 자리 잡고 성장케 하신 하나님의 분명한 뜻이 있으실 것이다. 바로, 보성지역에 대한 하나님의 선교를 담당하라는 것이 그것이다. 이에 보성읍교회는 그 사명을 잘 감당해야 할 것이다. 그것을 위해 보성읍교회가 선택한 것이 지역사회복지 활동이다. 농촌이라는, 그것도 모든 면에서 너무나 열악한 농촌이라는 현실 속에서 지역사회를 선교하기 위한 가장 확실하고 분명한 방안은 바로 낙후된 보성지역의 사회복지의 향상을 위해 노력하는 것이다. 지역사회복지가 선교를 위한 도구로서가 아닌, 선교 그 본질이라는 인식 아래서 보성읍교회에게 주신 다양한 자원들을 활용할 때, 하나님께서 보성읍교회를 보성지역에 90여 년 동안 자리 잡게 하시고 보성지역을 이끄는 지도적인 교회로 성장하게 하신 하나님의 뜻을 실현할 수 있게 될 것이다.

참고문헌

1. 외국서적

Friedlander, Walter A. and Apte, Robert Z., *Introduction to Social Welfare*, 5ed. (New Jersey: Prentice Hall, 1980).

Garland, Diana R., "Church Social Work", *Encyclopedia of Social Work*, vol. 3 (Washinton D.C.: National Association of Social Work, 1995).

Harvey, D., *Social Justice and the City* (New York: Edward Arnold Association Press, 1959).

Higgins, Joan, *States and Welfare* (London: Basil Blakwell Publisher Ltd., 1981).

Hillery Jr., George A., "Definition of community: Areas of agreement", *Ratural Socialogy*, vol. 20, June, 1995.

Kadushin, Alfred, "Homemaker Service", *Child Welfare Service* (New York: MacMillan Publish Co. Inc., 1980).

Lausanne Occasional Papers No. 3., *The Lausanne Covenant.* (Minneapolis: World Wide Publish, 1975).

Loewenberg, Frank M., *Religion and Social Work Practice in Contemporary American Society* (New York: Columbia University Press, 1998).

Lowy, Louis, *Social Work with the Aging* (New York: Harper & Row, 1979).

Moberg, David O., *Church as a Social Institution* (New York: Baker Book House, 1979).

Neuhaut, Richard J., *Christian Faith and Public Policy* (Mineapolis: Augsburg, 1977).

Romanyshyn, John M., *Social welfare* (New York: Rondom House, 1971).

U.N. 1971, *Training for Social Welfare*, 1971.

Wally, Harbert, *The Home Help Service* (London: Tavistock Publish, 1984).

2. 번역서적

Conzelmann, H., 『신약성서신학』, 김철손 외 2인 공역 (서울: 한국신학연구소, 1992).

Cox, Harvey, 『세속도시』, 손명걸 역 (서울: 대한기독교서회, 1967).

Degen, Johannes, "사회보장국가 독일의 기독교사회봉사", 차성환, 김덕환 역, 『기독교사상』, 1993년 10월호.

Dulles, Avery, 『교회의 모델』, 김기철 역 (서울: 조명문화사, 1992).

Hokendijk, J. C., 『흩어지는 교회』, 이계준 역 (서울: 대한기독교출판사, 1994).

Moltmann, J., 『성령의 능력 안에 있는 교회: 메시야적 교회론』, 박봉랑 외 4인 공역 (서울: 한국신학연구소, 1982).

Olson, Edward G., 『학교와 지역사회』, 김은우 역 (서울: 현대사상, 1973).

Poplin, Dennis E., 『지역사회학』, 홍동식·박대식 공역 (서울: 경문사, 1993), 23쪽에서 재인용.

Wagner, C. P., 『성서적 교회성장』, 서정운 역 (서울: 대한기독교출판사, 1984).

Webber, Robert, 『기독교사회운동』, 박승룡 역 (서울: 라브리, 1990).

3. 국내서적

김균진, 『기독교조직신학』 (서울: 연세대학교 출판부, 1986).

김근조, 『사회복지법론』 (서울: 광은기획, 1995).

김기원, "교회의 사회적 기능", 한국기독교사회복지회 편, 『기독교와 사회

	복지』 (서울: 예안, 1995).
	『기독교사회복지론』 (서울: 대학출판사, 1998).
김덕준,	『기독교 사회복지』 (서울: 한국기독교 사회복지회, 1983).
김동배,	"재가노인복지서비스와 전달체계-요보호 노인을 중심으로", 한국 노인복지회 편, 『노인복지연구』 (서울: 홍익제, 1990).
	"복지사회 실현을 위한 교회의 역할에 관한 연구", 『신학논단』 제20집 (서울: 연세대학교 출판부, 1992).
	"기독교 사회봉사의 비판적 고찰", 『연세대 사회복지연구』 (서울: 연세사회복지연구소, 1994).
김범수,	"재가복지의 이념과 실제", 『재가복지센타 자원봉사자 교육과제』 (서울: 사회복지관협의회, 1992).
	『재가복지론』 (서울: 홍익제, 1992).
김성이 외,	"사회복지관과 재가복지의 국제비교", 『비교지역사회복지』 (한국사회복지관협회, 1997).
김수현,	"지역복지 협력체제 구축방안", 『새천년을 향한 한국의 사회복지』, '99 한국사회복지학회 추계학술 대회 자료집 (한국사회복지학회, 1999).
김안제,	『환경과 국토』 (서울: 박영사, 1979).
김영모,	『한국사회복지론』 (서울: 경문사, 1978).
	『지역사회복지론』 (서울: 한국복지정책연구소, 1993).
	『사회복지학』 (서울: 한국복지정책연구소, 1993).
김용복	"사회발전의 신학적 준거들", 『사회발전과 사회운동』 (서울: 숭실대 기독교사회연구소, 1992).
김용섭,	"예수의 사회복지 사상 연구", 『성결정론』 제2호 (안양: 성결교신학 대학원 출판부, 1994).
김정자,	『가정봉사 서비스제도 연구』 (서울: 한국여성개발원, 1986).
김지철,	"신약성서와 사회봉사", 이삼열 편, 『사회봉사의 신학과 실천』 (서울: 한울, 1992).

김청호, "교회와 지역사회의 복지협력체계 네트워크 구축에 관한 연구", 강남대학교 대학원 미간행석사학위 논문, 2001.

김 훈, "21세기 한국 디아코니아의 과제와 전망", 한일장신대학교 사회복지학부 기독교 사회복지대학원 디아코니아 연구소 국제심포지엄 자료, 2002.

남기민, "재가노인복지서비스", 남기민 편, 『현대노인복지연구』(청주: 청주대학교 출판부, 1998).

노치준, "한국교회의 재정 구조 연구(Ⅲ)", 『기독교사상』제38권 11호, 1994년 11월.

도성희, "재가노인복지사업의 현황과 개선방안에 관한 연구", 원광대학교 대학원 미간행석사학위 논문, 1999.

모선희, 원영희, "저소득층 노인의 생활실태 및 정책방향", 『노인생활실태 및 정책방향』(서울: 한국노인문제연구소, 1996).

문병집, 『지역사회개발론』(서울: 법문사, 1978).

박동호, 최일환, 김길평, 『지역개발론』(서울: 현대해양사, 1979).

박영호, 『기독교와 사회사업』(서울: 기독교문서선교회, 1979).
『교회와 산업사회』(서울: 기독교문서선교회, 1984).

박재간, "노년기 여가생활의 실태와 정책과제", 『노인여가의 현황과 과제』(서울: 사단법인 한국노인문제연구, 1997).

박종삼, "지역교회와 지역사회 복지선교", 유의웅 편, 『한국교회와 사회봉사』(서울: 예영커뮤니케이션, 1997).

박종수, "구약성서의 사회복지사상", 한국사회복지 연구소 편, 『기독교와 사회복지』(서울: 홍익제, 2001).

서인석, 『성서의 가난한 사람들』(서울: 분도출판사, 1998).

서정운, "현대의 새로운 목회 현장", 『현대사회와 목회설계』(서울: 유니온학술자료원, 1989).

성규탁, 김동배, "노인복지서비스 개선을 위한 제언", 『사회복지』제102호 (서울: 한국사회복지협의회, 1989).

	성규탁 외, "한국교회의 사회복지참여에 관한 연구", 연세대학교 신과대학부설 한국기독교문화연구소 주관 연구보고서, 1991.
손갑현,	"농촌노인의 빈곤 대책에 관한 연구", 숭실대 통일정책대학원 미간행석사학위 논문, 1996.
손봉호,	『현대교회와 봉사생활』(서울: 도서출판 엠마오, 1991).
손인웅,	"교회 사회복지 참여의 신학적 근거", 기독교윤리실천운동 사회복지위원회 편, 『교회의 사회복지 참여하고 실천하기』(서울: 대한기독교서회, 2001).
손승영, 정경희,	"현대사회의 노인의 삶", 사회문화연구소 편, 『노인과 한국사회』(서울: 사회문화연구소출판부, 1999).
엄원숙,	"한국 기독교 사회복지의 미래 모형에 관한 연구", 미간행석사학위논문, 단국대학교 행정대학원, 1997.
우선희,	"농촌노인의 생활실태와 복지대책", 『농촌생활과학』통권64호, 1995.
유장춘,	"기독교사회복지운동의 방향과 전략", 한국기독교사회복지협의회 세미나 자료, 2002.
은준관,	"사회변화에 대응하는 교회의 재구조화", 『현대사회와 목회설계』(서울: 유니온학술자료원, 1989).
이가옥 외,	『노인생활 실태분석 및 정책과제』(서울: 한국보건사회연구원, 1994).
이만열,	『한국 기독교와 역사의식』(서울: 지식산업사, 1981).
	"종교교육투쟁", 『민족운동총서』제6집 (서울: 민족문화협회부설 햇불사, 1981).
이명선,	"사회복지와 교회", 『미래사회와 한국교회의 사회선교의 관계』 (서울: 대한예수교장로회총회 사회부, 1998).
이병진,	"재가복지 서비스 욕구에 대한 조사연구", 『신학과 사회』제11호 (완주: 한일장신대학교 출판부, 2001).
이영균,	"공공정책과 삶의 질 측정지표와의 관계에 관한 연구", 『교수논문

집』제6집 (서울: 대한기독교대학교, 1998).
이영철,   『지역복지실천론』(서울: 양서원, 2002).
이영헌,   『한국기독교사』(서울: 컨콜디아사, 1978).
이윤철,   "교회와 지역사회봉사",『신학과사회』제9집 (완주: 한일장신대학교 출판부, 1995).
이원규,   "봉사활동과 지역사회조사", 이삼열 편,『사회봉사의 실천과 신학』(서울: 한울, 1992).
이창희,   "교회와 사회복지",『서울장신논단장』, (서울: 서울장신대학교, 2000).
이혜원 외,『재가노인복지서비스』(서울: 동인, 1999).
이홍탁,   『사회학원론』(서울: 법문사, 1984).
임택진,   『한국교회 사회선교의 과제와 전망』(서울: 대한예수교장로회총회 사회부, 1983).
장인협,   『사회복지학개론』(서울: 서울대학교 출판부, 1992).
최성재,   『노인복지학』(서울: 서울대학교 출판부, 1990).
정길홍,   『사회복지개론』(서울: 홍익제, 1998).
정용섭,   『교회갱신의 신학』(서울: 대한기독교출판사, 1980).
정지웅,   『기독교와 사회복지』(서울: 도서출판 예안, 1995).
최병익,   『농촌사회복지론』(서울: 서울대학교 출판부, 1992).
진원중,   『교육사회학원론』(서울: 법문사, 1974).
최무열,   『한국교회와 사회복지』(서울: 나눔의 집, 1999).
최상호, 정지웅,   『지역사회개발론』(서울: 교학연구사, 1988).
최일섭,   『지역사회복지론』(서울: 서울대학교 출판부, 1996).
류진석,   『지역사회복지론』(서울: 서울대학교 출판부, 2000).

4. 기타

농림수산부,『농업센서스』, 1970, 1980, 1990.
박창환 편,『성서헬라어사전』(서울: 대한기독교서회, 1995).

보성군,『제47회 보성통계연보』, 보성군, 2007. 12.

총회헌법개정위원회,『대한예수교장로회헌법』(서울: 대한예수교장로회총회출판국, 1991).

통계청, 장래인구추계, 1996. 12.

한국기독교100주년기념 사업협의회,『한국기독교100주년 기념사업요람』(서울: 1984).

한국기독교협의회,『1970년대 노동현장과 증언』(서울: 풀빛사, 1984).

한국기독교교회협의회,『기독교연감』(서울: 한국기독교교회협의회, 1976).

한국보건사회연구원,『전국노인생활실태 및 복지욕구조사』, 1998.

"보건복지포럼",『노인의 건강실태와 정책과제』통권29호, 1999.

학원출판사, "사회복지",『학원세계대백과사전』(서울: 학원출판사, 1983).

Ⅰ
부록 1

2007
보성종합사회복지관
업무실제

I. 2007년 보성종합사회복지관 현황 및 사업현황

1. 일반 현황

- 면 적: 66.3km²(전남 5.6%)
- 인 구: 51,948명(2006. 12. 31 기준)
  - 노인인구: 13,741명(26.4%)
  - 세대수: 22,791세대(남 25,323명, 여 26,865명)
- 행정구역: 2읍, 10면, 126법정리

2. 복지관 현황

- 소재지: 전남 보성군 보성읍 보성리 229번지
- 운 영: 순천노회유지재단
  (보성읍교회)
- 시 설
  - 개 관: 2002. 11. 22
  - 규 모: 지하 1층 ~ 지상 4층
  - 면 적: 3,073.4m²
    (건축면적:2,019.3m²)
  - 시설비: 1,780백만 원(보조금 852백만 원, 자담 928백만 원)

3. 기관 연혁

가. 2002. 11. 22   개관(보성종합사회복지관)
나. 2004. 3. 2   순천보호관찰소 사회봉사 명령 협력기관 지정
다. 2004. 8. 1   지역아동센터 센터 지정
라. 2004. 8. 25   한국복지재단 결연사업 협력기관 체결
마. 2004. 11. 1   청소년자원봉사 활동 기관 지정
바. 2006. 11. 30 재가복지봉사센터 지정
사. 2007. 11. 30 사회복지봉사활동 인증센터 지정

4. 시설 현황

층 별	규 모 (㎡)	인 원 수
계	2,019.3	
지하	387.30	식당(친교실, 휴게실), 기계실
1층	408.00	유치원, 푸드뱅크 창고, 관리실
2층	408.00	사무실, 건강교실, 목욕탕, 남·여사랑방, 세탁실
3층	408.00	관장실, 도서실, 지역아동센터, 미술, 영어교실, 자원봉사자실 등
4층	408.00	평생대학, 소회의실, 문서고, 각종프로그램실 등
옥외		게이트볼장, 어린이 놀이터 주차장

5. 직원 현황

구분	관장	부장	과장	복지사	운전원	기타	계
계	1(1)	·	1(1)	7(7)	1	2(2)	12(11)
남	1(1)	·	1(1)	3(3)	1	·	6(5)
여	·	·	·	4(4)	·	2(2)	6(6)

※ (   )는 사회복지사, 기타는 계약직

6. 예산 현황

가. 총괄대비

(단위: 천 원)

연도	예산액	비고
2006년(결산)	662,358	결산서 참조
2007년(결산)	970,745	결산 준비중
2008년(신청)	1,074,762	의회 심의완료

나. 센터별 수입 대비

(단위: 천 원)

구분	계	운영비 보조금	지방자치 보조금	기 타 보조금	후원금 수 입	법 인 전입금	사 업 수 입	비고
계	970,745	318,129	361,522	103,121	60,962	101,738	25,273	
사회복지관	503,674	257,210	44,420	48,121	57,311	77,464	19,148	
재가복지센터	428,671	36,919	302,702	55,000	3,651	24,274	6,125	
지역아동센터	38,400	24,000	14,400	0	0	0	0	

다. 센터별 세출 대비

(단위: 천 원)

구분	계	인건비	운영비	시설비	사업비	상환금	잡지출	비 고
계	966,346	257,019	60,170	46,383	546,301	55,383	1,090	
사회복지관	500,407	197,943	51,957	17,956	176,268	55,383	900	
재가복지센터	427,539	49,919	6,527	1,060	370,033	0	0	
지역아동센터	38,400	9,157	1,686	27,367	0	0	190	

7. 주요 지원사업 현황

가. 사회복지관

🏠 지방자치 보조금 사업

(단위: 천 원)

지원처	사업명	세부사업명	지원액	비 고
계	5개 사업		44,420	
전라남도	인 건 비	종사자특별수당	8,280	제 수당
보 성 군	급식 서비스	경로식당운영비	16,240	7월부터 지원
보 성 군	주민건강증진사업	건강장수촌교실	7,200	연 5개월(월·수·금)
보 성 군	어르신여가문화	실버푸르미교실	10,000	평대 방과후 활동
보 성 군	가족관계증진사업	온누리안소리공연	2,700	보성군 소리축제

🏠 기타보조금 지원 사업

(단위: 천 원)

지원처	사업명	세부사업명	지원액	비 고
계	4개 사업		48,121	
공동모금회	가족관계증진사업	다문화가족지원	8,000	요리, 한글, 국악
공동모금회	가족기능보완사업	조손가정지원	10,000	심리정서 지지
아산재단	가족기능보완사업	한부모가정지원	7,500	학습지, 역할극 지원
노 동 부	자 활 사 업	사회적일자리창출	22,621	공익사업(복지)

🏠 후원사업

(단위: 천 원)

지 원 처	구 분	세부사업명	지원액	비 고
계		8개 사업	57,311	
한국복지재단	지 정	결연 후원금	11,800	아동·청소년, 노인 25명
후 원 자	지 정	의료비 후원금	10,434	전순복·조창문 세대
대동한방병원	지 정	'황혼프로그램' 지원	6,970	의료, 테마나들이 등
후 원 자	비지정	경로식당 운영비 지원	22,624	조리원 인건비 3명
KBS복지재단	비지정	청소년 음악 동아리 지원	2,463	밴드, 댄스 강사비
후 원 자	비지정	빈곤 청소년 학습지 지원	2,200	미래지원사업
후 원 자	비지정	프로그램 홍보비	320	길거리 현수막 등
후 원 자	비지정	기타사업 지원	500	이미용기구 구입 등

🏠 법인전입금 사업

(단위: 천 원)

지원처	사업명	세부사업명	지원액	비고
계	4개 사업		77,464	
보성읍교회	교육문화사업	평생대학(원) 운영	15,000	급식, 강사비, 행사비 등
보성읍교회	급식서비스	경로식당 운영	8,426	급식 운영비
보성읍교회	상환금	원금상환금	42,000	잔액 158백만 원
보성읍교회	상환금	이자지불금	12,220	평균 8.5%(변동금리)

나. 재가복지봉사센터

🏠 지방자치 보조금 사업

(단위: 천 원)

지원처	사업명	세부사업명	지원액	비고
계	5개 사업		302,702	
보성군	급식서비스	재가노인도시락배달	53,376	105명(1식 2천 원)
보성군	급식서비스	결식아동급식배달	9,525	18명(1식 3천 원)
보성군	푸드뱅크사업	푸드뱅크 운영	5,000	차량운영비
보성군	지역혁신사업	장애인활동보조	29,601	보조인 12명(시간당 7천 원)
보성군	지역혁신사업	생활지도사파견사업	205,200	지도사 41명(월 600천 원) 관리자 1명(월 1,200천 원)

🏠 기타보조금 사업

(단위: 천 원)

지원처	사업명	세부사업명	지원액	비고
계	2개 사업		55,000	
공동모금회	요보호관리	사랑의 집수리	50,000	10세대(1가구당 5백만 원)
EBS방송모금	요보호관리	주거환경개선사업	5,000	조성면 매현리(김상님)

🏠 후원사업

(단위: 천 원)

지원처	구 분	세부사업명	지원액	비 고
계	3개 사업		3,651	
후 원 자	비 지 정	자원봉사자 관리비	996	야유회
후 원 자	비 지 정	요보호대상자 관리비	1,089	일상생활지원
후 원 자	비 지 정	주거환경개선사업	1,566	보성읍 신흥동(박필순)

🏠 법인전입금 지원사업

(단위: 천 원)

지원처	구 분	세부사업명	지원액	비 고
계	2개 사업		24,274	
보성읍교회	운 영 비	상반기 운영비	20,152	인건비, 운영비
보성읍교회	차량유류비	재가노인도시락배달	4,122	2~12월분 차량유류비

다. 지역아동센터

🏠 지방자치 보조금 사업

(단위: 천 원)

지원처	구 분	세부사업명	지원액	비 고
계	2개 사업		38,400	
보 성 군	지역아동센터	운영비	24,000	인건비, 운영비
보 성 군	급식서비스	결식아동도시락배달	14,400	1인 1식 3천 원

II. 2007년도 가족복지사업

1. 가족관계증진사업

다문화가족 지원사업 (담당: 정구림)
- 외국 이주여성에게 한국 문화에 대한 이해와 적응력 제고
- 한글교육, 문화체험 등으로 문화적 차이 및 갈등 해소하고 공동체 생활을 통한 정서적 지지 지원

1) 현 황

가. 사업기간 : 2007. 1. 1 ~ 2008. 1. 31(13개월)
나. 대 상 : 다문화가족 65명
다. 사업비 : 11,875천 원(공동모금회 67.3%, 군비 22.7%, 비지정 후원금 10%)

다문화가족 현황

(단위: 명)

구 분	계	베트남	중 국	필리핀	일 본	기 타
보 성 군	131	42	33	31	13	12
복지관 교육대상	65	20	7	21	9	8

2) 추진방침

가. 전라남도 여성회관 결혼이민자 지원센터 연계사업
  (1) 한식조리 교육을 통해 한국요리 기술 습득(4~7월)
  (2) 노인수발사 이론교육으로 자격증 취득(6~7월)

(3) 영어 원어민 강사 양성반을 육성 교수기법 등 전문교육 시행(4~7월)

나. 전남사회복지공동모금회 지원사업
    (1) 외국인 배우자 한국 적응훈련 프로그램 시행(한글교실, 요리교실, 알뜰 생활정보)
    (2) 한국인 배우자 자조집단형성 프로그램
    (3) 다문화가족 교육 및 문화활동 프로그램

다. 보성군 여성자원봉사센터 연계사업
    (1) 국악교실을 통한 한국전통 문화체험
    (2) 아이돌보미 사업을 통해 아동들의 성장발달 영향 고취

3) 사업계획 및 실적

가. 전라남도 여성회관 결혼이민자 지원센터 연계사업
    (1) 한식조리(6~7월)
      • 지원처: 전남여성회관 결혼이민자지원센터 연계사업
      • 실 적: 연 8회, 240명
      • 강 사: 노희경 교수
    (2) 노인수발사 교육(6~7월)
      • 지원처: 전남여성회관 결혼이민자지원센터 연계사업
      • 실 적: 연 8회, 240명
      • 강 사: 김혜정, 추현아 교수
    (3) 영어원 어민 강사 양성반(5월~7월)
      • 지원처: 전남여성회관 결혼이민자지원센터 연계사업
      • 실 적: 연 24회, 288명
      • 장 소: 전남여성회관(광주)

나. 전남사회복지공동모금회 지원사업
　(1) 한글교실(07년 9월~08년 1월)
　　• 지원처: 전남사회복지공동모금회
　　• 실　적: 연 15회, 270명
　　• 강　사: 황정미, 문난영
　　• 예　산: 2,350천 원(공동모금회)
　(2) 요리교실(07년 9월~08년 1월)
　　• 지원처: 전남사회복지공동모금회
　　• 실　적: 연 15회, 450명
　　• 강　사: 박점자
　　• 예　산: 2,700천 원(공동모금회)
　(3) 다문화가족이 함께하는 행복공간-교육(07년 9월~08년 1월)
　　• 지원처: 전남사회복지공동모금회
　　• 내　용: 부부성교육, 임신과 출산교육, 자녀교육법, 나들이
　　• 실　적: 연 4회, 450명 참석
　　• 예　산: 2,510천 원(공동모금회)
　(4) 온누리안소리공연(10월 20일)
　　• 지원처: 보성군 제10회 소리축제 추진위원회
　　• 실　적: 50명
　　• 대　상: 다문화가족세대
　　• 예　산: 2,700천 원(군비)
　　• 연계기관: 국제와이즈멘 보성클럽
　(5) 다문화가족 크리스마스 파티(12월 24일)
　　• 실　적: 50명
　　• 대　상: 다문화가족세대
　　• 예　산: 200천 원(후원금 100%)
　(6) 기타사업(07년 9월~08년 1월)

- 이주여성 알뜰생활정보
  - 실 적: 연 5회, 150명
  - 방 문: 소방서, 경찰서, 여수출입국관리소, 마트 이용
- 남편자조집단모임 교육
  - 지원처: 전남사회복지공동모금회
  - 실 적: 연 5회, 50명
  - 강 사: 신성환
  - 예 산: 750천 원(공동모금회)

다. 보성군 여성자원봉사센터 연계사업

(1) 국악교실(11월~12월)
- 지원처: 보성군 여성자원봉사센터 연계
- 실 적: 연 8회, 240명
- 강 사: 서정미

(2) 아이돌보미 사업(11월~12월)
- 지원처: 보성군 여성자원봉사센터 연계
- 실 적: 연 8회, 160명
- 돌보미: 박은경, 유화숙, 박은실

라. 기타사업
- 외국인 대상 복지관광(10월 10일~12일)
  - 지원처: 한국관광협회중앙회, 보성군여성자원봉사센터 기타 등
  - 실 적: 40명
  - 대 상: 국제결혼부부 및 3세 이하 자녀
  - 예 산: 8,100천 원(관광협회 74%, 자원봉사센터 12%, 기타 14%)

4) 문제점 및 대책

가. 문제점
- 사업비 지원 미약함으로 인해 인력 및 자원봉사자 충원에 어려움
- 지역 내 이주여성 대상 한글교실 지원사업의 중복(천주교)
- 보성읍교회 차량 이용에 관한 유지비 및 관리 문제점 두각
- 이주여성들이 3세 미만의 아이들과 동행함으로 아이를 돌봐 줄 도우미 필요

나. 대 책
- 사업비 미약함으로 유관기관과의 연계사업 및 모금회 프로포잘 공모로 사업비 충원 및 인력, 자원봉사자 동원
- 동일 내 한글교실 사업은 일원화 추진
- 보성읍교회 12인승 차량을 복지관으로 관리 전환
- 복지 자원봉사센터와 연계 도우미 충원

5) 수범사례

- 한국관광협회중앙회와 문화관광부가 주최한 외국인 대상 복지관광 공모사업에 당선되어 다문화가족 18세대 40명이 2박3일 제주도여행을 다녀옴으로 다문화가족 및 지역사회에 관심촉구의 대상으로 홍보될 수 있었다.
- 보성군 제10회 소리축제 '온누리안소리경연대회' 다문화가족의 문화공간을 제시함으로 지역사회 한구성원의 일원으로 두각되며, 국제와이즈멘 보성클럽의 후원과 지지로 지역민들의 인식전환을 가져다 주었다.

6) 자료첨부

제10회 소리축제 '온누리안소리경연대회'

복지관광 2박3일 제주도신혼여행

결혼이민자지원센터 연계사업-한식조리

결혼이민자지원센터 연계사업-노인수발사교육

2. 가족기능 보완사업

조손가정 정서지지 강화 프로그램(담당: 정구림)
- 문화예술활동을 통한 심리 · 정서치료 및 자존감 향상
- 문화활동을 통한 세대간 갈등해소 및 사회적응 프로그램

1) 현 황

가. 사업기간: 2007. 4. 1 ~ 2007. 12. 31(9개월간)
나. 대   상: 조손가정 12세대 30명
다. 사 업 비: 10,115천 원(모금회 98.9%, 자부담 1.1%)

🏠 조손가정 세대별 현황

구 분	계	조부모세대	외조부모세대	조모세대	위탁가정
보 성 군	145(410명)세대	121(346명)세대	24(64명)세대	–	–
복지관 사업대상	12(30명)세대	3(9명)세대	–	8(18명)세대	1(3명)세대

2) 추진방침

가. 조손세대가 함께하는 연바람체험활동을 통한 심리·정서치료
나. 개인별 사례관리 및 개별아동미술치료
다. 문화체험 및 가족캠프, 발표회

3) 사업계획 및 실적

가. 연바람체험활동
- 실   적: 연 18회, 540명(1회 30명)
- 내   용: 조손가정이 함께하는 민요, 역할극
- 강   사: 이당금, 김현란, 김현수, 유은경
- 장   소: 보성문화예술촌 연바람
- 예   산: 4,000천 원(공동모금회)

나. 아동미술치료
- 실   적: 연 36회, 540명

- 강　사: 한상희 미술치료사
- 장　소: 복지관 상담실
- 예　산: 2,000천 원(공동모금회)

다. 가족캠프
- 실　적: 연 1회, 40명
- 장　소: 웅치 들풀미술학교
- 예　산: 1,500천 원(공동모금회)

라. 문화체험
- 실　적: 연 2회, 70명
- 장　소: 녹차음식체험장, 해남공룡박물관
- 예　산: 1,500천 원(공동모금회)

마. 발표회
- 실　적: 연 1회, 30명
- 장　소: 보성남초등학교 대강당
- 예　산: 1,000천 원(공동모금회)

바. 기타사업
  (1) 조손가정 가족여행
  - 실　적: 연 1회, 40명
  - 장　소: 충남 안면도 (1박 2일)
  - 예　산: 6,114,900원(관광협회 98%, 자부담 2%)
  - 지원처: 한국관광협회중앙회
  (2) 조손가정 주거환경개선사업
  - 지원처: KBC방송 촬영, 한국전력 보성지점, 보성읍교회 등

- 실   적: 연 1회, 1세대(신흥동 박필순 어르신 가정)
- 내   용: 도배/장판, 전기배선, 보일러설치, 화장실 등
- 예   산: 4,670천 원(한국전력 32%, 보성읍교회 13%, 자부담 13%, 기타 물품후원)

4) 문제점 및 대책

가. 문제점
- 아동미술치료, 역할극을 통한 아동 및 조부모님들의 개인 문제점들이 부각되면서 개별 사례관리 및 유관기관과의 연계사업이 절실히 필요함

나. 대 책
- 개별 사례관리로 문제점 직시하고 유관기관과의 연계사업 진행

5) 수범사례

- 조손가정사업을 진행하면서 지역 내 금·물품을 후원하는 후원자들이 (음식점 1곳, 미용실 1곳, 히트피자 1곳, 네네치킨 1곳, 김장김치 후원)발굴되었으며, 조손가정을 후원하는 후원자들에게 감사패를 증정할 수 있도록 지역 내 도예 예술가로부터 감사패를 직접 제작하여 후원받아 지역 내 조손가정에 대한 관심도가 높아졌다.
- 개별 사례관리와 유관기관(전남아동전문보호기관, 광주 샘솟는 아동, 청소년발달심리상담연구소, 광양 매화원, 전남청소년상담센터)과의 연계사업으로 조손가정의 변화된 과정, 특별히 아동들의 심리적, 정서적 변화를 지켜볼 수 있었다.
- 한국관광협회중앙회에서 주최하는 복지관광 조손가정 가족여행으로 신청·선정됨으로 1박2일 충남 안면도 일대를 후원자들의 간식과 물질후원으

로 행복한 관광을 할 수 있었으며, 이를 홍보한 신문보도자료를 통해 지역 및 전국적인 이슈로 대두되면서 여러 방송국에서 사례의뢰를 받았다.
- 광주KBC방송국 '현장리포트 사람세상' 프로에서 추석특집으로 본 복지관 '조손가정 정서지지 프로그램' 내용을 촬영하여 수차례 방영되었다.
- 광주KBC방송국 '365천국보다 아름다운 세상' 프로에서 본 복지관 조손가정프로그램 대상자를 선정하여 한국전력보성지점과 지역 후원자님들의 후원으로 5백만 원 상당의 보일러를 설치하였고, 주거환경 개선내용 방송을 촬영하였다.

6) 자료첨부

연바람체험활동-역할극

개별아동미술치료

문화체험-녹차음식체험

가족캠프-들풀미술학교

> **한부모가정 아동 학습지원 및 심리 · 정서 담당(담당: 정구림)**
> - 한부모가정 아동들의 경제적 부담을 줄이기 위한 학습지원
> - 건강한 사회인으로 육성하기 위한 심리 · 정서적 안정 지지

1) 현 황

가. 사업기간: 2007. 8. 1 ~ 2008. 7. 31(12개월간)
나. 대   상: 한부모가정 아동 20명
다. 사 업 비: 7,500천 원(아산복지재단 100%)

한부모가정 현황

(단위: 명)

구 분	계	모자가정	부자가정	조손가정
보성군	261(738명)세대	75(210명)세대	41(118명)세대	145(410명)세대
사업참여	20	9	2	9

2) 추진방침

가. 소그룹 학습지원으로 학습능력을 향상
나. 심리치료-역할극 및 부모교육을 통한 정서적 안정도모

3) 사업계획 및 실적

가. 학습지도
- 실   적: 연 80회, 1,600명
- 강   사: 문난영
- 교육장소: 보성초등학교

- 예　산: 3,900천 원(아산복지재단)

나. 역할극
- 실　적: 연 40회, 800명
- 강　사: 이당금
- 교육장소: 보성초등학교
- 예　산: 3,600천 원(아산복지재단 100%)

4) 문제점 및 대책

가. 문제점
- 아동들이 보성초등학교 방과후교실 프로그램 이용으로 인하여 학습지도 및 역할극 수업시간을 맞추지 못하는 경우 발생

나. 대　책
- 수업시간을 맞추기 위하여 보성초등학교 교장선생님과 면담 후 월, 수, 금요일에서 화, 목, 금요일로 변경함

5) 자료첨부

소그룹 학습지도

학습지도

역할극 지도

역할극 수업

3. 가정문제해결치료사업

청소년음악동아리(담당: 지성호)

- 개인의 음악 및 댄스 등 재능 발굴 개발과 청소년 간의 교류와 화합 및 협동심을 함양
- 건전한 취미활동과 특기적성을 살릴 수 있고, 동아리 활동 활성화

1) 현 황

가. 사업기간: 2007. 1. 1 ~ 2007. 12. 31(12개월간)
나. 대   상: 중·고등학교 청소년 24명
다. 사 업 비: 3,063천 원(비지정 후원금 93.8%, 청소년활동진흥센타 6.2%)

🏠 학교별 참여대상자 현황

(단위: 명)

구 분	계	보 성 고	보성실고	복 내 고	예 당 고	벌 교 고	보성여중
밴드동아리	15	7	2	2	1	1	2
댄스동아리	9	3	6				

2) 추진방침(방향)

가. 전문 강사 선생님의 지도로 기량 향상 및 교육의 기회 제공
나. 밴드 및 댄스공연과 경진대회참여 및 청소년들과의 폭넓은 교류 증진
다. 밝고 건전한 여가시간의 제공 및 취미(동아리) 활동 육성
라. 지역사회공연 참여로 기성세대와 문화적 이해관계 형성 유도
마. 지역사회 자원봉사활동에 참여하여 사회문제 및 현실에 대해 이해 제고

3) 사업계획 및 실적

가. 밴드동아리 자체연습
- 실 적: 연 72회, 489명
- 강 사: 김겸직
- 예 산: 2,063천 원(비지정 후원금)

나. 댄스동아리 자체연습
- 실 시: 연 72회, 275명
- 강 사: 구동준
- 예 산: 800천 원(비지정 후원금)

다. 청소년동아리 공연활동 및 자원봉사활동
- 실 시: 연 10회, 84명
- 강 사: 지성호
- 예 산: 200천 원(비지정 후원금)

라. 청소년해외테마연수 '꿈은 이루어진다'
- 지원처: LG상사, 사회복지공동모금회

- 실 적: 연 1회, 1명
- 내 용: 저소득청소년의 해외유명기업 방문을 통한 비전 세우기
  (유럽 3개국 프랑스, 스위스, 이태리 7박8일 연수시행)

4) 문제점 및 대책

가. 문제점
- 밴드동아리들이 자체연습(4층 대강당) 시 소음으로 민원 발생
- 연습상황을 모니터링할 수 있는 전면 거울이 있는 공간 필요
- 자체공연계획 시 앰프 시설의 미비로 공연계획에 차질 발생

나. 대 책
- 방화문 개폐 및 자체 방음에 최대한 주의를 기울이고, 방음 시설이 되어 있는 공간 확보 요망
- 지하식당 등 전면 거울이 있는 공간 제공
- 장비보강이 이루어질 수 있도록 예산 신청 및 후원자 발굴

5) 수범사례

- 5월 5일 어린이날 자체연습한 곡들로 밴드공연을 하여 오픈무대를 장식하였고 댄스동아리는 율동안무를 준비하여 어린이들과 함께할 수 있는 무대를 만들었으며 공연 후 각 놀이마당에 행사지원과 뒷마무리 및 정리를 하는 자원봉사활동에 참여함
- 7월 27일 곡성군민회관에서 '전라남도클럽대항 청소년생활체육대회' 댄스동아리(stay)가 참여하여, 생활체조 창작안무부문에 입상을 하여, 상패와 부상을 수여
- 10월 21일 보성체육관특설무대에서 시행한 '보성소리축제 반 세대 어

울마당'에 노래부문에 참가하여 노래부문 최우수상과 우수상을 수상함
- 11월 9일 '벌교꼬막축제' 노래부문에 참여하여 우수상을 수상함
- 11월 15일 전라남도청소년활동진흥센터가 주관하고 목포YMCA가 주최로 '2007년 청소년 창작경연페스티발'에 보컬부문, 댄스부문에 참여하여, 보컬부문과 댄스부문에 각각 목포YMCA 이사장상을 수상
- 사회복지공동모금회와 LG상사에서 지원하는 저소득가정 청소년 해외테마연수 프로그램에 밴드동아리 청소년 1인을 신청하여 전국 30명의 청소년들과 유럽 3개국(7박8일) 세계유명기업 및 세계문화를 체험할 기회를 제공

6) 자료첨부

청소년그룹사운드 락페스티발 참여 (해남)

어린이날 댄스동아리 율동 시연

청소년창작경연페스티발 'YMCA이사장상 수상'

청소년 해외테마연수 '꿈☆은 이루어진다'

III 2007년도 지역사회보호사업

1. 급식서비스

경로식당 운영(담당: 황보은)
- 노인에 맞는 영양식단을 통한 결식 예방 및 영양결핍 방지
- 규칙적인 식생활로 건강한 노후생활 영위 및 경로효친사상 함양

1) 현 황

가. 사업기간 : 2007. 1. 2 ~ 2007. 12. 31(12개월간)
나. 대   상 : 복지관 이용 노인 및 보성군 거주 기초생활수급자 노인
다. 사 업 비 : 26,855천 원(군비 11,204천 원, 비지정 후원금 15,651천 원)

 경로식당 급식서비스 이용자 현황

(단위: 명)

계	수급자	시설이용자	일반인	도보이용자	기타
10,464	3,717	4,045	899	1,803	

2) 추진방침

가. 관내에 거주하는 기초생활보장 수급자 및 본 복지관 프로그램에 참여하는 이용자에게 중식을 제공
나. 월별 식단을 계획하고 영양식단대로 음식을 조리하여 제공
다. 조리실 및 식당의 정기적인 위생점검과 청소로 청결유지

3) 사업계획 및 실적

　가. 경로식당 급식서비스
　　• 실　적: 연 122회, 10,464명
　　• 인　력: 주방자원봉사 3명

4) 문제점 및 대책

　가. 문제점
　　• 프로그램에 따라 이용자의 수가 차이가 발생되어 적정한 양의 급식을 준비하는 데 어려움이 있음
　　• 극빈한 기초생활수급자는 복지관 업무가 쉬는 날에는 3식을 다하지 못하고 결식하는 사례가 있음

　나. 대　책
　　• 프로그램에 따른 인원수를 정확히 파악하여 음식의 남고 부족함이 없도록 철저를 기함

5) 자료첨부

경로식당 급식서비스 배식 모습

경로식당 급식서비스 배식 자원봉사활동 모습

경로식당 급식서비스 배식 모습

경로식당 급식서비스 배식 자원봉사활동 모습

2. 보건의료서비스

내방한방서비스(담당: 지성호)

- 한방(침·뜸·부항 등) 무료 진료를 통하여 의료비의 지출을 경감
- 개인의 건강증진과 더불어 명랑한 사회를 조성

1) 현 황

가. 사업기간: 2007. 1. 1 ~ 2007. 12. 31(12개월간)

나. 대　　상: 지역민 누구나

다. 사 업 비: 145천 원(비지정 후원금 145천 원)

■ 월별 한방무료진료 이용현황　　　　　　　　　　　　　　　　(단위: 명)

구 분	계	1월	2월	3월	4월	5월	6월	7월	8월	9월	10월	11월	12월	비 고
순천실로암봉사단	360	58	37	48	57	·	45	·	31	·	·	52	32	자원봉사28명
광주대동한방병원	537	58	75	68	50	49	46	43	·	33	52	30	33	자원봉사26명
장애인순회진료	112	·	·	·	·	·	112	·	·	·	·	·	·	자원봉사20명

2) 추진방침

가. 월 2회 무료한방서비스 시행(둘째 주 금요일, 넷째 주 월요일)
나. 개인 진료기록차트를 색인 관리하여 효율적이고 체계적인 의료서비스 지원
다. 뜸, 부항, 침치료 등 전문적인 한방치료로 기회 제공
다. 협력병원 약정 및 계약을 체결하여 지속적으로 지역사회 건강증진을 도모
라. 전라남도 장애인복지관과 연계하여 장애인 무료순회서비스 연 1회 시행

3) 사업계획 및 실적

가. 순천 실로암봉사단
- 실 시: 연 8회, 360명
- 강 사: 장재영 외 3명
- 예 산: 145천 원

나. 광주 대동한방병원
- 실 시: 연 11회, 537명
- 의 사: 임동주 외 3명

다. 장애인순회 진료서비스 – 전라남도 장애인복지관 연계사업
- 실 시: 연 1회, 112명
- 강 사: 전라남도장애인복지관

4) 문제점 및 대책

가. 문제점
- 한방병원 및 봉사단체의 일정 변경 등으로 서비스 계획에 차질 발생
- 내방한방서비스 시행 시 자원봉사자 연계 필요

나. 대 책
- 월중계획 변경 시 빠른 조치가 가능토록 한방병원 및 협력봉사단과 긴밀한 관계를 유지하고 복지 자원봉사자를 적극 활용

5) 수범사례

- 내방한방서비스는 이용 대상자들의 거리적 제약으로 보성읍에 거주한 자로 한정되었으나, 보성군 독거노인생활지도사 파견사업과 연계하여 생활지도사들의 협조 하에 건강관리에 가장 취약한 독거노인들이 이용할 수 있도록, 보성읍을 포함한 미력, 노동, 웅치, 득량면으로 확대 실시하고 있음

6) 자료첨부

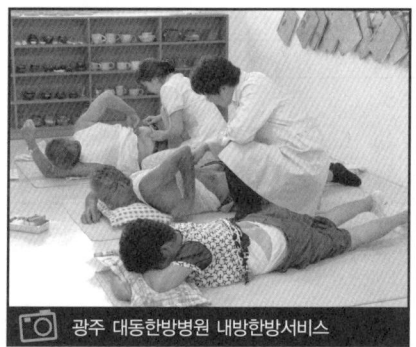
광주 대동한방병원 내방한방서비스

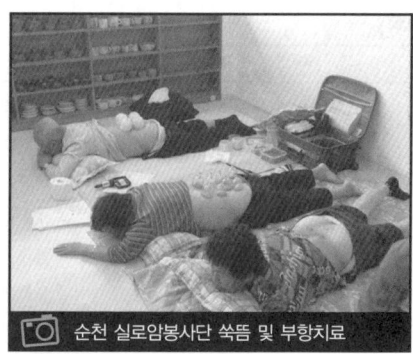
순천 실로암봉사단 쑥뜸 및 부항치료

장애인순회진료서비스 접수

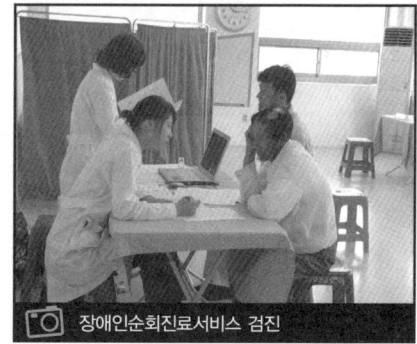
장애인순회진료서비스 검진

3. 일상생활지원서비스

내방 이 · 미용서비스

보성군에 거주하는 65세 이상 복지관 내방어르신들에게 경제적 부담을 줄이고 위생 및 청결을 유지하는 데 도움을 주고자 함

1) 현 황

가. 사업기간: 2007. 1. 1 ~ 2007. 12. 31(12개월간)
나. 대   상: 지역민 누구나
다. 사 업 비: 자원봉사자 활용

🏠 월별 이 · 미용서비스 이용현황   (단위: 회, 명)

구 분	계	1월	2월	3월	4월	5월	6월	7월	8월	9월	10월	11월	12월
이·미용 서비스	180 (29)	12 (2)	12 (3)	26 (5)	22 (4)	8 (1)	16 (3)	15 (1)	6 (1)	25 (4)	14 (2)	13 (2)	11 (1)
자원봉사	35	4	4	6	5	1	4	1	1	4	2	2	1

2) 추진방침

가. 매월 둘째 주 화 · 목요일, 넷째 주 화 · 목요일 이 · 미용서비스 시행(월 4회)
나. 이 · 미용 자원봉사자를 연계하여 자원봉사활동 기회 부여
다. 이 · 미용실 청결유지관리로 이 · 미용서비스 시 쾌적한 환경제공

3) 사업계획 및 실적

　가. 내방 이·미용서비스
　　• 실　　적: 연 29회, 180명
　　• 봉사자: 정삼남, 곽정화, 박연향
　　• 예　　산: 자원봉사자 활용

4) 문제점 및 대책

　가. 문제점
　　• 이·미용서비스 자원봉사자 부족 및 이·미용서비스 이용자의 변동폭이 커서 효율적 관리 어려움
　　• 이·미용 장비 및 기본 소모품 지원이 없고, 서비스 제공 자원봉사자가 부담하여 경제적 손실을 초래

　나. 대 책
　　• 이·미용서비스 자원봉사자를 발굴하고 이용자를 미리 접수 받는 예약제 실시 및 예산을 확보하여 이·미용에 필요한 소모품 및 노후장비 교체

5) 수범사례

　• 이용자들에게 보다 편리하고 쾌적한 환경을 제공하기 위해 1층에 이·미용실 개설

6) 자료첨부

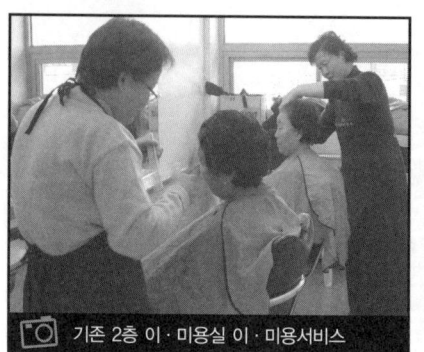
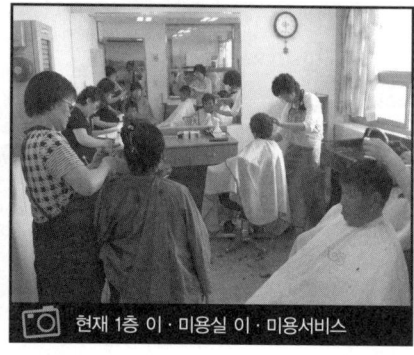

4. 경제적지원사업

결연후원금 지급

● 지역내 요보호대상자들을 중심으로 어린이재단 및 지역후원자들의 결연을 통한 경제적 지원

1) 현 황

가. 사업기간: 2007. 1. 1 ~ 2007. 12. 31(12개월간)
나. 대　　상: 보성군 결연대상자 41세대(54명)
다. 사 업 비: 10,600천 원(어린이재단 8,380천 원, 복지관 2,220천 원)

 결연대상자

(단위: 명)

계	보성	벌교	미력	문덕	웅치	회천	득량	율어	조성
54	12	10	2	2	4	4	15	1	4

2) 추진방침

가. 어린이재단 전남지역본부 결연대상자 후원금 각 개인통장으로 입금
나. 복지관 결연대상자 후원금 각 개인통장으로 입금

3) 사업계획 및 실적

가. 어린이재단 전남지역본부 결연대상자
- 지원처: 어린이재단 전남지역본부
- 실 적: 연 12회, 265명
- 예 산: 8,380천 원(어린이재단 전남지부)

나. 복지관 결연대상자
- 실 적: 연 12회, 24명
- 예 산: 2,220천 원(지정 후원금)

4) 문제점 및 대책

가. 문제점
- 매월 12일까지 결연대상자 통장에 결연금을 입금시켜야 하나 휴일 및 불가피한 사정으로 입금이 늦어지는 사례 발생

나. 대 책
- 결연금 입금이 늦어지면 어린이재단에서 결연아동들에게 직접 후원금 지급

5) 수범사례

- 어린이재단에 독거노인 2명, 조손가정아동 3명이 결연아동으로 등록
- 복지관에서 지역 내 후원자 발굴 조손가정아동과 결연 등록

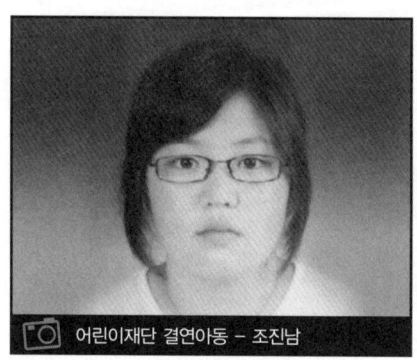
어린이재단 결연아동 – 조진남

어린이재단 결연아동 – 김선미

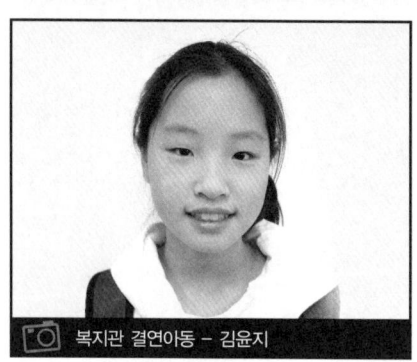
복지관 결연아동 – 김윤지

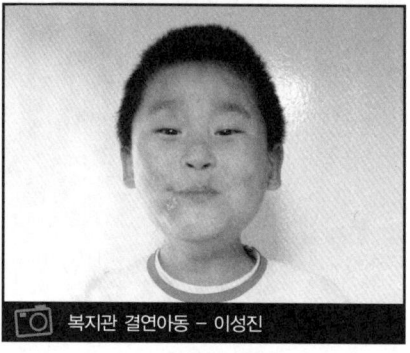
복지관 결연아동 – 이성진

빈곤청소년 미래지원사업(담당 : 지성호)

● 빈곤상황의 청소년들에게 직업능력개발비를 지원함으로써, 특기와 적성에 맞는 직업을 탐구할 기회를 제공하고 사회진출에 대비할 수 있도록 지원 함.

1) 현 황

가. 사업기간: 2007. 9. 1 ~ 2007. 12. 31(4개월간)
나. 대   상: 실업계 고교에 재학 중인 빈곤청소년
다. 사 업 비: 1,200천 원(월 300천 원 4개월)

2) 추진방침

가. 실업계고교에 재학 중인 빈곤청소년 선정
나. 직업을 탐구하고 사회진출에 대비할 수 있도록 교육비 지원
다. 특기와 적성에 맞는 직업을 탐구할 기회와 사회진출에 대비할 수 있도록 상담 및 사례관리 병행 추진

3) 사업계획 및 실적

가. 발마사지샵 학원비 지원
- 대   상: 보성실고 3년 조진남
- 강   사: 세종아유로베다 정숙희

4) 문제점 및 대책

가. 문제점
- 직업능력개발 교육시행처가 타 지역에 있음으로 교통비, 재료비 등 제반비용이 발생하나 빈곤가정청소년에게 지원되는 교육비는 재료비, 교통비, 등록비로만 사용가능하여, 대상자에게 부담이 큼

나. 대 책
- 지원기관에 등록비 이외, 제반비용에 대한 지원 가능토록 건의

5) 수범사례

- 2007년 9월부터 직업능력개발비(발마사지)를 지원받는 학생이 2008년 1월 발마사지 시험에 응시하여 발마사지 자격증 획득

6) 자료첨부

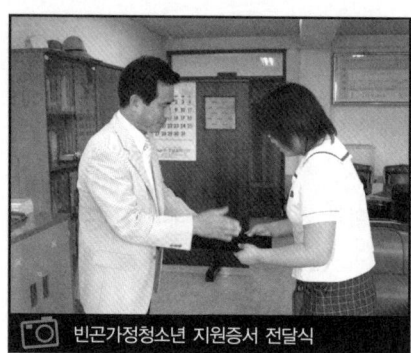
빈곤가정청소년 지원증서 전달식

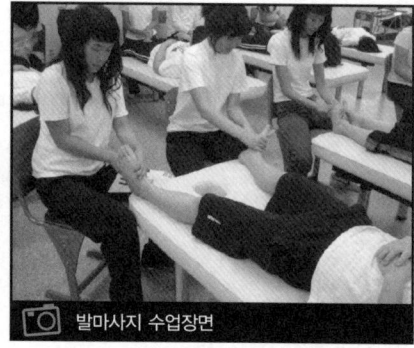
발마사지 수업장면

Ⅳ. 2007년 지역사회조직사업

1. 주민조직화 및 교육

 복지게이트볼동아리(담당: 지성호)
- 삶의 활력과 생동감을 주고 동호인 간의 연대감을 형성하며 팀 간의 활동으로 건강하고 행복한 삶을 제공하고자 함

1) 현 황

가. 사업기간: 2007. 1. 1 ~ 12. 31(12개월간)
나. 대　　상: 일반인 누구나
다. 사 업 비: 424천 원(비지정 후원금 424천 원)

2) 추진방침

가. 관내 65세 이상 독거노인 및 저소득 계층을 대상으로 함
나. 주 4회(월, 화, 목, 금), 1일 4시간 지도 및 연습
다. 복지게이트볼 동아리대회 참가 시 대회참가비 지원(10회)

3) 사업계획 및 실적

가. 게이트볼동아리 자체연습 및 친선경기
　• 실　시: 연 178회, 1,763명

- 강　사: 임병학
- 예　산: 24천 원(비지정 후원금)

나. 게이트볼대회 참여
- 실　시: 연 12회, 119명
- 강　사: 임병학
- 예　산: 400천 원(비지정 후원금)

4) 문제점 및 대책

가. 문제점
- 동절 기간 중 보성군 게이트볼 구장은 기후변화가 심하고 온도차가 심하여 비교적 온도변화가 덜한 복지관 게이트볼구장을 사용하기를 원함
- 오전 연습 후 먼 거리 개인집까지 이동하여 점심을 해결하는 것이 동아리 회원들의 결속력 저하 및 참여자 저조

나. 대　책
- 복지관과 약간의 거리가 있으나 인접한 보성군 게이트볼구장을 활용 친선경기 및 자체연습 후 경로식당 중식 제공
- 복지게이트볼 동아리대회 참가 시 참가비를 지속적으로 지원하여 효율적인 경기운영을 할 수 있도록 격려
- 차량지원으로 게이트볼동아리 회원들 간의 친목과 단합을 북돋을 수 있는 기회 제공

5) 수범사례

- 제100회 동부권게이트볼대회 참가하여 3위 입상 상패 및 부상 수상

- 복지게이트볼 2개팀이 보성군 제33회 다향축제 게이트볼경기에 참가하여 우승 및 준우승으로 상패 및 부상 수상
- 제4회 보성군수배게이트볼대회에 참가 3위 입상
- 제6회 노인회장기게이트볼대회에 참가하여 준우승 입상

6) 자료첨부

다향축제 게이트볼대회 우승 및 준우승

게이트볼경기 모습

2. 주민복지증진사업

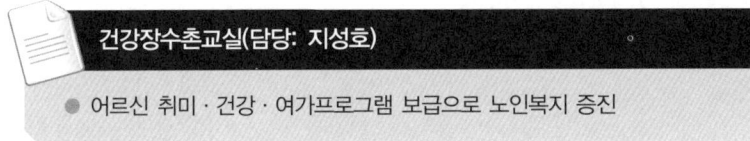

건강장수촌교실(담당: 지성호)
● 어르신 취미·건강·여가프로그램 보급으로 노인복지 증진

1) 현 황

가. 사업기간: 2007. 2. 1 ~ 4. 30, 11. 1 ~ 12. 31(5개월간)
나. 대   상: 12개 읍면 대표경로당 이용노인
다. 사 업 비: 7,200천 원(군비)

🏠 건강장수촌교실 읍·면별 현황
(단위: 명)

계	보성	벌교	노동	미력	겸백	율어	복내	문덕	조성	득량	회천	웅치
620	61	61	35	50	85	54	45	54	103	73	30	30

🏠 프로그램별 이용 현황
(단위: 명)

계	이·미용서비스	족욕마사지	요 가	한 글	목욕서비스
6,356	318	726	3,516	1,004	792

2) 추진방침

가. 읍·면당 매주 1~4회 순회하여 사업 추진

나. 한글, 요가교실, 족욕마사지, 이·미용, 목욕서비스 등 지원

다. 배움의 기회를 제공하고 청결하고 건강한 삶을 유도함

3) 사업계획 및 실적

가. 요가교실
- 실 적: 연 120회, 3,516명
- 강 사: 김현숙
- 예 산: 3,000천 원(군비)

나. 족욕마사지
- 실 적: 연 24회, 726명
- 강 사: 곽정화, 이명숙
- 예 산: 1,440천 원(군비)

다. 이·미용서비스
- 실 적: 연 24회, 318명
- 강 사: 이·미용자원봉사자
- 예 산: 자원봉사자 활용

라. 한글교실
- 실 적: 연 59회, 1,004명
- 강 사: 정광채
- 예 산: 838천 원(군비)

마. 목욕서비스
- 실 적: 연 24회, 792명
- 강 사: 지성호, 최종수
- 예 산: 1,792천 원

4) 문제점 및 대책

가. 문제점
- 이용자가 프로그램 횟수 증가 및 다변화를 요구하고 있으며 프로그램 전반에 자원봉사자의 최소한의 사례비 지원이 요구됨

나. 대 책
- 건강장수촌교실 프로그램 횟수 증가 및 욕구에 부흥하는 프로그램을 시행하고자 시행부서와 협의 예산 확보 추진

5) 수범사례

- 사업대상 경로당에 수요조사를 하여 한글교실이 필요한 5개 경로당에 고 자원봉사자(초등학교 교장 정년)를 활용 월 12회, 연 59회 한글교실 시행

6) 자료첨부

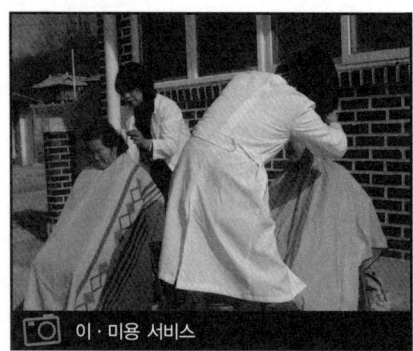
이·미용 서비스

족욕 및 발마사지 서비스

웃음요가 서비스

한글교실

3. 자원봉사자 양성

청소년자원봉사동아리(담당: 지성호)
- 자원봉사활동을 통하여 자신이 가지고 있는 능력과 기술을 활용하고 개발하는 기회 제공
- 협동심과 공동체 의식을 함양하여 지도자로서의 능력과 리더십 배양

1) 현 황

가. 사업기간: 2007. 1. 1 ~ 12. 31(12개월간)
나. 대   상: 관내 청소년, 중·고등학생
다. 사 업 비: 78천 원(비지정 후원금)

2) 추진방침

가. 청소년자원봉사동아리를 조직하여 청소년의 주체가 되는 체험 중심의 봉사활동 전개
나. 사회문제 및 현실에 대해 이해를 확대하고 지역사회에 대한 지식 배양의 기회가 되도록 함
다. 보성군 자원봉사센터, 지역사회단체 등과 연계하여 추진함

3) 사업계획 및 실적

가. 아동학대예방캠페인
- 실 적: 연 3회, 59명
- 강 사: 지성호

나. 텃밭 가꾸기
- 실 적: 연 8회, 64명
- 강 사: 지성호
- 예 산: 78천 원

다. 골목놀이 '웃음이 넘쳐 나는 녹차골 만들기' –보성군 자원봉사센타 연계
- 실 적: 연 1회, 39명
- 강 사: 보성군 자원봉사센터

라. 자원봉사체험학교–청소년활동진흥센터연계
- 실 적: 연 1회, 34명
- 강 사: 고주연

마. 청소년사회봉사명령지도
- 실 적: 연 17회, 41명
- 강 사: 지성호

바. 사회복지봉사활동 인증관리 DB 입력
- 실 적: 연 320회, 320명
- 강 사: 지성호

4) 문제점 및 대책

가. 문제점
- 자원봉사동아리에서 고구마를 심어 수익금으로 독거노인 난방비 지원에 사용하고자 하였으나 고구마의 품질이 불량하여 소득원이 되지 못함

나. 대 책
- 농산물을 파종 및 재배 시 품종 확인 및 전문가의 지도를 받아 실행

5) 수범사례

- '제9회 전국중고생자원봉사대회' 푸르덴셜사회공헌재단에서 주관, 복지관 내 청소년 자원봉사 동아리(1기~4기)가 계속 자원봉사활동에 참여해 왔으며 설장구라는 특기 있는 재능을 통하여 지역 내 소외된 어르신들에게 웃음을 찾아 주었고, 특히 보성지역 내에 아동들에게 남다른 관심과 학습지도 및 선도활동으로 사랑을 몸소 실천하여 '제9회 전국중고생자원봉사대회' 장려상과 부상을 수상하여 다른 청소년들에게도 귀감이 됨

6) 자료첨부

경로위안잔치 설장구 공연

아동학대 캠페인

텃밭가꾸기 '고구마 심기'

청소년 자원봉사 체험학교

4. 지역사회조직사업

  자원봉사 양성(담당: 강은숙)

- 복지관 사업에 협력해 줄 수 있는 자원봉사자 모집 관리
- 다양한 교육훈련과 의사소통 기회를 제공하여 기관 및 업무에 대한 이해도를 높임
- 자원봉사를 통해 사회참여의 욕구 및 개인적 만족감 성취

1) 현 황

가. 사업기간: 2007. 1. 1 ~ 2007. 12. 31(12개월간)
나. 대   상: 지역주민 누구나
다. 사 업 비: 908천 원(후원금)

🏠 자원봉사자 현황

(단위: 명)

구 분	계	남	여	비 고
자원봉사자	190	66	124	경로식당, 평생대학, 이·미용서비스, 한방서비스 등

2) 추진방침

가. 지역사회자원의 활용
나. 봉사자의 의식을 고취하여 수혜자에게 보다 양질의 서비스 제공
다. 자원봉사에 대한 동기 부여 및 기관에 대한 소속감·참여도 증진

3) 사업계획 및 실적

가. 경로식당
- 실 적: 연 240회, 480명 ⇨ 주 5회 평균 2명 주방 봉사

나. 평생대학
- 실 적: 연 29회, 408명 ⇨ 주 1회 평균 14명 교사 도우미 봉사

다. 내방 이·미용서비스
- 실 적: 연 29회, 58명 ⇨ 주 2회 평균 2명 이·미용 봉사

라. 한방서비스
- 실 적: 연 19회, 64명 ⇨ 주 2회 평균 3.3명 한방의료서비스 봉사

마. 자원봉사자 교육
- 실 적: 연 2회, 100명
- 예 산: 보성군 보건소와 연계(5월, 11월) ⇨ 1회 50명

바. 자원봉사자 하계수련회
- 실 적: 연 1회, 46명
- 장 소: 완도 명사십리
- 일 시: 2007. 7. 17
- 예 산: 715천 원(지정 후원금)

사. 자원봉사자 워크샵
- 실 적: 연 1회, 23명
- 장 소: 강당(4층)
- 일 시: 2007. 12. 28(금)
- 예 산: 115천 원(지정 후원금)

4) 문제점 및 대책

가. 문제점
- 정부 또는 지자체의 혁신사업 중 기존 무보수의 자원봉사 활동과 연관되

는 바우처 및 일자리사업 제공으로 인한 인적자원 부족
- 자원봉사자의 사회복지봉사활동인증관리(DB) 시스템 인식 미비
- 지역사회 행정(민간) 간의 자원봉사에 대한 연계성 미비와 전문성 결여

나. 대 책
- 무보수의 자원봉사자에게 상해보험과 최소한의 교통비 및 식비를 국·도·군비 지원
- 체계적인 DB관리로 자원봉사자 의욕 고취
- 자원봉사자 모집 및 관리 강화

5) 자료첨부

한방서비스 자원봉사 활동 사진

경로식당 자원봉사 활동 사진

자원봉사자 교육

자원봉사자 하계수련회

V. 2007년 교육문화사업

1. 아동·청소년교육사업

> 아동·청소년 교육사업(담당: 강은숙)
> - 지역사회 아동들에게 가장 적은 비용으로 프로그램 이용
> - 학습의 능력을 높이고 잠재력 능력개발 및 건강한 성장 발달

1) 현 황

가. 사업기간 : 2007. 1. 1. ~ 2007. 12. 31(12개월간)
나. 대   상 : 지역의 유치원·초등학생(40명)
다. 사 업 비 : 1,673천 원(시설사업수입)

 영어·미술교실

(단위: 명)

구분	계	영어교실	미술교실
이용자	40	20	20

2) 추진방침

가. 숨겨진 소질개발을 통한 자기만족 추구
나. 외국인교사와 함께 학업의 친숙함과 대화에 대한 자신감 부여
다. 아동에 대한 창의력 및 맞춤형 프로그램 지도 서비스 제공

3) 사업계획 및 실적

가. 영어교실
- 실 시 : 연 80회, 2,651명
- 강 사 : 일루미나다 씨드그라샤
- 예 산 : 140천원 ⇨ 주 2회 평균 33명

나. 미술교실
- 실 시 : 연 128회, 2,268명
- 강 사 : 이혜진
- 예 산 : 1,533천 원 ⇨ 주 3회 평균 18명

4) 문제점 및 대책

가. 문제점
- 지역사회 학교 또는 학부모 대상의 홍보 미비 및 학기 시작으로 이용자들이 방학기간보다 떨어짐

나. 대 책
- 연 2회 홍보플래카드 제작 및 기관 · 아파트 홍보지 부착(리플렛 배부)
- 회원관리 철저

5) 수범사례

- 보성군민의 축제인 다향제 기간 중 사생대회가 지역아동들 대상으로 열려, 참가 아동 중 10%의 아동들이 입상을 통해 자부심을 기르는 계기가 됨
  – 이수정, 정환희(장려상)

6) 자료첨부

영어교실 수업 모습

영어교실 수업 모습

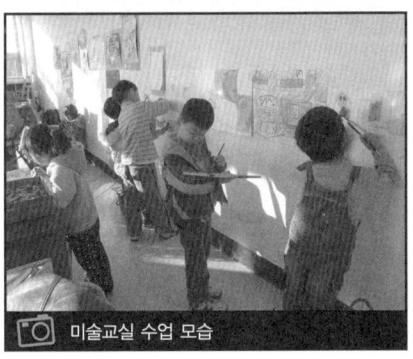
미술교실 수업 모습

미술교실 수업 모습

2. 어르신여가문화사업

황혼에 밝히는 등불(담당: 지성호)

- 농어촌 지역 노인의 여가 생활 그룹 참여를 통해 심리적인 소외감을 줄임
- 다양한 프로그램과 야외활동을 통하여 어르신들께 배움의 기회와 보람 있는 여가를 지낼 수 있는 기회를 제공, 외로움과 고독감을 해소하여 삶의 질 향상

1) 현 황

   가. 사업기간 : 2007. 3. 1 ~ 12. 31(9개월간)
   나. 대   상 : 보성관내 65세 이상 어르신
   다. 사 업 비 : 5,338천 원(비지정후원금 28.8%, 지정후원금 71.2%)

2) 추진방침

   가. 어르신 상호 간의 친목도모 등을 통하여 외로움 완화 및 고독감 해소
   나. 건강테마나들이를 통하여 건강한 삶 유지 및 삶의 활력 부여
   다. 지역사회 자원봉사자 활동 참여 유도
   라. 집단 활동 참여를 통하여 소속감과 동기를 부여하고 자존감을 향상
   마. 다양한 프로그램의 제공으로 여가생활이 다양해지고 질적으로 향상

3) 사업계획 및 실적

   가. 장구교실
   - 실 시 : 연 54회, 1,688명   • 강 사 : 서정미

   나. 민요교실
   - 실 시 : 연 65회, 2,105명   • 강 사 : 서정미

   다. 요가교실
   - 실 시 : 연 52회, 1,255명   • 강 사 : 김현숙

   라. 생활체조
   - 실 시 : 연 51회, 1,372명   • 강 사 : 고희숙

- 예 산 : 보성군생활체육협의회 강사 지원

마. 공예교실
- 실 시 : 연 44회, 337명
- 강 사 : 이혜진
- 예 산 : 885천원(시설사업수입)

바. 게이트볼교실
- 실 시 : 연 10회, 63명
- 강 사 : 임병학

사. 한글교실
- 실 시 : 연 54회, 238명
- 강 사 : 최병호

아. 건강테마나들이-협력병원연계서비스
- 실 시 : 연 10회, 261명
- 의 사 : 광주 대동한방병원
- 예 산 : 3,402천 원(지정 후원금)

자. 입학식, 경로위안잔치 및 종강발표회
- 실 시 : 연 3회, 255명
- 예 산 : 490천 원(지정 후원금)

차. 협력병원진료서비스
- 실 시 : 연 1회, 41명
- 의 사 : 화순 성심병원
- 예 산 : 557천 원(지정 후원금)

카. 레크리에이션 및 각종 행사참여
- 실 시 : 연 25회, 812명
- 강 사 : 서정미, 지성호

4) 문제점 및 대책

가. 문제점
- 2004년부터 어르신여가문화사업의 시행으로 대상자들의 욕구수준이 높아졌으며, 프로그램 강사들이 자원봉사자로 이루어져 있어, 자원봉사자에 대한 의존도가 큼, 대상자들의 욕구보다 프로그램강사 사정에 맞는 프로그램 위주로 편성될 수 있음

나. 대 책
- 노인여가프로그램사업 공모 시 신청하여 대상자들의 욕구에 반영될 수 있는 프로그램으로 시행하도록 노력

5) 수범사례

- 1995년부터 현재까지 13년 동안 결식아동 및 독거노인들과 자매결연을 맺는 등 지역복지에 일조를 하고 있으며, 1999년부터 현재까지 9년간 지역 내 평생대학과 노인대학에서 도우미 교사와 레크리에이션 지도로 어르신들의 평생교육의 장을 이끌어 주고, 복지관에 내방하는 어르신 및 청소년들에게 국악을 지도하며 지속적이며 적극적인 자원봉사 활동으로 지역사회복지 증진에 크게 기여하는 등 황혼교실에서도 자원봉사활동으로 일조를 한 프로그램 강사 서정미를 2007년 우수자원봉사자 포상부문에 추천하여 행정자치부장관상 수상
- 2006년부터 광주 대동한방병원과 협력병원관계를 약정하여, 2007년 어르신들의 건강유지 및 증진을 위하여 내방한방서비스 및 건강테마나들이를 통한 한방서비스 등을 시행해 왔으며, 대동한방병원에서는 진료비 및 나들이 시 발생하는 제반비용에 관한 전액을 지정후원금으로 기탁하여, "황혼교실" 어르신들의 삶의 활력과 건강유지에 일조를 함

6) 자료첨부

황혼교실 생활체조

황혼교실 공예교실

건강테마나들이 화순고인돌공원

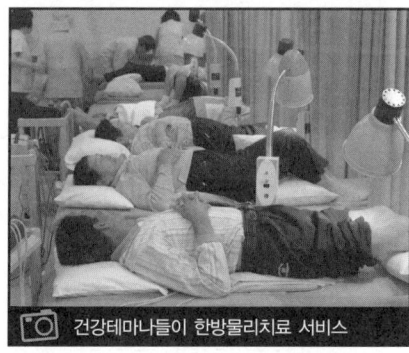
건강테마나들이 한방물리치료 서비스

종강발표회 풍물공연

우수자원봉사자 행정자치부장관상 수상

3. 평생대학·원 운영

> **평생대학·원(담당: 강은숙)**
> - 교육에 대한 욕구 충족 및 어르신의 삶의 질 향상
> - 다양한 행사를 통해 삶의 활력소를 넣어주고 건전한 노후문화 창달·보급
> - 집단활동을 통해 자아발견 및 원만한 인간관계

1) 현 황

가. 사업기간 : 2007. 1. 1 ~ 2007. 12. 31(매주 수요일, 12개월간)
나. 대　　상 : 평생대학 9·10기 및 대학원 5·6기(250명)
다. 사 업 비 : 15,000천 원(법인전입금 100%)

 평생대학·원

(단위: 명)

구 분	평 생 대 학			평 생 대 학 원		
	계	9기	10기	계	5기	6기
계	155	75	80	95	45	50
남	69	32	37	46	23	23
여	86	43	43	49	22	27

2) 추진방침

가. 평생교육의 기회를 제공함으로써 배움의 욕구충족
나. 다양하고 전문적인 분야별 사회교육 및 문화복지 프로그램을 통해 건강한 심신의 기능 유지 및 관리
다. 봄 소풍, 경로위안잔치, 하계수련회, 체육대회, 졸업여행 등 개별사업 추진
라. 집단활동을 통해 자아발견 및 원만한 인간관계 유지

3) 사업계획 및 실적

　가. 사회교육
- 실 시 : 연 20회, 3,509명
- 장 소 : 강당(4층)
- 예 산 : 2,405천 원(법인전입금)
  　강사비 8회 보성군 자치행정과와 연계 지원(회당 500천 원)
- 강의 및 강사현황

연번	일 자	강 사	강 의 주 제
1	3.21(수)	차종순(호남신학대학교 총장)	기독교와 한국근대화의 영향
2	3.28(수)	장청수(한국정책연구원장 · 정치학박사)	동북아 신질서와 한반도 통일 전망
3	4. 4(수)	박정수(전 해병대 사령관)	국가안보
4	4.18(수)	안영로(전 총회장)	복있는 사람
5	4.25(수)	선재명(정형외과 원장)	뼈와 노인건강
6	5. 2(수)	김종채(한국기독공보사장)	나의 경영철학
7	5. 9(수)	한부섭(한국주사랑병원 회장)	평생 건강하게 사는 건강비법
8	5.23(수)	차보욱(평생대학장)	행복한 가정
9	5.30(수)	고무송(한국기독공보 전 사장)	세상에서 가장 아름다운 것
10	6.13(수)	김인호(광주고등검찰청 수석 부장 검사)	하나님과 예수님을 믿어야 하는 이유
11	9.12(수)	김광영(전 공군사관학교 교수)	섬기는 지도자 되어 세상을 바꿉시다
12	9.19(수)	김휴섭(정치학박사)	배우는 노인
13	10.3(수)	김성용(성결대학 전 총장)	아름다운 노후생활
14	10.10(수)	이정재(교육대학장)	노년은 인생의 황금세대다
15	10.17(수)	이인수(정치학박사)	이승만의 업적
16	10.31(수)	이창연(바르게살기운동본부 전 부회장)	노년의 아름다운 생활
17	11. 7(수)	박규태(연세대학교 명예교수)	존경받는 노인의 사회생활
18	11.14(수)	김수진(광나루문인회장)	어떻게 노년을 행복하게 보낼 수 있을까
19	11.28(수)	정종해(보성군수)	군민과의 간담회
20	12. 5(수)	겨울방학 및 졸업사진 촬영	*만족도 조사

나. 졸업식
- 실시 : 연 1회, 300명
- 장소 : 강당(4층)
- 일시 : 2007. 2. 14
- 예산 : 1,694천 원(법인전입금)

다. 신입생 오리엔테이션 및 입학식
- 실시 : 연 2회, 325명
- 장소 : 강당(4층)
- 일시 : 2007. 3. 7, 3. 14
- 예산 : 977천 원(법인전입금)

라. 봄 소풍
- 실시 : 연 1회, 220명
- 장소 : 전북 남원 광한루
- 일시 : 2007. 4. 11
- 예산 : 자체회비

마. 자원봉사활동
- 실시 : 연 1회, 210명
- 일시 : 2007. 5. 9
- 장소 : 용문리 삼거리 → 군청 앞, 주공아파트 삼거리 → 체육관 → 오일시장까지

바. 경로위안잔치
- 실시 : 연 1회, 210명
- 장소 : 강당(4층)
- 일시 : 2007. 5 16
- 예산 : 1,500천 원(법인전입금)

사. 하계수련회
- 실시 : 연 1회, 180명
- 일시 : 2007. 7. 25
- 장소 : 회천면 군학리 해안가
- 예산 : 자체회비

아. 총동문 체육대회
- 실시 : 연 1회, 220명
- 일시 : 2007. 10. 24
- 장소 : 보성군 실내체육관
- 예산 : 686천 원(법인전입금)

자. 졸업여행
- 실시 : 연 1회, 111명
- 기간 : 대학 9기 2007. 11. 20~21(1박 2일)
  대학원 5기 2007. 11. 20~23(3박 4일)
- 장소 : 대학(신안군 홍도), 대학원(필리핀)
- 예산 : 자체회비

차. 중식제공
- 실시 : 연 20회
- 장소 : 지하 1층 식당
- 예산 : 7,738천 원(법인전입금)

4) 문제점 및 대책

가. 문제점
- 농번기철(4월 · 9~10월) 많은 결원 발생
- 중식비 보조금 미확보로 인한 사업비 부족으로 인해 대책 강구
- 이용자들이 많아 사교 시간 부족

나. 대 책
- 농번기철과 방학기간 조정 협의
- 중식비 보조 및 후원사업 확장과 회비제 실시 협의

5) 수범사례

- 2006년도 평생대학 자원봉사단 발대식 후 2007년도 제2회 봉사활동을 통해 자원봉사 정신을 바탕으로 자신에게 주어진 역할에 솔선수범하고 깨끗한 보성과 군민의 화합, 지역발전에 기여할 수 있도록 최선의 노력을 다함

6) 자료첨부

평생대학 8기 및 대학원 4기 졸업식 (2007. 2. 14)

강영우 박사 특별초청

평생대학(원) 1일 수련회

평생대학(원) 5회 체육대회

제6회 경로위안잔치(2007. 5. 16)

제8회 총동문 체육대회(2007. 10. 24)

보성군수와의 면담(2007. 11. 28)

중식 제공 모습

4. 실버푸르미교실

실버푸르미교실(담당: 강은숙)

- 어르신 스스로가 가정과 지역사회에서의 존경받는 어른으로서의 품위 향상과 각자의 능력을 개발
- 신체적·심리적으로 건강한 생활을 영위해 보람 있는 노년생활을 보낼 수 있도록 다양한 프로그램을 제공
- 삶의 질을 향상시키는 데 기여

1) 현 황

    가. 사업기간 : 2007. 4. 18 ~ 2007. 12. 31(매주 수요일, 8개월간)
    나. 대   상 : 실버푸르미교실 신청자(60명)
    다. 사 업 비 : 11,153천 원(보조금 10,000천 원, 후원금 1,153천 원)

🏠 실버푸르미교실 (단위: 명)

구 분	계	아코디언	풍물놀이	스포츠댄스	컴퓨터교실
이용자	60	5	17	28	10

2) 추진방침

    가. 아코디언, 풍물놀이, 스포츠댄스, 컴퓨터교실 등의 프로그램 추진
    나. 교육적 측면과 여가활동의 두 가지 기능을 동시에 수행
    다. 건전한 여가·문화생활을 유도하여 노후생활의 즐거움 찾고자 프로그램 제공

3) 사업계획 및 실적

    가. 풍물놀이
        • 실 시 : 연 35회, 507명   • 강 사 : 서정미
        • 예 산 : 2,450천 원(군비)

    나. 아코디언
        • 실 시 : 연 35회, 157명   • 강 사 : 박호섭
        • 예 산 : 2,800천 원(군비)

다. 스포츠댄스
- 실 시 : 연 38회, 703명
- 강 사 : 김란광
- 예 산 : 2,660천 원(군비 25%, 지정 후원금 18%)

라. 컴퓨터교실
- 실 시 : 연 46회, 210명
- 강 사 : 김광석, 조신철, 박은경
- 예 산 : 3,243천 원(군비 22%, 지정 후원금 82%)

4) 문제점 및 대책

가. 문제점
- 2007년 프로그램 참여자 9명 대상으로 만족도조사 결과 아코디언이 고가의 제품(1점당 290천 원)으로 구입과 배움에 어려움이 있어 이용자가 적고 만족도조사 결과 8%의 저조한 결과가 나타남
- 사업비(강사비) 부족
  (프로그램이 기능교실인 만큼 수업진행이 중단되지 않아야 함)
- 지역의 65세 이하 이용자들의 문의가 잦아짐

나. 대 책
- 사업비 후원사업 확장
- 프로그램(아코디언) 협의 후 변경

5) 수범사례

- 2007년 전문지식인과정, 실버푸르미교실, 스포츠댄스의 모범적인 활동으로 인해 2007년 7월 9일 전북 무주리조트에서 열린 제40회 한국노인학교 지도자 세미나에 초청되어 전국노인학교 2,000여 명의 지도자 앞에서 멋진 모습

을 보여 기립박수와 함께 복지관의 실버푸르미교실을 알리는 계기가 됨

6) 자료첨부

제40회 전국노인학교 지도자 세미나 스포츠댄스 공연(2007. 7. 9 무주리조트)

풍물놀이 수업 모습

아코디언 수업 모습

스포츠댄스 수업 모습

컴퓨터교실 수업 모습

5. 문화복지사업

> **문화복지사업(담당: 강은숙)**
> - 지역민 대상으로 다양한 여가 프로그램 이용
> - 삶의 활력과 생동감을 주고 지역 주민들과의 연대감 형성
> - 건강하고 행복한 삶을 살아가도록 기여

1) 현 황

가. 사업기간 : 2007. 1. 1 ~ 2007. 12. 31(12개월간)
나. 대　　상 : 지역주민 누구나(60명)
다. 사 업 비 : 5,276천 원(시설사업수입)

요가1 · 요가2 · 장구 · 민요 · 도예교실 　　　　　　　　　　(단위: 명)

구 분	계	요가1	요가2	장구 · 민요	도예교실
이용자	55	20	20	10	10

2) 추진방침

가. 지역민의 여가 · 오락프로그램 제공
나. 취미활동으로 인한 자아계발 실현
다. 지역 여건에 맞는 맞춤형 프로그램 서비스 제공

3) 사업계획 및 실적

가. 요가 1
  - 실 시 : 연 98회, 1,422명

- 강 사 : 김대일(상반기), 김현숙(하반기)
- 예 산 : 2,533천 원(시설사업수입)

나. 요가 2
- 실 시 : 연 95회, 731명
- 강 사 : 박중기(상반기), 김현숙(하반기)
- 예 산 : 1,086천 원(시설사업수입)

다. 장구 · 민요교실
- 실 시 : 연 35회, 290명
- 강 사 : 서정미
- 예 산 : 1,657천 원(시설사업수입)

라. 도예교실
- 실 시 : 연 45회, 220명
- 강 사 : 이혜진

4) 문제점 및 대책

가. 문제점
- 악기소리로 인한 민원 발생(2층 사랑방 이용 시)

나. 대 책
- 프로그램 시간대 조정으로 민원발생과 회원들의 불편사항을 없앰

5) 수범사례

- 프로그램(요가) 회원 김모씨는 복지관에서 2년 이상의 꾸준한 운동 중 몸 관리와 교정의 많은 도움을 받아 자신이 직접 지도사의 공부와 꾸준한 노력을 통해 자격증을 취득하고 2007년 하반기부터 본 복지관의 강사로 활동하며 지역의 기관 및 단체에 자원봉사활동과 지도를 하며 평범한 주부들도 자신의 노력에 의해 '할 수 있다' 라는 자부심과 성취감을 느끼게 함

6) 자료첨부

요가 수업 모습

요가 수업 모습

장구·민요 수업 모습

도예교실 수업 모습

> **노래교실(담당: 지성호)**
>
> ● 노래교실을 통하여 삶의 활력과 생동감을 주고 주민들과의 연대감을 형성하여 자아를 개발하고 여가를 선용하여 건강하고 행복한 삶 제공

1) 현 황

가. 사업기간 : 2007. 1. 1 ~ 12. 31.(12개월간)
나. 대   상 : 지역민 누구나
다. 사 업 비 : 자체회비 및 1,000천 원

2) 추진방침

가. 동호인 자치회 주관으로 운영
나. 광주 CMB방송과 연계하여 복지관 사업과 지역 농특산물의 홍보를 유도
다. 여성취미교실은 보성읍 주민을 대상으로 보성읍에서 지원한 사업비로 운영

3) 사업계획 및 실적

가. 노래교실
  • 실 적 : 연 29회, 685명 참석   • 강 사 : 김순덕

나. 광주 CMB방송 공개녹화(행복충전, 열전동네방네)
  • 실 적 : 연 4회, 470명 참석   • 강 사 : 김순덕, 광주CMB방송국
  • 예 산 : 지역사회 물품후원

다. 여성취미교실-보성읍사무소지원
- 실 적 : 연 10회, 801명 참석 ・ 강 사 : 김순덕
- 예 산 : 1,000천 원(보성읍 지원)

4) 문제점 및 대책

가. 문제점
- 노래교실 참여인원의 감소가 나타나고 있음

나. 대책
- 프로그램 안내지 및 플래카드 제작 등 프로그램 홍보를 확대

5) 수범사례

가. 행복충전 공개녹화 2회 시행
- 노래교실 김순덕 강사의 지도로 지역주민들을 초청하여 장윤정의 노래 "이따이따요" 및 초대가수(박진석, 서상억)와 함께 노래연습장면 공개녹화 후 케이블 TV 광주 CMB방송국에서 1주일에 25회 방영, 지역민에게 여가오락프로그램을 제공하고, 보성지역 홍보

나. 열전동네방네 공개녹화 2회 시행
- 지역주민들을 위한 노래자랑으로 초대가수 박진석, 서상억, 연정, 윤상모와 함께 지역민들 8명의 경연을 공개녹화하여 광주 CMB방송국에서 1주일에 25회 방영, 지역민에게 여가오락프로그램을 제공하고, 보성지역 홍보

6) 자료첨부

노래교실

읍사무소지원 여성취미교실 개강

광주 CMB방송 공개녹화 "행복충전"

광주 CMB방송 공개녹화 "열전 동네방네"

VI. 2007년 자활사업 (사회적 일자리 창출사업)

1. 자활사업운영

> **사회적 일자리 창출사업(담당: 최효진)**
> ● 취업취약계층에 일자리 제공
> ● 사회복지 사각지대의 인력채용으로 인한 서비스 활성화

1) 현 황

가. 사업기간: 2007. 1. 1 ~ 2008. 3. 5(2개월)
나. 대   상: 보성 관내 지역주민(30세~70세)
다. 사 업 비: 25,601천 원(노동부 78.7%, 사업수입 21.3%)

■ 사회적일자리 참여자 현황

(단위: 명)

계	급식보조	재가서비스	기능교실	노인여가·문화사업	푸드뱅크
12	4	3	2	2	1

2) 추진방침

가. 관내 취업 취약계층에게 일자리 기회 제공
나. 지역적·사회적으로 꼭 필요하지만 수익성이 낮아 민간부문이 관심을 갖지 않는 분야에 일자리 창출사업 편성 추진

3) 사업계획 및 실적

가. 급식서비스
- 실 적: 주 5회, 920명
- 내 용: 재가도시락배달 – 주 2회(화, 금)
  경로식당 · 아동급식 · 결식아동 도시락 배달 – 주 5회(월~금)
- 예 산: 8,533천 원

나. 재가서비스
- 실 적: 주 5회, 204명
- 내 용: 이동목욕서비스 – 주 3회(화, 목, 금)
  세탁서비스 – 주 2회(월, 수)
  이 · 미용서비스 – 주 5회(월~금)
- 예 산: 6,400천 원

다. 기능교실
- 실 적: 주 5회, 92명
- 내 용: 영어교실 – 주 5회(월~금)
  미술교실 – 주 5회(월~금)
  도예교실 – 주 1회(화)
- 예 산: 4,266천 원

라. 노인 · 여가문화사업
- 실 적: 주 5회, 92명
- 내 용: 황혼에 밝히는 등불 – 주 5회(월~금)
- 예 산: 4,266천 원

마. 푸드뱅크
- 실 적: 주 5회, 46명
- 내 용: 푸드뱅크 – 주 5회(월~금)
- 예 산: 2,136천 원

4) 문제점 및 대책

가. 문제점
- 선한 뜻을 가진 우수한 자원봉사자들이 일자리 창출사업에 투입되어 봉사의 대가를 받게 됨으로써 물욕에 의한 희생적 자원봉사자 상을 상실하게 됨
- 사회적 일자리 창출사업 종료 후 자원봉사자 확보가 어려움
- 사업의 기간(1년)이 짧아 정부와 복지관의 비난거리가 됨

나. 대 책
- 자원봉사자에게도 최소의 기본 경비를 지급할 수 있도록 제도적 장치 마련
- 행정에서 시행하는 공익 · 공공용 사업은 연차 장기 사업으로 추진

5) 수범사례

- 사회적 일자리 창출로 지역 주민의 일자리 제공
- 사회복지 사각지대의 대상자들에게 정기적이고, 전문적인 분야별 서비스 제공 기회 부여

6) 자료첨부

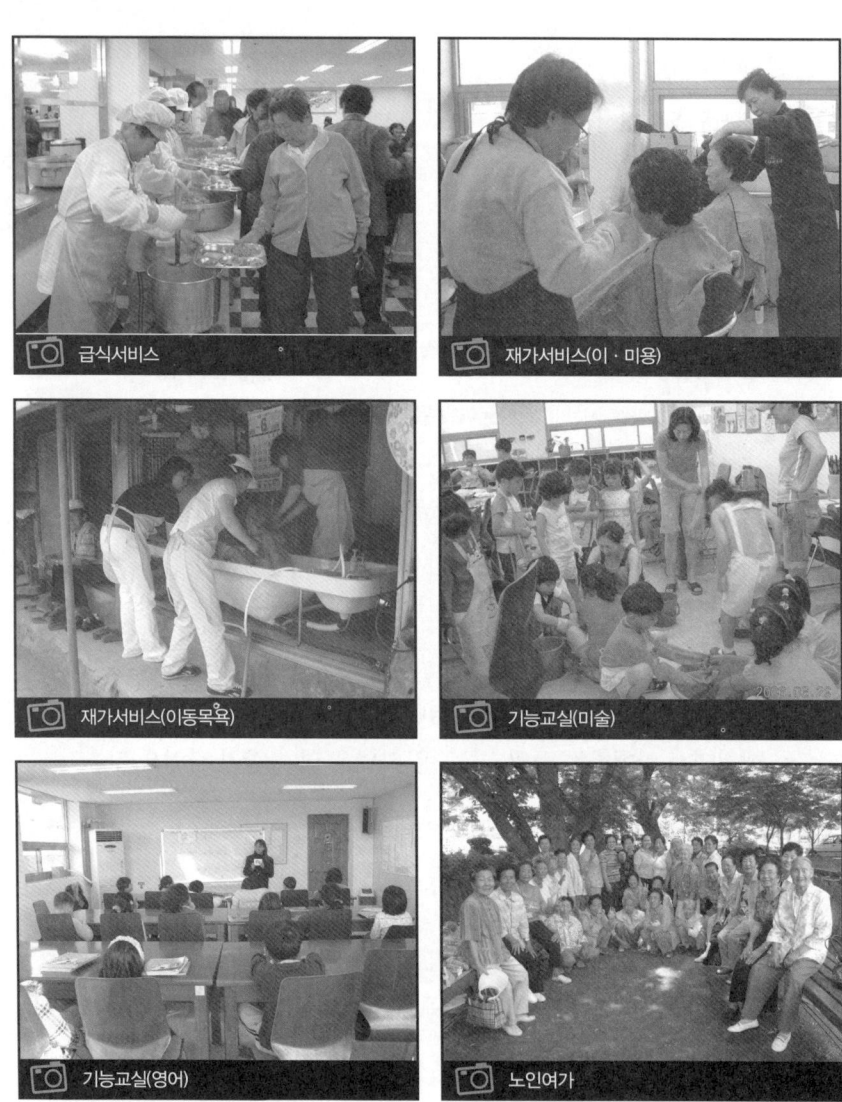

VII. 2007년도 후원금품관리

1. 후원금품 발굴 및 관리

> **후원금품 발굴 및 관리(담당: 김종필)**
> - 후원 모금 및 기부자 모집을 통하여 지역사회 문제에 주민의 관심과 참여 촉진
> - 후원자에게 후원금 사용내역, 기관의 소식 전달 및 감사편지 발송을 통해 지속적인 후원이 가능하도록 유도
> - 저소득 주민에게 후원 금품 지원과 더불어 경제적인 해결을 돕고 환경의 열악함으로 인한 2차 문제발생을 예방

1) 현 황
가. 사 업 명: '사랑 한 걸음 행복 두 걸음'
나. 사업기간: 2007. 1. 1 ~ 2007. 12. 31(연중)
다. 계획 및 실적: 52,591천 원(지정 35%, 비지정 65%)

2) 추진방침

가. 가족기능 보완사업
- 조손가정 역량강화 프로그램
- 아동 미술치료, 조부모교육, 야외 캠프 등에 투입
- 다문화가족
- 한글교실, 문화체험, 요리교실, 위안잔치 한마당 등에 투입

나. 경제적 지원사업
- 결연사업
- 매월 일정 금액을 정기적으로 개인통장에 입금
- 생활용품을 수시로 관내 저소득계층에서 지원

다. 기타
- 청소년 음악동아리 강사비 및 운영비와 어르신 여가문화사업에 투입
- 무료급식서비스, 기초의약품 구입 등 사업예산이 없는 프로그램 운영에 투입하여 원활히 운영될 수 있도록 지원

3) 사업계획 및 실적

가. 후원금 수입액: 57,312천 원(지정 56.2%, 비지정 43.8%)
- 2007년도 목표 대비 9% 초과
- 계 획 : 52,591천 원
- 실 적 : 57,312천 원

나. 후원자 감사편지 발송: 매월 135통 발송, 총 1,620통 발송
- 후원자 76명(910명) 56%, 미 후원자 59명(710명) 44%

다. 후원자 현황: 910명(월평균 76명)

🏠 2007년 후원자 현황   (단위: 명/( )안은 연 인원)

구 분	계	일 반	회사원	공무원	사업자	기 타
계	76(910)	43(514)	14(168)	6(72)	12(144)	1(12)
자동이체	22(264)	13(156)	2(24)	4(48)	2(24)	1(12)
지로이체	54(646)	30(358)	12(144)	2(24)	10(120)	—

4) 문제점 및 대책

가. 문제점
- 지역사회 기부문화 인지도 부족
- 모금 상품(프로그램)의 개발 부재

나. 대 책
- 후원자에게 구체적인(프로그램, 결연) 정보 공개를 통한 의욕과 보람을 높여 줌
- 후원자 발굴 및 홍보를 통한 정기적인 후원이 이루어질 수 있도록 감사편지, 후원안내서, 소식지 등을 수시로 전함
- 특정한 개인의 욕구나 문제보다, 사회적 문제와 다인의 욕구에 초점을 맞춘 프로그램 개발
- 명확한 프로그램의 대상자와 사업에 대한 설명을 잊지 않도록 이해시키며, 후원자와 기관의 친밀감이 형성되도록 함
- 홈페이지를 활용하여 기관의 전체 프로그램을 볼 수 있도록 하고, 분기별 후원금 수입 및 사용내역과 후원활동 소식 등을 전할 수 있도록 함

5) 수범사례

- 보성읍에 거주하고 있는 조창문(53세), 전순복(40세) 부부는 신장장애 2급, 청각장애 2급 등 기초생활수급권자로서 가정 형편이 어렵고, 장애로 인해 거동이 불편하며 생계유지에 어려움을 겪고 있으면서도, 부부 모두 만성신부전증으로 매주 3, 4회씩 혈액투석, 복막투석을 인근병원에서 4시간 이상 받고 있는 실정이었다. 더욱 시급한 것은 신장이식을 조속히 하지 않으면 위급한 상황까지 이르렀다.
다행히 그들 4자녀 중 두 딸의 신장 조직이 부모와 일치하여 장기이식

수술을 받으려 하였지만, 가정형편이 어려워 2~3천만 원에 이르는 수술비용을 감당할 수 없는 형편이었다.

본 복지관은 신장이식 수술을 더 이상 지체할 수 없다는 서울아산병원의 진단을 확인하고 보성군 산하 공무원과 지역 유관기관 단체에 모금 활동을 했으며, 언론매체를 활용하여 홍보를 한 결과 1천만 원이 넘는 후원금을 모금하였고, 부족한 수술비는 외부지원처(한국복지재단, 한국심장재단) 등에서 지원하여 무사히 신장이식수술을 할 수 있었다.

우리는 살아가는 동안에 더 이상 어찌할 수 없을 것 같은 고통과 아픔을 겪게 될 때 절망하게 된다. 이렇듯 주변의 작은 관심과 격려가 씨앗이 되어 희망이라는 싹을 틔울 수 있듯이 안타까운 상황에 처한 위 세대에게 이웃 사랑과 재활의 용기를 북돋울 수 있는 소중한 해(2007년)가 되었다.

6) 자료첨부

조창문·전순복 부부 후원금 전달

아모레 보성점 생활용품 전달

VIII. 2007년도 재가복지봉사센터사업

1. 요보호대상자 관리

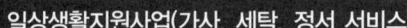
일상생활지원사업(가사, 세탁, 정서 서비스)

- 일상생활이 어려운 독거노인이나 장애인세대의 쾌적한 환경 조성
- 수혜자의 경제적 및 정서적 안정을 도모하여 지역 자원봉사자의 참여 유도

1) 현 황

가. 사업기간: 2007. 1. 2 ~ 2007. 12. 31(12개월)
나. 대   상: 재가 어르신 및 장애인세대
다. 사 업 비: 무료 (직원 및 자원봉사자 인력 투입)

🏠 가사(세탁) 서비스 대상자 현황

(단위: 명)

구 분	계	재가어르신	장애인	질병	기타
기초생활수급자	35	18	13	4	-
저소득	14	11	1	-	2

🏠 정서 서비스 대상자 현황

(단위: 명)

구 분	계	노인	아동	장애인	기타
기초생활수급자	158	109	18	27	4
저소득	46	11	-	33	2

2) 추진방침

가. 의류 · 이불 등 세탁물 수거 및 세탁 후 전달하여 기초적인 일상생활 지원
나. 가정방문으로 대상자 안전 확인 및 생활 실태 파악
다. 정서서비스 욕구조사를 통해 노인의 고립감 및 외로움 해소와 타 사업과 연계

3) 사업계획 및 실적

가. 가사서비스
- 실 적: 연 124회, 248명
- 인 력: 담당 사회복지사 1명, 운전기사 1명

나. 세탁서비스
- 실 적: 연 124회, 248명
- 인 력: 담당 사회복지사 1명, 운전자원봉사 1명

다. 정서서비스
- 실 적: 연 204회, 204명
- 인 력: 담당 사회복지사 1명, 운전자원봉사 1명

4) 문제점 및 대책

가. 문제점
- 장마철은 세탁물이 잘 마르지 않아 제 날짜에 세탁물 전달이 늦어지는 등 사업진행 시 날씨의 영향을 받음
- 재가복지봉사센터 사업의 전체 대상자를 중심으로 말벗 및 정서서비스 제공을 하므로 타 프로그램과 연계하여 진행되는 경우가 많고 타 복지

기관의 서비스 제공으로 중복 지원의 사례가 발생
- 정서서비스 시 대상자가 원하는 욕구를 많이 표출하는 경우가 있으나 이를 모두 수용하기에는 예산과 인력이 많이 부족

나. 대 책
- 장기 일기예보 활용 및 장마철 세탁물 소량 수거와 세탁횟수 증대
- 각 대상자에 따른 사례관리와 상담을 통해 대상자의 욕구와 문제점을 자체 해결하고, 예산이 수반되는 다양한 욕구는 행정과 협의 문제 해결
- 여러 프로그램 개발과 대상자의 상황에 맞는 맞춤형 서비스를 제공하여 서비스가 중복되어 제공되지 않도록 함

5) 수범사례

가. 가사서비스 (세탁서비스)
- 대상자 김학련 어르신은 96세의 나이로 뇌졸중으로 쓰러져 누워 지내는 아내를 보살피며 어렵게 생활하고 계신다. 노환으로 귀도 어둡고 움직임도 느릿하지만 아내의 옷과 이불 등은 항상 깔끔하게 정돈하신다. 하루는 빨랫감을 준비해 놓으시라는 연락을 하고 찾아갔더니 이불과 옷 등 빨랫감을 잔뜩 보자기에 싸서 마루에 올려놓으시곤 우리가 도착하기만을 기다리고 계셨다. 보따리 3개에 각각 어떤 것들이 들어있다는 것을 설명을 하시고는 어르신 또한 잊을 수도 있으니 적어놓겠다며 쪽지에 나름대로 표시를 해 두셨다. 그러고는 언제 세탁물이 도착하겠느냐며 정확한 날짜를 알려 달라고 하시고 또 감사하다고 몇 번이고 인사하시는 모습을 보며, 세탁 및 가사서비스가 어렵게 생활하는 어르신에게는 큰 힘이 된다는 것을 느낄 수 있었고, 대상자와의 약속을 지키는 것 또한 중요하다는 것을 느낄 수 있었다.

나. 정서 서비스
- 대상자 나선순 어르신은 뇌병변 장애를 가지고 있어 거동도 불편하고 말씀도 서투르지만 방문하면 언제나 함박웃음으로 반갑게 맞이하여 주신다. 처음에는 대상자가 무슨 말을 하는지 도통 알아들을 수가 없어 상담을 하는 나도 답답하고 대상자도 자꾸 다른 의견을 제시하는 나에게 조금은 짜증과 실망을 할 때도 있었지만 이제는 제법 알아들을 수 있고, 무엇을 원하시는지도 알 수 있게 되었다. 하루는 이동목욕서비스를 위해 방문을 하였는데 우리를 보더니 머리를 자꾸 가리키며 다른 욕구를 말씀하시는 것을 보며 이·미용서비스가 받고 싶으시냐고 물어보니 맞다며 밝게 웃어 보이셨다.

이러한 정서서비스를 통해 대상자의 욕구파악은 물론, 필요한 서비스와의 연계도 용이하고 기타 자녀 문제나 일상생활에서 발생할 수 있는 문제들도 상담을 통해 해결할 수 있으므로 다양한 재가복지서비스 지원을 위한 대상자와의 라포 형성에 꼭 필요한 서비스라는 생각이 들었다.

6) 자료첨부

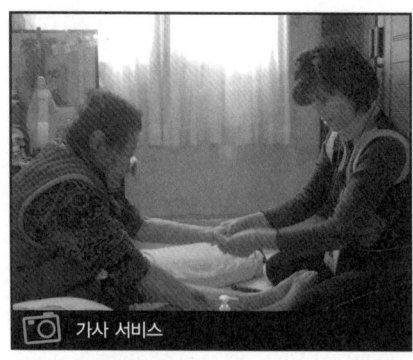
가사 서비스

세탁 서비스

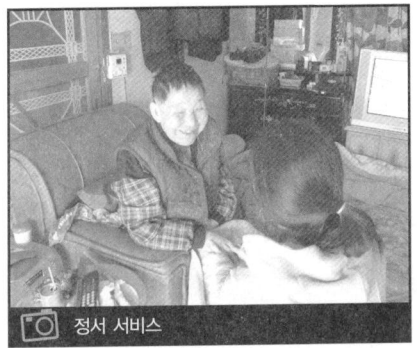
정서 서비스

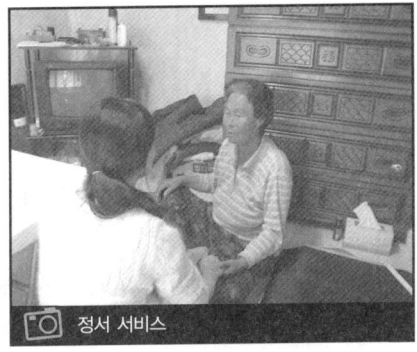
정서 서비스

일생생활지원사업(이동목욕서비스)

- 질병의 재발을 방지하고 대상자 상태를 파악하여 필요한 서비스 제공
- 목욕을 통해 2~3차 합병증 재발 위험 감소 및 정신적·육체적인 건강 회복
- 지역 자원봉사자의 참여 유도

1) 현 황

가. 사업기간: 2007. 3. 2 ~ 2007. 12. 3(9개월간)

나. 대   상: 거동불편 재가노인

다. 사 업 비: 없음

이동목욕 서비스 대상자 현황

(단위: 명)

구 분	계	재가어르신	장애인	치매	기타
기초생활수급자	22	4	14	4	-
저소득	15	5	10	-	-

2) 추진방침

　가. 이동목욕차량을 이용하여 주 3회 대상자 가정방문으로 목욕 실시
　나. 가정방문으로 대상자 안전 확인 및 생활 실태 파악
　다. 목욕 시 육안에 의한 건강체크로 이상 발견 시 보건소 등과 연계 지원
　라. 목욕 시 말벗서비스도 함께 지원함으로써 욕구 및 문제점 파악, 해결 방안 지원

3) 사업계획 및 실적

　가. 이동목욕 서비스
　　• 실　시: 연 113회, 209명
　　• 인　력: 담당 사회복지사 1명, 운전기사 1명, 목욕자원봉사 1명

4) 문제점 및 대책

　가. 문제점
　　• 이동목욕을 희망하는 사람은 매우 많으나 서비스가 장시간 소요되고, 인력이 부족하여 원하는 욕구를 모두 충족해 줄 수 없음
　　• 원활한 진행을 위해서는 자원봉사자의 도움이 꼭 필요한데 서비스의 특성상 자원봉사자 발굴에 어려움이 있음

　나. 대　책
　　• 이동목욕서비스의 전담 자원봉사자를 발굴 및 사회봉사명령 집행자를 이용하여 진행
　　• 이동목욕서비스를 원하고 있는 신규 대상자는 기존 대상자 중 조정이 필요하다고 판단될 때 교체하여 서비스 제공

5) 수범사례(미담)

- 대상자 김인임 어르신은 97세의 나이로 좁다란 골목의 맨 꼭대기에 컨테이너 박스로 만들어진 좁은 방에서 70살이 넘은 딸과 함께 어렵게 지내고 있으며, 약간의 치매 증상과 스스로는 거동이 불편한 분이시다.
어느 날 이동목욕을 위해 가정방문을 하였더니 대상자가 혼자 밤에 화장실에 가다가 넘어져 다쳐 얼굴의 피부가 다 깎이고, 팔다리를 다쳐 더욱 움직이기 힘든 상황에 처해 있으셨다.
목욕을 할 수 있겠느냐고 보호자와 대상자 본인의 의사를 물은 후 대상자의 상태를 보니 멍은 거의 가시고 얼굴에 딱지가 생겨 조심스럽게 목욕을 하기로 결정하고 목욕서비스를 시작하였는데 목욕을 하는 중에도 자신이 다친 곳을 가리키며 어린아이처럼 보호받길 원하였다.
조심스레 목욕을 마친 후 얼굴에 로션을 바른 후 다친 부위에 연고를 발라 주었는데 연고를 바른 얼굴 위에 자꾸만 로션을 듬뿍 발라 달라고 하셨다. 보호자가 항상 얼굴에 로션을 듬뿍 바른 후 매일같이 거울을 보며 얼굴을 매만진다고 하신 말씀을 듣고 나니 비록 나이가 들어 치매에 걸리고 거동이 불편하여 앉아서만 지내는 처지가 되었어도 주름이 생기고 늙어 가는 자신의 모습을 안타까워하며 가꾸고 싶어 하는 마음은 젊은 사람과 다름이 없다는 것을 느꼈다. 또한, 자주 서비스를 제공할 수 없는 현실에 매우 안타까움을 느꼈으며 깨끗하게 씻고 난 후 "고마워, 고마워."라고 자꾸만 말씀하시는 대상자와 자꾸만 미안해하는 보호자를 보면서 이동목욕 차량도 올라갈 수 없는 높은 꼭대기 집이라 갈 때마다 조금은 걱정하였던 내 모습을 스스로 반성해 볼 수 있었고 보호자의 연령도 높고 열악한 상황에서 지내면서도 두 분 다 웃음을 잃지 않고 다른 사람의 도움을 받기를 미안해하는 모습을 보면서 서비스를 제공한 후의 보람 또한 다른 대상자보다 크게 느껴졌다.

6) 자료첨부

이동목욕서비스 준비 단계

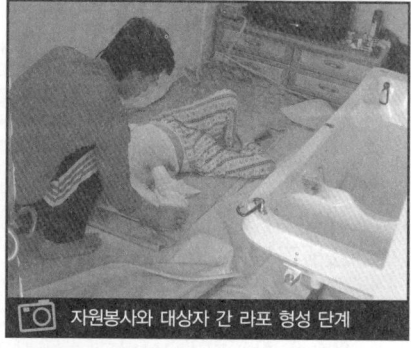
자원봉사와 대상자 간 라포 형성 단계

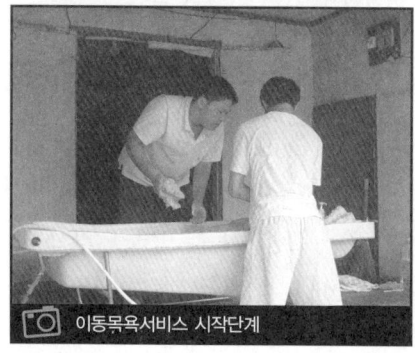
이동목욕서비스 시작단계

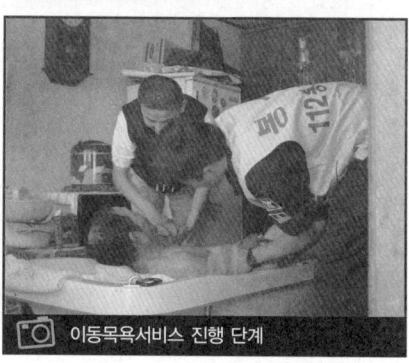
이동목욕서비스 진행 단계

> **일생생활지원사업(이동 이·미용서비스)**
>
> - 이동 이·미용 서비스로 거동불편한 대상자의 위생 및 청결관리
> - 가정방문으로 대상자의 질병 조기 발견 및 예방
> - 지역 자원봉사자의 참여 유도

1) 현 황

　가. 사업기간: 2007. 2. 1 ~ 2007. 12. 31(11개월간)
　나. 대　　상: 해당 읍·면 재가어르신 및 장애인
　다. 사 업 비: 무료 (직원 및 자원봉사자 인력 투입)

🏠 이동 이·미용서비스 대상자 현황　　　　　　　　　　　　(단위: 명)

구분	계	보성	벌교	노동	미력	겸백	율어	복내	문덕	조성	득량	회천	웅치
남자	270	19	7	23	11	48	47	12	22	58	6	6	11
여자	199	17	14	15	9	32	30	9	12	41	4	7	9

2) 추진방침

　가. 지역 내 타 기관 (보건소와 보건지소, 읍면사무소, 종합병원 등)과 연계하여 대상자 추천 및 장소 선정하여 한 달에 두 번 이·미용 서비스 제공
　나. 거동불편 재가노인 및 장애인 세대 가정방문을 통해 이·미용실을 이용하기 어려운 대상자에게 서비스 제공
　다. 가정방문으로 대상자 안전 확인 및 생활 실태 파악

3) 사업계획 및 실적

　가. 이동 이·미용 서비스
　　• 실　시: 연 46회, 469명
　　• 인　력: 담당 사회복지사 1명, 운전기사 1명, 이·미용 자원봉사 2명

4) 문제점 및 대책

　가. 문제점
　　• 이동 이·미용 서비스는 전문적인 이·미용 기술을 가지고 있는 자원봉사자가 절대적으로 필요하며 이들로 하여금 서비스가 제공되는 사업인데, 전문적인 이·미용 기술을 가진 인력자원이 부족하여 원하는 욕구가 있는 곳에 자주 갈 수 없는 아쉬움이 있음
　　• 가정방문으로 이루어지는 서비스이므로 대상자가 항상 일정할 수 없으며 지역적 특성상 농번기나 일손이 바쁜 기간에는 이용자수가 적어 계획인원에 따른 이용자가 일정하지 않아 자원봉사 활동시간의 효율성이 떨어짐

　나. 대　책
　　• 지역 내 이·미용 기술을 습득한 자원봉사자 발굴을 통하여 이동 이·미용의 인적자원을 개발하고 이들을 적극적으로 활용하여 이·미용의 욕구가 있는 여러 읍면을 자주 방문하여 서비스할 수 있도록 함
　　• 현재 이동 이·미용 자원봉사자의 관리를 꾸준히 하여 앞으로도 지속적인 서비스가 제공될 수 있도록 함

5) 수범사례

　　• 이동 이·미용 서비스는 기존의 재가복지 대상자 가정방문 외에도 해당

읍면 보건지소나 종합병원 등 대상자를 직접적으로 만날 수 있는 곳에 의뢰를 하여 주로 대상자를 선정하고 장소를 제공받아 서비스를 지원하는데, 조성에 사는 최재진 대상자는 본인이 살고 있는 지역의 이·미용 욕구를 가진 대상자들을 직접 조사하여 한 달에 한 번씩은 같은 지역을 가는 것이 쉽지 않은 실정에 있는 우리에게 직접 연락을 하여 욕구를 표현하곤 한다.

의뢰를 받아서 해당 지역을 방문하게 되면 휠체어에 의지해 지내는 대상자부터 눈이 어두워 거동이 불편한 대상자까지 이·미용 서비스가 절실히 필요한 대상자들을 만날 수 있다.

하루는 비가 많이 와서 이·미용봉사를 하기에는 너무 열악한 날씨였음에도 불구하고 의뢰를 받고 약속을 하여 어느 가정에 방문을 한 적이 있었다. 그 대상자는 휠체어로 생활을 하는 30대의 젊은 청년이었는데 머리가 여자처럼 길었는데도 이·미용실을 갈 수가 없어서 어쩔 수 없이 이렇게 생활한다며 우리의 방문을 아주 반가워 하셨다.

여러 상황의 대상자를 자주 접하는 나 그리고 이·미용 자원봉사자들에게는 그 대상자가 그저 단지 한사람의 대상자일 뿐이라는 매너리즘에 빠질 수도 있는데 그런 대상자 상황을 발견하고 우리에게 의뢰를 한 최재진 대상자와 머리를 자른 대상자에게는 우리가 더 없이 감사하고 소중한 사람으로 비춰질 수도 있겠다는 생각에 열악한 환경에도 불구하고 자원봉사를 해 주신 자원봉사자 분들께도 감사한 마음이 들었고, 어쩌면 사회복지사인 나보다도 가까이 있는 대상자를 살피고 발굴하여 진정으로 욕구가 필요한 곳에 자원봉사자의 손길이 닿게 도와준 최재진 대상자께 감사하는 마음 또한 가질 수 있었다.

그리고 그 기회를 통해 여러 대상자들을 만나고 대할 때, 단순히 많은 대상자 중 한 명의 대상자가 아닌 각각의 개체로 그들을 살피고 생각할 수 있는 소중한 시간이 되었다.

6) 자료첨부

이·미용 서비스 현장 사진(조성면)

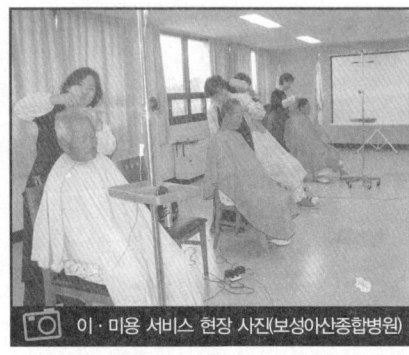
이·미용 서비스 현장 사진(보성아산종합병원)

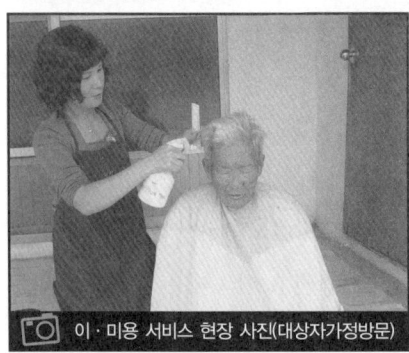
이·미용 서비스 현장 사진(대상자가정방문)

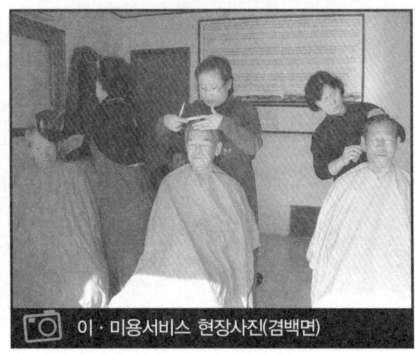
이·미용서비스 현장사진(겸백면)

결식아동도시락 배달 서비스(담당: 황보은)

- 결식아동의 경제적 안정도모 및 아동의 정서안정과 생활 의욕 고취
- 영양식단을 통한 결식 예방 및 영양결핍 방지
- 지역 자원봉사자의 참여 유도

1) 현 황

가. 사업기간: 2007. 1. 2 ~ 2007. 12. 31(12개월간)
나. 대　　상: 보성읍 거주 기초생활보장 수급자 및 저소득 자녀
다. 사 업 비: 9,525천 원(도비 75%, 군비 25%)

🏠 결식아동 도시락 배달 서비스 대상자 현황 (단위: 명)

구 분	계	초등학생	중학생	고등학생	기타
기초생활수급자	17	11	3	3	-
저소득	1	1	-	-	-

2) 추진방침

가. 보성읍에 거주하는 기초생활보장 수급자 및 저소득 가정의 자녀에게 학기 중 주 1회, 공휴일 전날 1회, 방학 중 주 3회 도시락 배달
나. 월별 식단을 계획하고 식단대로 음식을 조리하여 제공
다. 가정방문으로 대상자 생활 실태 파악, 타 서비스와 연계 지원(후원물품 등)
라. 배달 시 정서서비스 연계 지원으로 욕구 및 문제점 파악, 해결방안 지원

3) 사업계획 및 실적

가. 결식아동 도시락 배달 서비스
- 실 시: 연 181회, 3,175명
- 인 력: 담당 사회복지사 1명, 운전기사 1명, 주방자원봉사 3명
- 예 산: 9,525천 원

4) 문제점 및 대책

가. 문제점
- 주중에 아동 급식 서비스를 가게 되었을 때 대상자를 만나기보다 그들의 보호자를 만나는 경우가 많아서 직접 대상자와 대면하여 서비스의 욕구를 파악하기 힘듦
- 주로 결식아동을 대상으로 하므로 주거지의 청결부분이 많이 미흡하여 도시락도 세척을 하지 않고 주는 경우가 대부분이며 돌봐 주는 보호자가 없는 경우는 도시락도 잃어버리는 경우가 많아 받는 것에 대한 익숙함보다는 당초 서비스의 취지를 파악할 수 있도록 상담과 주의가 요구됨

나. 대 책
- 급식 배달 시 대상자를 만날 수 없을 때는 전화상담이나 보호자와의 지속적인 상담으로 대상 아동들의 상황을 파악하도록 하여 적절한 서비스가 이루어질 수 있도록 함
- 도시락의 청결과 분실 부분은 자연스러운 접촉을 통해 필요성을 느낄 수 있도록 도와주며 도시락을 주는 것이 단지 혜택을 받기 위함이 아닌 사회로부터의 관심의 한 부분이라는 인식도 심어 줌

5) 수범사례

- 보성읍사무소에서 결식아동도시락 배달 대상자가 선정이 되면 신규 대상자를 중심으로 가정방문을 하게 된다.

  하루는 대상자 김승균 아동의 집에 가정방문을 하러 간 날이었다. 보호자는 조부모로 불도 안 들어오는 차가운 방바닥에 놓인 전기장판 하나로 난방을 의지하여 지내고 계셨는데, 이제 초등학교 2학년인 아동이 걱정이 돼서 추운 방에서 어떻게 지내느냐고 물었더니, 대상자가 학교 갔다가 돌아오면 따뜻하게 불을 떼고 집에 없는 시간에는 기름이 아까워서 보일러를 떼지 않는다고 말씀하시면서 이내 눈가에 눈물을 보이셨다.

  처음에는 그저 담담한 모습의 보호자(조모)였는데, 라포가 형성된 후에는 보호자의 마음속에 있는 말씀을 하기 시작했고, 말씀을 쭉 듣고 보니 대상자는 친손자가 아닌, 예전에 옆집에서 살던 어느 여자가 아이를 낳고 아이만 두고 도망가 버려 그 아이를 지금까지 키워 주었으며, 대상자는 지금까지 엄마가 누군지도 모른 채 조부모에게 의지하며 밝게 자라고 있는 것이었다.

  대상자가 심장병에 걸려 큰 수술을 몇 번을 받았지만 없는 살림이라도 끝까지 치료해 병을 낫게 해 주고 싶다며 흘리신 조모의 눈물은 아직도 잊을 수가 없다.

  상담을 하면서 아동급식에 관한 욕구뿐만 아니라 여러 가지 다른 욕구를 표현하시는 것을 보며 아동도시락 배달을 통해 만난 대상자이지만 또 다른 서비스의 연계도 필요하겠다는 생각이 들었으며, 아동급식 배달서비스를 통해 아동들의 결식을 예방하고자 도시락을 정성껏 준비해 배달하고 있지만, 도시락을 받는 대상자들이 아직은 어린 나이의 아동들이고 한참 감수성이 예민한 청소년들이므로 이러한 도시락 배달이 모든 대상자들에게 어떤 의미로 다가설지, 사회로부터의 낙인으로 받아들일지, 아니면 당연히 받는 것으로 여겨 도시락뿐만이 아닌 사회로부터의 관심과 보호차원의 다른 서비스들을 악용하지는 않을지 조금은 염려가 되고 대상자들이 그러한 사회로부터의 관심을 이해할 수 있도록 좀 더 노력해야겠다는 생각을 가져본다.

6) 자료첨부

결식아동 도시락 준비 사진

결식아동 도시락 준비 사진

결식아동 도시락배달 현장 사진

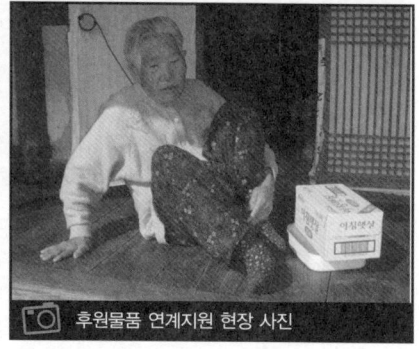
후원물품 연계지원 현장 사진

> **거동불편 재가노인도시락 배달 서비스(담당: 황보은)**
> - 노인에 맞는 영양식단을 통한 결식 예방 및 영양결핍 방지
> - 심신 건강 향상 및 소외감 배제
> - 노인건강증진에 기여하고, 지역 자원봉사자의 참여율 증대

1) 현 황

가. 사업기간: 2007. 2. 1 ~ 2007. 12. 31 (11개월간)
나. 대   상: 해당 읍면 거동불편 재가노인 도시락 배달 서비스 대상자
다. 사 업 비: 53,376천 원(군비 25%, 도비 25%, 분권 50%)

〈거동불편 재가노인 도시락 배달 서비스 대상자 현황〉

🏠 읍·면별 현황   (단위: 명)

계	보성	벌교	노동	미력	겸백	율어	복내	문덕	조성	득량	회천	웅치
105	17	27	4	6	3	3	7	3	11	12	8	4

🏠 연령별 현황   (단위: 명)

계	65~70	71~75	76~80	81~85	86~90	91~95	96~100	101 이상
105	1	14	18	19	23	7	22	1

2) 추진방침

가. 보성군에 거주하는 기초생활보장 수급자 중 거동불편 재가 어르신을 대상으로 주 2회 도시락 배달
나. 주방 자원봉사팀 5명이 월별 식단표에 의하여 도시락을 준비하고 배달 시에는 차량봉사와 나눔봉사로 2인 1조 6개조의 팀을 구성해 대상자 가정으로 직

접 배달
다. 가정방문으로 대상자 안전확인 및 생활 실태 파악
라. 배달 시 자원봉사자의 말벗서비스 지원으로 욕구 및 문제점 파악, 타 서비스와의 연계 지원

3) 사업계획 및 실적

가. 결식아동 도시락 배달 서비스
- 실 시: 연 94회, 29,610명
- 인 력: 차량 자원봉사 6명, 나눔 자원봉사 5명, 주방 자원봉사 5명
- 예 산: 53,376천 원

4) 문제점 및 대책

가. 문제점
- 월별 식단 메뉴에 대하여 사회복지사가 직접 모든 대상자를 만날 수 없어 나눔 자원봉사자를 통하여 매분기별로 식단 메뉴 선호도 등을 조사하므로 대상자의 정확한 욕구 등 의견수렴 결여
- 예산이 전무하여 본 사업추진에 따른 연중 94회 이상 봉사하는 봉사자에 대한 사기진작책 미흡

나. 대 책
- 보성군 12개 읍·면 105가정에 도시락배달 자원봉사자 인원이 연간 1,504명(1일 평균 16명)으로 활동하고 있으나, 만약, 차량운행 중 교통사고 시 물적·인적 피해보상이 어려워 재원을 확보하여 사고 시 해결책으로 산재보험을 가입시켜 자원봉사자의 부담을 줄임

5) 수범사례

- 거동불편 재가노인 도시락 배달 대상자 중 회천면의 나영임 어르신은 젊은 나이에 배우자를 잃고 시어머니를 모시고 살다가 재가를 못하여 슬하에 자녀가 한명도 없는 대상자로 현재 90세가 가까운 나이가 되어도 보호자 하나없이 외롭게 생활하고 계신다.

  하루는 도시락을 지원하기 위해 대상자의 가정을 방문하니 어두운 방에 불도 켜지 않은 채 고개를 숙이고 앉아 계셨다. 무슨 일이 있으시냐고 여쭤보니 지난 간밤에 이마를 지네에 물려서 밤새 고생하다가 눈이 보이지 않아 겨우겨우 큰길가로 기어 나가다 싶이 하여 지나가는 사람이 119를 불러줘서 병원에 실려 갔다가 조금 전에 퇴원하여 집으로 돌아왔다며 너무 무서웠다고 말씀하시면서 눈물을 보이시는 어르신에게 왜 병원에 더 있지 않으시고 벌써 퇴원을 하셨냐고 물으니 병원에 있어 봤자 돌봐 주는 보호자도 하나 없는데 무슨 소용이 있겠냐며 계속 자신의 처지를 비관하시는 것을 보며 너무 안타까웠다.

  도시락을 전달하는 중이니 길게 이야기를 못 나눈다고 죄송하다고 말씀드리니 혼자 있으면 밥이고 뭐고 아무것도 생각나지 않는다며 그래도 이렇게 가끔이라도 이야기를 나눌 사람이 찾아와 주면 그걸로도 반갑고 좋을 수가 없다면서 자주 방문해 달라고 말씀하셨다.

  나영임 어르신뿐만 아니라 그날 도시락 배달을 위해 가정을 방문한 어르신들 모두 도시락을 전달하고 간단한 인사만을 하고 나올 수밖에 없어 안타까운 나에게, 대문에서 내 모습이 흐려질 때까지 고맙다는 말씀을 계속하시는 것을 보며 어르신들에게 있어서는 끼니를 해결하는 것도 물론 중요하겠지만 외로움과 고독감을 해소할 수 있는 사람의 정이 더 절실히 필요하다는 것을 느낄 수가 있었으며 도시락만 전달하고 급히 돌아오기보다는 따뜻한 말 한마디라도 함께 전달하면 외로운 어르신들께 힘이 되지 않을까 하는 생각을 가져본다.

6) 자료첨부

거동불편 재가노인 도시락 준비 사진

거동불편 재가노인 도시락 내부사진

거동불편 재가노인 도시락 배달 전 준비사진

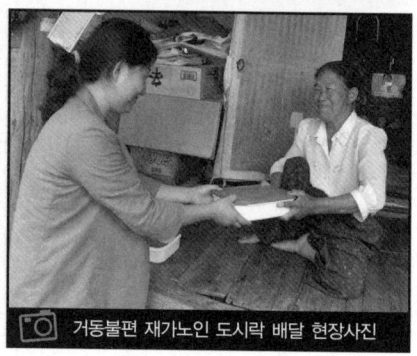
거동불편 재가노인 도시락 배달 현장사진

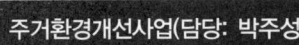

주거환경개선사업(담당: 박주성)

● 열악한 주거환경으로 인해 건강, 안전, 생활불편 등으로 고통받는 저소득 가구의 주거환경 개선하여 생활불편 감소 및 삶의 질 향상

1) 현 황

가. 사업기간: 2007. 1. 1 ~ 2007. 12. 31(12개월간)

나. 대상: 국민기초생활수급권자 및 차상위계층 노인(60세 이상), 장애인, 소년·소녀가장, 조손가정, 한 부모가정 등 저소득 가구

다. 사 업 비: 61,500천 원

(단위: 천 원)

구 분	계	공동모금회	EBS효도우미	기 타 (한전 보성지점)
사업비	61,500	50,000	10,000	1,500

2) 사업추진 방침

가. 사회복지공동모금회(1인 가구 지원한도 5,000천 원)
- 관할 지역의 13개 읍·면사무소에 대상자 선정 협조공문 발송
- 선정 대상자 가정방문
- 지역자활 후견기관에 견적 의뢰 및 개인업체에 견적의뢰
- 사회복지공동모금회에 신청명단 발송
- 사업결과 보고 및 사업비 지출
- 집수리 후 사후관리

나. EBS효도우미 0700(1인 가구 지원한도 5,000천 원)
- 실태조사 및 신청서 발송
- 방송국에서 서류심사 후 촬영

- 자활 후견기관 및 개인업체에 견적서 의뢰
- 사업결과 보고 및 사업비 지출
- 집수리 후 사후관리

3) 사업 실적

가. 지원 통계

(단위: 천 원)

구 분	계	공동모금회	EBS효도우미	기 타 (한전 보성지점)
사업비	61,500	50,000	10,000	1,500
세대	13	10	2	1

나. 세부공사내역

(단위: 건)

신축	지붕, 방수	보일러	화장실	전기	도배	기타
2	12	4	3	3	4	4

4) 문제점 및 대책

가. 문제점
- 업체 선정에 있어서 자활 후견기관으로 한정되어서 전문성 결여
- 지원금이 한정되어 신축이 어렵고 일부만 수리하기 때문에 사후관리 미흡

나. 대 책
- 타 건설업체 비교견적을 받아 시공으로 전문성 확보
- 사회복지공동모금회 및 EBS효도우미 0700 지원 외 지역 후원자를 개발해 수혜자의 욕구 충족

5) 수범사례

- 2007년도에 주거환경개선사업을 하면서 보성관내에 너무나 많은 지원과 관심이 필요하다는 것을 알았습니다. 그중에서 EBS효도우미 0700 지원사업을 하면서 난생 처음으로 방송국에서 녹화를 했습니다.
  떨리는 마음과 기대로 녹화를 하면서 너무 긴장해서 말도 제대로 못하고 그런 것이 아쉽지만은 정말로 좋은 경험이었다고 생각됩니다. 집이 신축이라서 지원금 500만 원으로는 집을 새로 지을 수 없어 동네분들과 면사무소 도움으로 땅도 구할 수 있었고, 공사 중에 마을이장님이 음식을 준비해서 공사하시는 분들에게 제공해 주시는 모습을 보고 시골의 정이 아직도 따뜻하구나 하는 것을 느꼈습니다. 공사가 거의 끝날 쯤에 어르신과 집을 방문해 어르신께서 고맙다고 연이어 말씀하시고 눈물을 보이시는 모습이 기억에 남았습니다. 그 눈물을 보고 저희 할머니가 생각나서 가슴이 뭉클해 졌습니다.
  2008년에는 더욱더 많은 지원을 해서 수혜자분들의 가슴을 따뜻하게 해 드리고 싶습니다.

6) 자료첨부

조성면 김상님 어르신 태풍피해 현장

조성면 김상님 어르신 신축 EBS효도우미 지원

미력면 김염불 어르신 도배 및 보일러작업

복내면 임종임 어르신 기둥강판 및 방수 공사

○결연사업(담당: 박주성)

● 지원사업 및 보성군 관내 후원자들을 개발해 후원물품 및 금품을 전달하며 모금함 및 재가 복지후원금으로 생활용품 지원, 의료서비스 지원 등을 연계함

1) 현 황

가. 사업기간: 2007. 1. 1 ~ 2007. 12. 31(12개월간)
나. 대　　상: 보성군 관내 재가복지대상자
다. 예　　산: 9,063천 원

2) 사업추진 방침

가. 지원사업으로 물품 및 금품 지원
나. 독거노인생활지도사와 연계하여 대상자 추천 및 전달
다. 관내 물품후원자의 꾸준한 관리와 후원자 개발
라. 푸드뱅크와 연계하여 대상자 선정 및 관리

3) 사업실적

가. 재가복지 후원금(모금함) 및 지원금

후원 통계

(단위: 천 원)

금액	계	후원자	모금함	지원금	지원물품	기 타
금 액	11,753	3,214	934	4,915	2,690	0
횟 수	153	92	54	4	3	0

🏠 지원자 통계 (단위: 명)

금액	계	후원자	모금함	지원금	지원물품	기 타
지원인원	101	5	9	7	80	0

4) 문제점 및 대책

가. 문제점
- 지원사업에서 지원대상자가 수급자로 한정되어 수급자 외에는 지원 미흡
- 수요에 비해 공급이 많이 부족하여 많은 지원이 필요함
- 관내 물품 지원이 미흡하여 전적으로 사회복지공동모금회 및 사회복지관협회, 복지재단 지원사업에 의존

나. 대 책
- 관내 후원자 개발 및 후원물품 제공할 수 있는 업체 발굴
- 의료서비스가 한사람에게 편중되어 다양한 계층이 받을 수 있도록 발굴

5) 수범사례

- 2007년 의료지원서비스에서 김OO 어르신이 6월달에는 전립선비대증으로 지원을 받았고 12월에는 대장암과 위암으로 의료지원서비스를 받았습니다. 재가도시락대상자라서 위암과 대장암이 있는 줄 알았지만 김OO어르신은 수술을 포기하고 그냥 살아가겠다면서 수술을 생각도 하지 않고 있다가 갑자기 복지관을 찾아와 수술하고 싶다고 지원을 요청했습니다. 화순과 보성을 오가며 일주일이면 3번 이상 진료를 받으면서 수술해서 낫고 싶다는 의지 때문에 고통이 따르는 진료를 잘 견뎌냈을 때 안타까운 마음이 많이 들었지만 그 의지는 대단하게 보였습니다.

  그 어려운 대장암과 위암 수술을 하면서 74세 나이를 드셨어도 잘 견뎌

내시는 것을 보면서 저는 행복함을 잊고 살지 않는가 생각을 돌이켜 보게 됩니다. 건강도 중요하지만 항상 감사하는 마음을 가지며 생활해야겠다는 다짐을 하게 됐습니다.

지금도 어디에 고통을 받고 있을 그 누군가를 위해 적극적으로 대상자를 발굴해서 도움을 많이 주어야겠다는 생각을 합니다.

6) 자료첨부

LG복지재단 생필품

KT & G 복지재단 햅쌀지원 배분

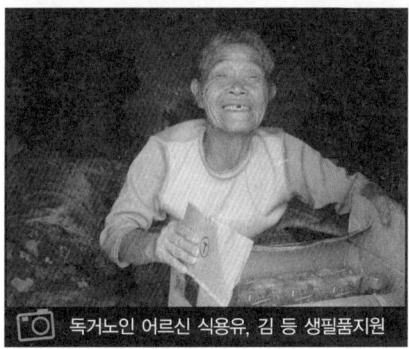
독거노인 어르신 식용유, 김 등 생필품지원

이랜드복지재단 의류지원 물품 전달

IX 2007년 푸드뱅크사업

1. 푸드뱅크사업

푸드뱅크사업(담당: 박주성)

- 지역 내 활용 가능한 물적, 인적 자원의 조직 및 동원체계를 구축
- 보성군내 식당과 식품업체 및 개인기탁처 등을 섭외 및 협조 요청
- 열악한 복지시설 및 대상자에게 배분을 통하여 경제적 어려움 해소

1) 현 황

가. 사업기간: 2007. 1. 1 ~ 2007. 12. 31(12개월간)
나. 대　　상: 재가복지대상자, 관내 이용시설 및 사회복지시설
다. 사 업 비: 5,000천 원 (도비 1,000천 원, 군비 4,000천 원)

2) 사업추진 방침

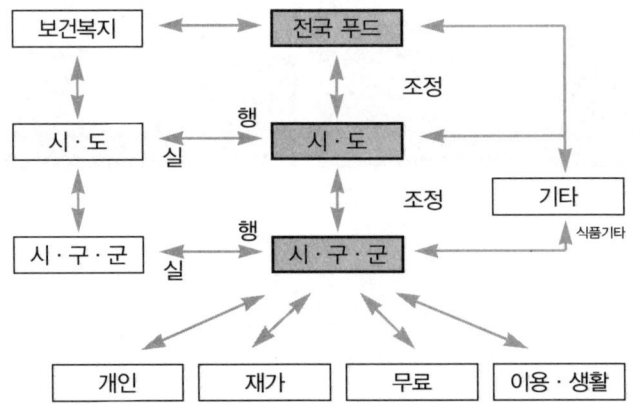

가. 관할 지역 내 기탁식품의 모집·배분·관리

나. 지역 내 기탁식품의 모집·배분·관리

다. 푸드뱅크 사업의 지역주민 홍보활동·상담 및 안내

라. 사업수행 관련 각종 장비 등의 유지보수 및 관리

마. 광역 푸드뱅크 운영 참여 및 협력

바. 사업계획 및 실적의 보고

3) 사업 실적

가. 푸드뱅크
- 배분 현황: 2,888회
- 배분물품액: 40,810천 원

🏠 기탁품 접수통계

(단위: 건)

구 분	계	주식류	부식류	간식류	식재료	기 타
기탁품접수	141	43	78	5	15	0

🏠 기탁품 배분통계

(단위: 명)

구 분	계	이용, 생활시설	기타법인단체	재가대상자	기타
기탁품배분	2,888	945	1	1,943	0

4) 문제점 및 대책

가. 문제점
- 보성군 관내 물품 기탁자 회원 확보 미흡
- 열악한 지역 여건으로 관내 물품기탁이 급식, 야채류에 한정되어 있으며 대부분을 광역 푸드뱅크에 의존하고 있어 관내 유통 등 기탁자 발

굴이 시급함

나. 대 책
- 기탁자 모집, 플래카드 홍보
- 관내 제조업체 및 유통업체 기탁회원 발굴 및 출향 향우님들의 사업체에 푸드뱅크 사업 홍보 강화

5) 수범사례

- 2007년도에 재가복지봉사센터에 독거노인생활지도사 사업이 시작되어 푸드뱅크 사업과 연계하여 관내 푸드뱅크 대상자들이 많이 늘어났으며 배분 또한 다양하게 배분되어 좋은 예가 되고 있습니다.

  2007년도 여름 장마에 벌교지역의 태풍 나리의 피해가 생겨 광역 푸드뱅크에서 후원 물품(생필품)이 푸드뱅크차로 한가득 지원되었습니다. 벌교지역 독거노인생활지도사가 아니였더라면 배분하는 데 아주 어려움이 많았을 텐데 대상자들을 잘 파악하고 있는 생활지도사분들 때문에 신속하게 배분할 수 있었습니다.

  앞으로도 생활지도사분들과 연계하여 더 많고 다양한 대상자들에게 배분하도록 하겠습니다.

6) 자료첨부

푸드뱅크 차량에 쌀을 지원받아 배분하기 전

독거노인생활지도사와 연계하여 벌교지역 배분

결식아동도시락 배달 대상자에게 라면전달

조손가정에 부식류 배분

X 2007년 지역아동센터 사업

1. 지역아동센터

보성종합사회복지관 지역아동센터
- 지역내 아동들의 방과후 통합교육 및 보육 지원
- 건강한 신체적 성장발달 및 공동체 생활을 통한 정서적 지지 지원

1) 현 황

가. 사업기간: 2007. 1. 1 ~ 2007. 12. 31(12개월간)
나. 대   상: 초등학교 1~2학년 29명
다. 사 업 비: 38,400천 원(국비 50%, 도비 25%, 군비 25%)
라. 인   력: 보육교사 1명, 아동복지교사 3명(전담형 1명, 연계형 2명)

 센터이용 대상 아동

(단위: 명)

구 분	계	수급자	저소득층	차상위층	일 반	기 타
인 원	29	1	12	11	4	1

2) 추진방침

가. 주 5일 방과후 공부방으로 학습지도 및 보육
나. 특별활동 및 예능활동으로 아동들의 특기적성 개발
다. 간식 및 급식 제공으로 아동들의 건강한 성장발달에 도움

3) 사업계획 및 실적

가. 학습지도
- 실 시: 연 230회, 6,670명 참석
- 교 사: 보육교사-김현주, 아동복지교사-조향숙
- 내 용: 숙제지도, 문제집 지도, 한자, 10칸수학
- 예 산: 10,844천 원(국비 50%, 도비 25%, 군비 25%)

나. 예능프로그램
- 실 시: 연 192회, 5,568명 참석
- 강 사: 영어-일루미나아다, 미술-이혜진, 생활체육-전지온, 가베-김요한
- 내 용: 영어, 미술, 생활체육, 가베
- 예 산: 8,236천 원(국비 50%, 도비 25%, 군비 25%)

다. 현장학습
- 실 시: 연 12회, 348명 참석
- 내 용: 월 1회 토요현장학습으로 진행
- 예 산: 3,420천 원(국비 50%, 도비 25%, 군비 25%)

라. 위생지도-목욕서비스
- 실 시: 연 24회, 696명 참석
- 지도교사: 보육교사 및 자원봉사자
- 내 용: 율포해수녹차탕 월 2회 이용
- 예 산: 1,500천 원(국비 50%, 도비 25%, 군비 25%)

마. 아동급식
- 실시: 연 230회, 6,670명 참석

- 조리사: 윤명희 조리사
- 예 산: 14,400천 원(도비 75%, 군비 25%)

바. 기타사업
- 여름캠프 – 실시: 연 1회, 35명 참석
- 시설방문 – 실시: 연 1회, 35명 참석
- 크리스마스 파티 – 실시: 연 1회, 35명 참석

4) 문제점 및 대책

가. 문제점
- 아동들의 학습을 보조하고 관리해 줄 자원봉사자 및 인력 부족
- 경제적으로 어려운 수급자 및 저소득 아동들의 문제집 구입이 늦어짐

나. 대 책
- 인력 부족 현상을 청소년자원봉사자 및 사회복지실습생 활용
- 저소득 아동들의 문제집 구입을 센터 운영비에서 일괄 구매

5) 수범사례

- 대상아동 학업성적이 향상되어 학부모님께서 감사 인사 사례 증가
- 영어 및 미술수업으로 인해 지역 내 아동들보다 남달리 뛰어나 타의에 모범이 되고 있음
- 센터 등록할 때는 한글을 모르던 아이들이 한글을 익히고 학년을 올라갈 수 있었음

6) 자료첨부

여름캠프-화순금호리조트

성탄절 시설방문-가나안요양원

미술수업

가베수업

XI. 2007년 장애인활동보조지원사업

1. 지역사회혁신사업운영(1)

장애인활동보조인지원사업

- 중증장애인의 자립생활과 사회참여의 복지증진 기여
- 중증장애인의 자립생활 보조로 인한 자존감 형성
- 일자리 확대로 인한 사회참여 증가 및 보충적 소득보장 기회제공

1) 현 황

가. 사업기간: 2007. 5. 17 ~ 2008. 1. 31(9개월)
나. 대상: 보성관내 1급 장애인 (만 6세 이상~만 65세 미만)
다. 사업비: 29,601천 원(분권 5,000천 원, 서비스이용료 24,601천 원)

 우리군 1급 장애인 현황

(단위: 명)

구분	계	지체	뇌병변	시각	청각	언어	정신지체	발달
인원	361	91	75	53	17	3	80	2
구분	정신	신장	심장	호흡기	간	안면	장루·요루	간질
인원	32	1	1	6	0	0	0	0

 장애인 활동 보조인 지원사업 현황

(단위: 명)

장애인 활동 보조인				이 용 장 애 인				
성명	성별	거주지	운전유무	장애유형	인원	성별	거주지	판정시간
계	9			계	13			
임미경	여	보성읍	유	지체	2	남/여	율어면/회천면	80

임미경				시각	1	남	보성읍	20
최만희	여	보성읍	무	시각	1	남	보성읍	40
임지선	여	보성읍	유	지체	1	남	미력면	20
				지체	1	남		40
김이자	여	보성읍	유	지체	1	남	보성읍	80
김영겸	여	보성읍	무	지체	1	여	보성읍	40
김복순	여	보성읍	무	지체	1	남	보성읍	20
김금옥	여	문덕면	무	지체	1	여	문덕면	20
백종국	남	득량면	유	뇌병변	1	남	회천면	60
정향자	여	복내면	무	지체	1	여	복내면	80
				발달	1	여	겸백면	40

2) 추진방침

가. 신청은 장애인 본인 또는 가구원이 거주지 읍·면·동에 신청
나. 대상자 선정은 보건소에서 '인정조사표'에 따라 방문조사하고, 시·군·구는 이 결과를 반영하여 서비스 등급 및 인정 시간을 최종 결정
다. 사업수행은 본 복지관에서 최종 결정된 대상자와 '활동보조서비스 제공(이용) 계약서' 체결
라. 대상자와 활동보조인 간의 협의를 통하여 서비스 제공 일정 계획
마. 서비스 내용은 가사지원, 일상생활 및 사회활동 등 포괄적 서비스를 일정에 따라 수시 제공

3) 사업계획 및 실적

가. 급식서비스
- 실 시: 연 2회, 15명 참석
- 강 사: 김종성(한려대 사회복지학과) 교수 외 16명

- 예 산: 950천 원

나. 활동보조인 자체교육
- 실 시: 연 4회, 52명 참석
- 강 사: 민기철(순천제일대 사회복지학과) 교수 외 4명
- 예 산: 823천 원

다. 서비스 제공
- 실 시: 2007. 6. 1 ~ 2008. 1. 31(8개월), 22명 참석
- 내 용
  신체수발 – 목욕도움, 세면도움, 옷갈아입기, 체위변경, 신체기능·유지 증진, 화장실이용, 이동도움, 배설도움
  가사지원 – 청소 및 주변정돈, 세탁, 취사
  개인활동지원 – 외출동행, 일상업무 대행
  정서지원(우애서비스) – 말벗, 격려 및 위로, 생활상담 등
- 예 산: 24,601천 원 (서비스이용료)

4) 문제점 및 대책

가. 문제점
- 이용자와 활동보조인의 성비 비율이 맞지 않아 이성이 이용자를 케어 하는 데 어려움이 따름
- 판정시간이 적은 원거리 이용자들이 많아 활동보조인의 단가비교 이익 금이 없음
- 이용자뿐 아니라 가족들의 요청까지 받아들여야 하는 세대가 있어 활동 보조인이 활동하는 데 난처함

나. 대 책
- 활동보조인 교육 못지않게 이용자 교육도 필요하다고 판단됨에 따라 신규용자에 한해서 교육 실시
- 중증장애인은 타인의 도움 없이 활동이 거의 불가능하므로 판정시간을 나머지 가족이 생계유지를 위한 경제활동에 전념할 수 있도록 지침 변경 요구
- 시간당 단가인상 요구 및 원거리 대상자 교통비 지급 요구

5) 수범사례

- 선천성 뇌성마비로 지체 1급인 보성읍 오송철 씨는 모친과 함께 생활하고 있었다. 30여 년 동안 오송철 씨를 보살펴 오던 모친은 이미 소진 상태로 오송철 씨의 간병을 도와줄 사람을 찾던 중 활동보조인 지원사업을 알게 되었다고 한다.
처음엔 아무런 이야기도 하지 않던 오송철 씨는 활동보조인이 나간 지 보름만에 웃으며 어설프지만 인사도 하게 되고, 활동보조인의 차와 휠체어를 이용해 그리워만 했던 바깥 구경도 할 수 있다며 연실 고맙다고 말씀하신다. 서비스 제공기간 중 오송철 씨의 모친이 갑자기 구토와 발열을 호소해 활동보조인이 급히 119로 신고, 병원으로 우송하여 심한 복막염 또한 막을 수 있었다고 한다. 꼼짝도 할 수 없는 오송철 씨와 모친이 단둘이 있었다면 큰 일 났을텐데 119에 전화해 줄 사람이 있어서 든든하다고 하시며, 지금은 병원치료를 끝내고 건강한 몸으로 퇴원하여 오송철 씨는 활동보조인과 함께 웃으며 이야기하신다.
- 2년 전 가족들과 여름휴가를 즐기던 중 바위에서 미끄러져 척추를 다쳐 지체(하지) 1급 판정을 받은 임형민 씨는 모친, 장모, 아내, 자녀 3명과 함께 생활하고 있었다. 병원에 재활치료를 받으러 다니다가 장애인활동보조인 지원사업을 알게 되어 신청하게 되었다고 하신다.

임형민 씨는 조금 보수적인 성격에 이곳저곳에서 들은 정보로 한동안 담당복지사와 활동보조인을 귀찮게 했지만, 서비스를 받는 것에는 대단한 적극성을 띠었다.

임형민 씨의 집은 교통이 불편한 곳에 위치하고 있어 활동보조인이 3번이나 바뀌게 되었으며, 현재 활동보조인이 제공하는 주 서비스는 용변수발, 외출, 운동, 병원동행 등의 서비스를 제공하고 있다.

병원은 아내와 함께 다녔었는데 가을 어느 날 (경제활동을 주로 아내가 하고 있음) 농사기계에 손을 넣어 팔꿈치까지 다치게 되어 급히 수술을 하는 상황에 들어갔다. 남아 있는 가족들은 임형민 씨의 간호와 아내의 간호, 농사일 등으로 힘들어 했고, 활동보조인을 자주 요청하게 되었으며, 활동보조인이 없는 저녁시간은 간병인을 쓰게 되었다.

처음엔 활동보조인을 '왜 이건 이런데 그렇게 하냐'며 병원동행 후 '저기로 돌아서 가자' 등 일방적인 고용자로 생각했던 임형민 씨는 아내가 다치고 활동보조인의 변하지 않는 열심인 모습을 보고 지금은 많이 온화해졌으며 다른 장애인 분들께 장애인활동보조인 지원사업을 널리 알린다고 하신다.

6) 자료첨부

기본교육(광양시립도서관)

자체교육(보성종합사회복지관)

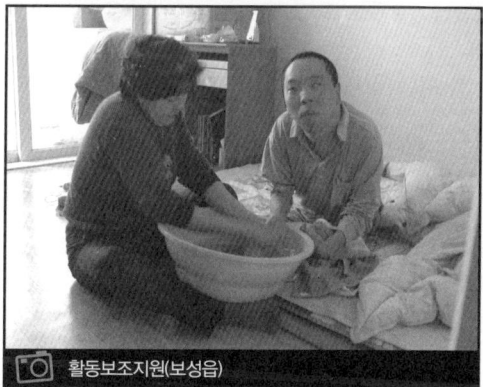
활동보조지원(보성읍)

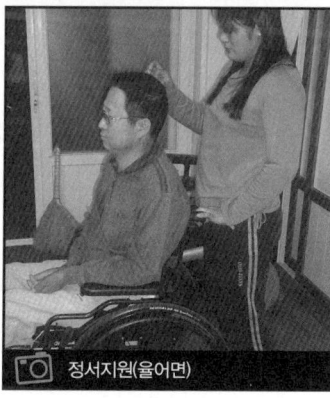
정서지원(율어면)

2. 지역사회혁신사업(2)

  독거노인 생활지도사 파견 사업

- 독거노인에 대한 생활실태 및 복지욕구 파악을 통하여 적정서비스를 연계
- 독거노인들에 대한 사회안전망 구축
- 생활지도사를 통하여 실질적인 독거노인 one-stop 서비스 지원체계 구축

1) 현 황

가. 사업기간: 2007. 6. 1 ~ 12. 31(7개월간)
나. 사업대상: 1,050명(사업대상 902명, 예비사업대상 148명)
다. 사 업 비: 205,200천 원(국비 80%, 도비 10%, 군비 10%)

🏠 지역별 주민등록상 독거노인 현황 (단위: 명)

계	보성	벌교	노동	미력	겸백	율어	복내	문덕	조성	득량	웅치	회천
3,997	619	1,266	144	81	220	143	102	134	232	541	351	164

🏠 지역별 서비스 제공 독거노인 현황 (단위: 명)

계	보성	벌교	노동	미력	겸백	율어	복내	문덕	조성	득량	웅치	회천
1,050	175	200	50	50	50	50	50	50	125	150	50	50

🏠 지역별 생활지도사 현황 (단위: 명)

계	보성	벌교	노동	미력	겸백	율어	복내	문덕	조성	득량	웅치	회천
41	7	7	2	2	2	2	2	2	5	6	2	2

🏠 **독거노인 생활지도사 주간 복무 기준** (단위: 명)

업무내용	대상인원	횟수	회당 업무시간	총 업무시간	비 고
계	1,050명				실제 혼자 사는 노인
안전확인	450명	주 4회	1인당 3시간	23	간접안부(전화) 포함
생활교육	436명	주 2회	1인당 3시간	3	5~20명
서비스연계	164명	주 2회	1인당 2시간	3	기관방문 협의

2) 추진방침

가. 안전확인
- 건강 및 주거상황 등을 고려하여 직접방문 및 간접방문 서비스 지원
- 주거상태 점검을 통한 위험요소 확인
- 비상시 긴급보호망 구축 및 안전 확인 기구 점검 사용법 안내
  (통·반·이장, 이웃, 경찰서, 보건소 등)

나. 생활교육
- 노인 자신의 경험을 기반으로 하여 생활역량을 강화 및 보호
- 실생활에 필요한 지식, 기술, 태도 형성
- 보건, 복지, 교양, 문화 등 다양한 프로그램을 통한 교육 및 정보 제공

다. 서비스연계
- 독거노인의 복지욕구에 따른 필요서비스 연계로 만족도 고취
- 민간기관의 복지 서비스 자원 최대한 활용으로 다양한 서비스 제공 및 복지대상자 확대
- 제공된 서비스 사후 관리 및 점검을 통한 복지대상자 삶의 질 향상

3) 사업계획 및 실적

가. 안전확인
- 기 간: 2007. 8. 1 ~ 12. 31(5개월, 주 1회-방문, 주 3회-전화)
- 대 상: 1,050명(생활지도사 1인당, 독거노인 25명 관리)
- 실 적:

(단위: 명, 건)

대상자수	서비스 제공실적		
	계	직접방문	안부전화
1,050	112,651	41,494	71,157

나. 생활교육
- 기 간: 2007. 9. 1 ~ 12. 31(4개월, 주 2회)
- 대 상: 수혜대상자 1,050명 및 지역 노인
- 장 소: 12개 읍·면 경로당 및 마을회관, 수혜대상자 가정
- 실 적:

(단위: 명, 건)

총 실시횟수	프로그램 건 수	참여인원 수	교육장소 수	
			경로당	경로당 외
1,936	24	10,952	196	142

다. 서비스연계
- 기 간: 2007. 8. 1 ~ 12. 31(4개월, 주 2회)
- 대 상: 1,050명(생활지도사 1인당, 독거노인 25명 관리)
- 실 적

(단위: 건)

총 계	서비스 연계 실적						
	가사간병지원 및 의료서비스	민간복지 및 푸드뱅크	방문 보건사업	자원봉사	식사 지원사업	주거 개선사업	
7,665	46	6,448	653	226	289	3	

4) 문제점 및 대책

가. 문제점
- 농촌의 지역적 특성과 지리적 여건으로 가정방문 이동시간이 길고 자가용으로 이동하기 때문에 유류비 부담 및 간접 안부전화 시 핸드폰 사용으로 월 2~3만 원 정도의 통신료 증가로 인해 경제적 손실이 큼
- 혼자 사는 노인에게 필요한 주거환경개선사업, 의료비지원 등이 수급자 위주로 복지서비스가 제공되어 서비스 편중과 불균형 초래
- 생활교육 자원 및 교육환경 미흡으로 노인 참여 인원이 적으며, 경로당 및 마을회관은 교육에 필요한 교구(마이크, 카세트, 칠판) 등이 비치되어 있지 않아 다양한 프로그램 실시에 어려움이 있음

나. 대 책
- 독거노인 안전확인, 생활교육 등에 사용되는 생활지도사들의 차량 유류비 및 핸드폰 이용 통신비 지원하여 경제활동에 전념할 수 있도록 지침 변경 요구
- 행정과 민간기관의 서비스 데이터베이스 구축 및 정보 공유
- 행정과 민간(이장, 부녀회 등)을 통한 적극홍보 및 교육에 필요한 교구 대여 및 장소대관 협조요청

5) 수범사례

- 2007년 8월 20일 16시 55분경 생활지도사가 보성군 웅치면 김춘식 독거노인 가정을 안전확인 차 방문 이름을 여러 차례 불러도 인기척이 없고 외출한 흔적이 없어 이상하게 생각한 생활지도사는 방문을 열고 독거노인이 누워 계신 걸 발견하고 안심을 하였으나 사람이 부르고, 집안으로 들어와도 움직임이 없으신 것을 이상이 여겨 몸을 흔들어 보았으나 아무

런 반응이 없었다. 생활지도사는 침착하고 신중하게 119에 신고, 서비스 관리자에게 전화를 하고 면사무소와 이웃주민에게 알렸다. 10분후 119 구급차가 도착하여 노인을 지역 내 종합병원으로 후송하였고 병원에 도착하여 검사한 결과 사망하신 걸로 확인되었다. 독거노인이 국민기초생활수급자로 차후 업무처리는 면사무소에 인계하였다.

- 2007년 11월 30일 10시 15분경 생활지도사가 보성군 회천면 정노채 독거노인 가정을 안전확인차 방문 집 안팎의 문이 열어져 있고 텔레비전이 켜져 있는 등 외출한 흔적은 없었다. 생활지도사는 노인(어르신)의 이름을 여러 차례 불러 보았으나 아무런 대답이 없어서 찾아보기로 하였다. 집 이곳저곳을 살피던 생활지도사는 뒤뜰 화장실 부근에서 쓰러져 있는 노인을 발견하고 재빨리 다가가 몸 상태와 의식을 확인하였다. 노인은 화장실을 다녀오다 쓰러진 것으로 보이며 혼자 일어나 보려고 하셨는지 몸에 상처가 나고 옷이 찢어져 있었다. 노인은 당뇨병을 앓고 있었으며 뇌졸중으로 쓰러진 병력이 있다는 것을 알고 있는 생활지도사는 다급하게 119에 신고한 후 서비스관리자에게 상황을 보고하였다. 이웃주민들에게 도움을 요청하였으며, 면사무소에도 알려 주었다.

의식이 있음을 확인한 생활지도사는 수건으로 얼굴과 손과 발을 닦아드리고 체온유지를 위하여 이불을 덮어 주었다. 119구급차로 가까운 종합병원으로 후송하여 검사 및 진료를 받으셨으며 검사결과 노인은 저혈당으로 기력이 약해져 쓰러졌으며 뇌졸중 병력도 있는 등 2~3개월 당뇨병 치료 및 기력회복을 위해 입원치료가 필요할 것으로 확인되었다.

보호자에게 연락하여 노인의 상황과 건강상태를 말씀드렸으며, 생활지도사는 병원에 입원해 있는 노인을 지속적으로 방문과 안부전화로 안전확인을 실시하였다.

6) 자료첨부

기본교육 수료(생활지도사 및 서비스관리자)

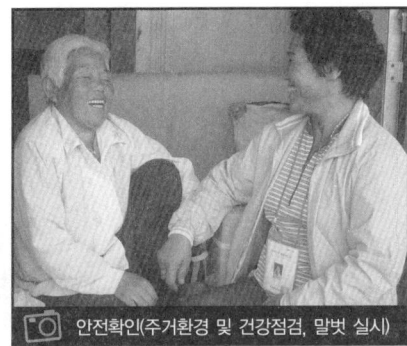
안전확인(주거환경 및 건강점검, 말벗 실시)

생활교육(미력면 생활체조 교육)

서비스연계(율어면 목욕서비스)

부록 2

2007
보성읍교회 부설
보성평생대학(원)
업무실제

부록2 2007년도 보성읍교회 부설 보성평생대학(원)

1. 설립목적

　우리 사회는 생활환경의 변화와 의학 기술의 발달 및 삶의 방식이 향상됨으로 고령화 사회에 진입하였으나 이에 걸맞는 노인 정책이 이루어지지 않고 있다. 이로 인해 노인들의 소외의 문제가 심각한 사회문제로 대두되었다. 이에 보성읍교회는 보성지역 노인 문제에 관하여 관심을 기울이게 되었고, 사회 활동에서 제외된 노인들로 하여금 급변하는 사회 풍조 속에서 좌절하거나 뒤떨어지지 않고 적응하게 함으로 노년기를 보다 행복하고 아름답게 보낼 수 있도록 해야 한다는 과제를 당회에서 인식하여 기독교 정신에 입각한 평생교육기관으로서 보성읍교회 부설 평생대학(원)을 설립하게 되었다. 이런 평생대학(원)은 노인의 지적향상과 생활 교육, 선교, 복지, 건강, 건전한 여가 생활 및 신앙을 배우고 실천하므로 지역사회 봉사에 일조하도록 한다.

2. 연 혁

날 짜	내 용
1995년~1997년	노인대학 120명 졸업
1998년 5월 12일	평생대학 개설 1기 95명 입학생
1999년 3월 1일	평생대학 2기 40명 입학식
1999년 12월 7일	평생대학 1기 2년 과정을 마치고 88명 졸업식
2000년 3월 8일	평생대학 3기 60명 입학
2000년 11월 4일	제1회 총동문체육대회(보성종합실내체육관)
2000년 12월 8일	평생대학 2기 40명 졸업

날 짜	내 용
2001년 3월 1일	평생대학 4기 63명 입학
2001년 10월 24일	제2회 총동문체육대회(보성종합실내체육관)
2001년 12월 5일	평생대학 3기 55명 졸업
2002년 3월 20일	평생대학 5기 62명 · 대학원 1기 70명 입학
2002년 10월 20일	제3회 총동문체육대회(보성종합실내체육관)
2002년 12월 11일	평생대학 4기 55명 졸업
2003년 3월 12일	평생대학 6기 67명 입학 · 대학원 2기 40명 입학
2003년 8월 15일	제1회 1일 여름수련회(회천 군학리)
2003년 10월 29일	제4회 총동문체육대회(보성종합실내체육관)
2003년 11월	평생대학 5기 제주도 졸업여행(2박 3일)
	대학원 1기 중국 졸업여행(5박 6일)
2004년 2월 17일	5기 55명 · 대학원 1기 46명 졸업
2004년 3월 17일	대학 7기 73명 · 대학원 3기 41명 입학
2004년 8월 15일	제2회 1일 여름수련회(회천 군학리)
2004년 10월 27일	제5회 총동문체육대회(보성종합실내체육관)
2004년 11월	평생대학 6기 제주도 졸업여행(2박 3일)
	대학원 2기 금강산 졸업여행(2박 3일)
2005년 2월 18일	대학 6기 60명 · 대학원 2기 40명 졸업
2005년 3월 15일	대학 8기 80명 · 대학원 4기 60명 입학
2005년 4월	전북 새만금 봄소풍
2005년 5월	경로위안잔치
2005년 7월	제3회 여름수련회
2005년 10월	제6회 총동문체육대회(보성종합실내체육관)
2005년 11월	대학 7기 · 대학원 3기 졸업여행
2006년 2월 24일	대학 7기 65명 · 대학원 3기 32명 졸업
2006년 3월 15일	대학 9기 90명 · 대학원 5기 45명 입학
2007년 2월 14일	대학 8기 69명 · 대학원 4기 59명 졸업
2007년 3월 14일	대학 10기 90명 · 대학원 6기 45명 입학
2008년 2월 21일	대학 9기 61명 · 대학원 5기 41명 졸업
2008년 3월 12일	대학 11기 70명 · 대학원 7기 18명 입학

3. 교육목표

가. 말씀, 복음찬양과 건전가요 생활화로 삶에 대한 감사를 회복케 한다.
나. 급변하는 사회, 문화에 잘 적응하여 행복한 삶을 갖게 한다.
다. 생활 중심의 프로그램을 균형 있게 운영하여 영적, 육체적 건강을 유지하게 한다.
라. 특별활동과 학생회 자치 활동을 통하여 또래 노인들의 바른 인간관계를 갖게 한다.

4. 원훈

- 행복하게 살자
- 아름답고 건강하게 살자
- 봉사하며 살자

5. 운영의 실제

1) 운영 방침
기독교 신앙과 정신을 기초로 교육하며 운영한다.

2) 추구하는 교육의 기본 방향
평생교육의 기회를 제공함으로써 배움의 욕구를 충족시키며 봉사활동 생활화로 지역사회 발전에 기여하게 한다.

3) 교육별 주요 강의 내용

구분	1학기	2학기
입학식 및 오리엔테이션(임원조직 및 반편성)	1주	1주
교양강의	10주	9주
봄 소풍, 체육대회	1주	1주
건강(신체검사) 강의	1주	1주
지역 기관장과 만남·강의	2주	2주
졸업여행 및 견학(문화탐방)	1주	1주
종강 및 졸업식	1주	1주
계	17주	16주

6. 교육과정 운영계획

교육과정은 불신자들이 거부감을 갖는 예배중심이 아니고 누구나 즐겁게 참여할 수 있는 교양강좌와 문화체험 및 다양한 취미활동을 중심으로 구성하여 운영하고 있으며 두드러진 내용은 다음과 같다.

■ 흥겨운 노래시간

등교하여 교육과정이 시작되기 전 30분간은 음악도우미들과 함께 흘러간 노래로 쌓였던 스트레스를 해소하고 흥겨운 시간을 가져 워밍업을 거쳐 즐겁고 가벼운 마음으로 교육에 참여하게 한다.

■ 질 높은 교양강좌

흥겨운 노래시간이 지나면 본격적인 교육으로 지방에서는 접하기 어려운 중앙에서 초빙한 유명하신 강사님의 강의를 듣게 되는데 그동안 다녀가신 강사들을 소개하면 숭실대 총장이신 어윤배 장로, 전 한남대 교수이신 이원설 장로, 호신대 총장을 지내신 한승룡 목사, 명지대 총장 정근모 장로, CBS해

설위원 고무송 목사, 백영훈 경제학 박사 등으로 우리나라의 최고의 지성인들이 강의를 맡아 주셨다.

■ 방과후 취미 활동

장구교실, 스포츠댄스, 요가, 게이트볼, 노래교실, 한글교실, 다례교육, 도예교실 등 취미에 따라 각기 다른 부서에서 열심히 자기 소양을 위해 노력한다.

그 외에 여러가지 행사,

■ 봄 소풍

매년 4월 중순에는 재학생 전체가 기별로 음식을 장만하고 8대의 관광버스를 대절하여 야외로 소풍을 간다. 금년에는 하동백사장에서 즐거운 게임과 친교를 한 후 지리산 쌍계사를 답사했다.

■ 하기 수련회

매년 7월 하순에는 졸업생과 재학생이 모두 참가하는 하기 수련회를 보성의 자랑인 남해의 정정지역 해변에서 알차게 갖고 있다.

■ 총동문체육대회

매년 가을에는 졸업생과 재학생이 한데 어울려 한마음 체육대회를 보성실내체육관에서 열고 있으며 종목도 다양하게 볼링, 푸대 입고 달리기, 호박 이고 달리기, 사탕 먹고 물건 찾기, 각설이 꾸미기, 기별 릴레이 등이 흥겹게 진행된다.

■ 지역경제 살리기 캠페인

우리지역의 경제는 우리 힘으로 살려야 한다는 슬로건을 내걸고, 주민은 우리지역 상점 이용하기, 상인은 좋은 상품 제값받기를 생활화함으로 소비자와 상인이 서로 믿고 거래하는 상도덕을 위한 캠페인도 한다.

■ 자원봉사 활동

매월 1회씩 각 읍·면 소재지를 중심으로 재학생 모두가 한마음이 되어 우리고장은 우리 손으로 가꾸고 지킨다는 목적을 가지고 길거리 청소와 아름답고 살기 좋은 고장 만들기에 앞장서고 있다.

■ 졸업여행

매년 11월에는 평생대학과 대학원이 졸업여행을 떠나는데, 대학은 제주도와 금강산 등 국내 여행을 대학원은 중국의 북경과 만리장성이나, 장가계, 상해 항주 등으로 대학생활을 아름답게 마무리하는 졸업여행을 간다.

이처럼 노년을 아름답고 보람 있게 보내겠다는 의욕에 찬 활동을 함으로 우리 보성지역의 노인들은 나이를 거꾸로 먹고 있으며 소외되는 계층이 아니고 지역을 위해 봉사하며 남은 힘을 지역 발전을 위해 헌신하는 어른으로 대접받고 있다.

평생대학(원) 운영 실제

- 교육에 대한 욕구 충족 및 어르신의 삶의 질 향상
- 다양한 행사를 통해 삶의 활력소를 넣어주고 건전한 노후문화 창달·보급
- 집단활동을 통해 자아발견 및 원만한 인간관계

1) 현 황

가. 사업기간 : 2007. 1. 1. ~ 2007. 12. 31(매주 수요일, 12개월간)
나. 대   상 : 평생대학 9·10기 및 대학원 5·6기(250명)
다. 사 업 비 : 15,000천 원(법인전입금 100%)

🏠 평생대학(원)

(단위: 명)

구 분	평 생 대 학			평 생 대 학 원		
	계	9기	10기	계	5기	6기
계	155	75	80	95	45	50
남	69	32	37	46	23	23
여	86	43	43	49	22	27

2) 추진방침

　가. 평생교육의 기회를 제공함으로서 배움의 욕구충족
　나. 다양하고 전문적인 분야별 사회교육 및 문화복지 프로그램을 통해 건강한 심신의 기능 유지 및 관리
　다. 봄 소풍, 경로위안잔치, 하계수련회, 체육대회, 졸업여행 등 개별사업 추진
　라. 집단활동을 통해 자아발견 및 원만한 인간관계 유지

3) 사업계획 및 실적

　가. 사회교육
　　• 실 시 : 연 20회, 3,509명 참석
　　• 장 소 : 강당(4층)
　　• 예 산 : 2,405 천 원 법인전입금 16%)
　　　　　　강사비 8회 보성군 자치행정과와 연계 지원(회당 500천 원)
　　• 강의 및 강사현황

연번	일 자	강 사	강의주제
1	3.21(수)	차종순(호남신학대학교 총장)	기독교와 한국근대화의 영향
2	3.28(수)	장청수(한국정책연구원장·정치학박사)	동북아 신질서와 한반도 통일 전망
3	4. 4(수)	박정수(전 해병대 사령관)	국가안보
4	4.18(수)	안영로(전 총회장)	복 있는 사람

연번	일 자	강 사	강의주제
5	4.25(수)	선재명(정형외과 원장)	뼈와 노인건강
6	5. 2(수)	김종채(한국기독공보사장)	나의 경영철학
7	5. 9(수)	한부섭(한국주사랑병원 회장)	평생 건강하게 사는 건강비법
8	5.23(수)	차보욱(평생대학장)	행복한 가정
9	5.30(수)	고무송(한국기독공보 전사장)	세상에서 가장 아름다운 것
10	6.13(수)	김인호(광주고등검찰청 수석 부장 검사)	하나님과 예수님을 믿어야 하는 이유
11	9.12(수)	김광영(전 공군사관학교 교수)	섬기는 지도자 되어 세상을 바꿉시다
12	9.19(수)	김휘섭(정치학박사)	배우는 노인
13	10. 3(수)	김성용(성결대학 전 총장)	아름다운 노후생활
14	10.10(수)	이정재(교육대학장)	노년은 인생의 황금세대다
15	10.17(수)	이인수(정치학박사)	이승만의 업적
16	10.31(수)	이창연(바르게살기운동본부 전 부회장)	노년의 아름다운 생활
17	11. 7(수)	박규태(연세대학교 명예교수)	존경받는 노인의 사회생활
18	11.14(수)	김수진(광나루문인회장)	어떻게 노년을 행복하게 보낼 수 있을까
19	11.28(수)	정종해(보성군수)	군민과의 간담회
20	12. 5(수)	겨울방학 및 졸업사진 촬영	★만족도 조사

나. 졸업식

- 실 시 : 연 1회, 300명 참석
- 일 시 : 2007. 2. 14
- 장 소 : 강당(4층)
- 예 산 : 1,694천 원(법인전입금 11%)

다. 신입생 오리엔테이션 및 입학식

- 실 시 : 연 2회, 325명 참석
- 일 시 : 2007. 3. 7, 3. 14
- 장 소 : 강당(4층)
- 예 산 : 977천 원(법인전입금 7%)

라. 봄 소풍
- 실 시 : 연 1회, 220명 참석
- 일 시 : 2007. 4. 11
- 장 소 : 전북 남원 광한루
- 예 산 : 자체회비

마. 자원봉사활동
- 실 시 : 연 1회, 210명 참석
- 일 시 : 2007. 5. 9
- 장 소 : 용문리 삼거리에서 군청 앞, 주공아파트 삼거리에서 체육관, 오일시장까지

바. 경로위안잔치
- 실 시 : 연 1회, 210명 참석
- 일 시 : 2007. 5 16
- 장 소 : 강당(4층)
- 예 산 : 1,500천 원(법인전입금 10%)

사. 하계수련회
- 실 시 : 연 1회, 180명 참석
- 일 시 : 2007. 7. 25
- 장 소 : 회천면 군학리 해안
- 예 산 : 자체회비

아. 총동문 체육대회
- 실 시 : 연 1회, 220명 참석
- 일 시 : 2007. 10. 24

- 장 소 : 보성군 실내체육관
- 예 산 : 686천 원(법인전입금 5%)

자. 졸업여행
- 실 시 : 연 1회, 111명 참석
- 기 간 : 대학 9기 2007. 11. 20~21
  　　　　대학원 5기 2007. 11. 20~23(3박 4일)
- 장 소 : 대학(신안군 홍도), 대학원(필리핀)
- 예 산 : 자체회비

차. 중식제공
- 실 시 : 연 1회
- 장 소 : 지하 1층 식당
- 예 산 : 7,738천 원(법인전입금 51%)

4) 문제점 및 대책

가. 문제점
- 농번기철(4월·9~10월) 많은 결원 발생
- 중식비 보조금 미확보로 인한 사업비 부족으로 인해 대책 강구
- 이용자들이 많아 사교 시간 부족

나. 대 책
- 농번기철과 방학기간 조정 협의
- 중식비 보조 및 후원사업 확장과 회비제 실시 협의

5) 수범사례
   - 2006년도 평생대학 자원봉사단 발대식 후 2007년도 제2회 봉사활동을 통해 자원봉사 정신을 바탕으로 자신에게 주어진 역할에 솔선수범하고 깨끗한 보성과 군민의 화합과 지역발전에 기여할 수 있도록 최선의 노력을 다함

6) 자료첨부

평생대학 8기 및 대학원 4기 졸업식(2007. 2. 14)

사회교육(선재명정형외과원장 : 뼈와 건강)

당뇨·혈압 및 골밀도 검사(2007. 4. 28)

자원봉사활동(2007. 5. 9)

제6회 경로위안잔치(2007. 5. 16)

제8회 평생대학(원) 총동문 체육대회(2007. 10. 24)

보성군수와의 면담(2007. 11. 28)

중식 제공 모습

입학식(2008. 3. 12)

수학여행(2007년)

수강모습(2007년)

하계수련회(2007년)